国家社会科学基金项目
国家社会科学基金资助出版

# 监察与司法

## 办案标准和程序衔接

孙曙生 著

中国社会科学出版社

# 图书在版编目（CIP）数据

监察与司法：办案标准和程序衔接／孙曙生著 .—北京：中国社会科学出版社，2022.8

ISBN 978-7-5227-0777-8

Ⅰ.①监… Ⅱ.①孙… Ⅲ.①行政执法—基本知识—中国 Ⅳ.①D922.11

中国版本图书馆 CIP 数据核字（2022）第 147000 号

| | |
|---|---|
| 出 版 人 | 赵剑英 |
| 责任编辑 | 孔继萍　周慧敏 |
| 责任校对 | 周　昊 |
| 责任印制 | 郝美娜 |

| | |
|---|---|
| 出　　版 | 中国社会科学出版社 |
| 社　　址 | 北京鼓楼西大街甲 158 号 |
| 邮　　编 | 100720 |
| 网　　址 | http：//www.csspw.cn |
| 发 行 部 | 010-84083685 |
| 门 市 部 | 010-84029450 |
| 经　　销 | 新华书店及其他书店 |

| | |
|---|---|
| 印　　刷 | 北京君升印刷有限公司 |
| 装　　订 | 廊坊市广阳区广增装订厂 |
| 版　　次 | 2022 年 8 月第 1 版 |
| 印　　次 | 2022 年 8 月第 1 次印刷 |

| | |
|---|---|
| 开　　本 | 710×1000　1/16 |
| 印　　张 | 18.75 |
| 字　　数 | 291 千字 |
| 定　　价 | 118.00 元 |

凡购买中国社会科学出版社图书，如有质量问题请与本社营销中心联系调换
电话：010-84083683
版权所有　侵权必究

# 序

　　党的十八届四中全会通过的《中共中央关于全面推进依法治国若干重大问题的决议》指出："明确纪检监察和刑事司法办案标准和程序衔接"。有关纪检监察和刑事司法办案标准和程序衔接问题随之成为全国法学界与纪检监察、司法等实务部门重要的理论和实践研究课题。2016年笔者以"纪检监察与刑事司法的办案标准与程序衔接机制研究"为题申报了国家社科基金项目并获得立项。2018年3月，党和国家通过修改宪法实现了纪检监察体制的重构，2018年4月，国家、省、市、县监察委员会四级监察委完成组建，建立起全新的国家监督体系。尽管党和国家对纪检监察体制进行了重大改革，但纪检监察和刑事司法办案标准和程序衔接问题并没有随着纪检监察体制的改革而得到彻底的解决，反而使该问题变得更加复杂。近几年来，笔者紧随党和国家纪检监察体制改革的进程，深入研究新时代背景下纪检监察机关与刑事司法机关的办案标准与程序衔接问题，最终形成了本书的研究成果。

　　本书的突出特色在于：内容的全面性和体系的完整性。本书首先从正当性、合法性、价值性和目的性等四个方面对纪检监察机关与刑事司法机关的办案标准与程序衔接问题进行理论阐释，指出两机关办案标准的差异和界限。在此基础上，进一步分析了我国监委与司法机关办案程序衔接机制的现状、存在问题和法治路径。最后，对检察机关提前介入、案件移送起诉、调查措施与刑事强制措施、纪检监察与刑事司法程序衔接、退回补充调查和自行补充侦查、监察机关与审判机关关系、纪检监察与刑事司法办案标准和程序衔接配套保障机制以及完善纪检监察与刑事司法程序衔接的人权保障机制等八个方面进行了分析研究，对实务中争议的难点、热点问题提出了相应的对策建议。对纪检监察机关与刑事司法机关之间如何克服制度、机制的瓶颈，实现跨部门、跨领域有效衔接，既研究了相关的基础理论问题，又研究了实务中的具体问题。

本书研究成果的创新在于：注重对纪检监察机关与刑事司法机关的办案标准和程序衔接的基础法理思考；在纪检监察机关与刑事司法机关的办案衔接上由形式衔接的思考扩展到实质衔接的思考；对纪检监察机关与刑事司法机关之间的办案程序的各个环节、各个节点的程序衔接问题进行了深入的研究。本书在研究时以实务为基础，以问题为导向，以人权保障为理念，以实体公正与程序正义有机融合为路径，着力实现纪检监察与刑事司法的无缝对接，构建中国特色的法治反腐制度构架，为推进国家治理体系和治理能力现代化提供一点有益的学术参考。

古希腊著名哲学家芝诺有一句经典名言："人的知识就好比一个圆圈，圆圈里面是已知的，圆圈外面是未知的。你知道得越多，圆圈也就越大，你不知道的也就越多。"在研究纪检监察机关与刑事司法机关的办案标准与程序衔接问题时，笔者痛切地体会到自身认识的局限和知识的匮乏，纪检监察机关与刑事司法机关的办案标准与程序衔接是一个横跨多个学科的研究课题，不仅涉及从严治党、腐败治理体系的建设问题，更多的会触及监察法、刑事诉讼法、刑法、政务处分法等多个学科和领域的难题。在该课题的研究过程中，尽管笔者围绕纪检监察机关和刑事司法机关之间的办案标准及二者之间在程序节点上的衔接问题展开了系统的研究，提出了很多问题，也有相应对策，但成果的实践价值还存在一定的不足，有些研究浮于表象，论述不深，论理不够；有的甚至浅尝辄止，研究的广泛、深度和力度都有待大大拓展，在这里真诚希望相关领域的专家、学者和实务界的朋友不吝赐教，多批评指正。今后，笔者将努力紧跟国家纪检监察体制改革的铿锵步伐，始终保持一种谦卑、包容、务实的态度，与时俱进，密切关注纪检监察制度改革的最新动态，心存敬畏，心怀感恩，心系法治，对纪检监察和刑事司法实践进行深入细致的调研，及时完善和修正本书中的一些不成熟、不完善的观点，为实现纪检监察工作制度化、规范化、法治化的发展，贡献一个普通法学人的一点绵薄之力。

本书在写作的过程中得到了众多朋友的支持和帮助。中国政法大学的博士生导师喻中教授从本课题的申报开始就无私地为我提供学术研究的指导与帮助；四川大学法学院的博士生导师韩旭教授精心审阅本书写作提纲，提出了建设性的修改意见；江苏省高级人民法院研究室张志成主任为课题的研究提供了许多有极高价值的资料，奉献出具有较高学术价值的司法观点；无锡市梁溪区检察院沈小平副检察长多次精心组织安排本课题的调研工作，提供了很多新观点和新见解；成都市简阳检察院陈平专委为笔者的研究提供了不少研究资料，无私奉献他的经验和见解；南京六合区纪委监察委的王天莉主任，是我指导的江苏省委党校法学班在职研究生，以极大的热情参与本课题的研究，对我帮助甚大；我指导的中共江苏省委党校硕士研究生刘力畅、石岩、邓春花、候韦峰、吴飞、吴滢、张大康、谢茗芬、刘大千、高邢榕、李亚南、余兴涛参与了课题研究，帮我整理众多的研究资料，为本书的写作做出了较大的贡献。中国社会科学出版社的孔继萍编辑，对本书的出版投入了精力，付出了创造性的劳动。对上述朋友和学生的支持和帮助，我在此表达最诚挚的谢意。

对于所有对本书主题感兴趣的各界朋友而言，本书将打开一扇窗，向其展示了该课题的问题意识之所在。随着我国纪检监察体制的改革向纵深发展，将有更多的深层次问题需要我们去研究解决。对于一个法学研究者，我们不仅要做一个学术问题的批判者，更要做一个学术理论研究的贡献者，为构建具有中国特色的法治话语体系、最终把我国建设成为世界一流的法治国家奉献出自己的力量。

是为序。

孙曙生
2022 年 5 月 10 日谨识于
中共江苏省委党校

# 目　　录

导　言 ………………………………………………………………（1）

**第一章　纪检监察与刑事司法的办案标准与程序衔接**
　　　　**机制的法理阐释** ……………………………………（9）
　第一节　正当性——党的领导与人民意志 ………………（10）
　　一　党的领导 ……………………………………………（10）
　　二　人民意志 ……………………………………………（13）
　第二节　合法性——程序正义与实体合法 ………………（15）
　　一　程序正义 ……………………………………………（15）
　　二　实体合法 ……………………………………………（16）
　第三节　价值性——反腐效率与人权保障 ………………（18）
　　一　反腐效率 ……………………………………………（18）
　　二　人权保障 ……………………………………………（20）
　第四节　目的性——从严治党与国家治理现代化 ………（22）
　　一　从严治党 ……………………………………………（22）
　　二　国家治理现代化 ……………………………………（23）
　本章小结 ……………………………………………………（25）

**第二章　纪委监委与刑事司法机关办案标准的差别、**
　　　　**界限与衔接路径** ……………………………………（26）
　第一节　纪委监委与刑事司法机关职能定位的差异性 …（26）
　第二节　纪委监委与刑事司法机关办案依据的差异性 …（28）

一　党规与国法的关系 …………………………………………（28）
　　二　纪检监察机关具体的办案依据 …………………………（32）
　　三　刑事司法机关具体的办案依据 …………………………（33）
第三节　纪检监察的对象、管辖范围和管辖分工 ……………（34）
　　一　纪检监察的对象 …………………………………………（34）
　　二　纪检监察的管辖范围 ……………………………………（35）
　　三　纪检监察的管辖分工 ……………………………………（36）
第四节　刑事司法机关管辖范围与牵连管辖 …………………（40）
　　一　人民检察院管辖的刑事案件范围 ………………………（41）
　　二　牵连管辖 …………………………………………………（41）
第五节　执纪政策与司法原则 …………………………………（42）
　　一　"四种形态"是纪检监察机关执纪执法的根本遵循 ……（42）
　　二　司法机关的司法原则 ……………………………………（45）
第六节　纪委监委与刑事司法机关办案标准程序上的衔接 …（46）
　　一　党规与国法的衔接——办案标准衔接的前提 …………（46）
　　二　具体制度的改革——办案标准衔接的关键 ……………（49）
　　三　执纪准则与司法原则的结合——办案标准衔接的灵魂 …（53）
本章小结 …………………………………………………………（54）

## 第三章　监委与司法机关办案程序衔接机制：现状、问题及法治路径 …………………………………………（56）

第一节　扫描与透视：监委与司法机关办案程序衔接
　　　　现状的实证分析 ………………………………………（57）
　　一　从立法、制度规范体系层面看 …………………………（57）
　　二　实践经验层面：办案流程形式上实现顺畅衔接 ………（58）
第二节　问题：从实质法治的视角审视监委衔接
　　　　司法的程序机制 ………………………………………（59）
　　一　规范层面：尚没有形成逻辑严谨的法律规范体系 ……（60）
　　二　价值层面：《监察法》与《刑事诉讼法》的价值
　　　　目标有待实现再平衡 …………………………………（61）

三　证据层面：对监察证据运用于司法程序的
　　有效性存有疑虑 ………………………………………… (63)
四　顺向追究机制与逆向监督制约机制之间衔接存有困境 …… (65)
第三节　出路：以法治方式构建监委衔接司法的有效路径 ……… (68)
一　深化监察体制改革，建立外部统一、内部分流的
　　监察新体制 ……………………………………………… (69)
二　深入推进以审判为中心的诉讼制度改革 …………………… (70)
本章小结 ……………………………………………………………… (72)

# 第四章　检察机关提前介入机制 …………………………………… (74)
## 第一节　检察机关提前介入的内涵阐释 …………………………… (75)
一　检察机关提前介入概念述明 ……………………………… (75)
二　检察机关提前介入的角色定位 …………………………… (77)
三　检察机关提前介入的案件范围 …………………………… (82)
四　检察机关提前介入的具体内容 …………………………… (83)
## 第二节　检察机关提前介入的法理依据 …………………………… (85)
一　检察机关提前介入的法律正当性 ………………………… (85)
二　检察机关提前介入的实践正当性 ………………………… (88)
三　检察机关提前介入的价值正当性 ………………………… (91)
## 第三节　检察机关提前介入的程序流程 …………………………… (94)
一　检察机关提前介入的启动程序 …………………………… (94)
二　检察机关提前介入的实施程序 …………………………… (96)
三　检察机关提前介入中意见的告知与反馈程序 …………… (96)
## 第四节　检察机关提前介入的困境与程序完善或替代选择 ……… (97)
一　检察机关提前介入的困境 ………………………………… (97)
二　检察机关提前介入的完善 ………………………………… (99)
三　检察机关提前介入的替代选择 …………………………… (103)
本章小结 ……………………………………………………………… (104)

## 第五章　案件移送起诉机制 …………………………………………（106）
### 第一节　案件移送起诉机制概述 ……………………………………（106）
　　一　案件移送起诉的含义 ……………………………………………（106）
　　二　案件移送起诉的任务和意义 ……………………………………（107）
### 第二节　案件移送起诉机制的法理分析 ……………………………（109）
　　一　检察职能调整的必然选择 ………………………………………（109）
　　二　证据标准一致的必然要求 ………………………………………（110）
　　三　反腐败法治化的价值取向 ………………………………………（111）
　　四　协作配合与规范制约双重功能的实现路径 ……………………（112）
### 第三节　案件移送起诉机制的监察程序规范 ………………………（113）
　　一　案件调查终结 ……………………………………………………（113）
　　二　案件移送前准备工作 ……………………………………………（114）
　　三　向检察机关移送案件 ……………………………………………（117）
### 第四节　案件移送起诉的检察程序规范 ……………………………（118）
　　一　移送案件的受理 …………………………………………………（119）
　　二　强制措施的变更 …………………………………………………（120）
　　三　移送案件的审查 …………………………………………………（121）
　　四　决定起诉或不起诉 ………………………………………………（122）
　　五　退回补充调查或自行补充侦查 …………………………………（123）
　　六　检察机关其他职责 ………………………………………………（124）
### 第五节　案件移送起诉中的认罪认罚制度与从宽处罚建议 ………（126）
　　一　认罪认罚制度 ……………………………………………………（126）
　　二　从宽处罚建议 ……………………………………………………（127）
### 第六节　案件移送起诉机制的完善 …………………………………（128）
　　一　监察机关衔接部门的完善 ………………………………………（128）
　　二　检察机关合法性审查的完善 ……………………………………（129）
　　三　决定不起诉制度的完善 …………………………………………（131）
　　四　认罪认罚从宽制度的完善 ………………………………………（132）
### 本章小结 ………………………………………………………………（134）

## 第六章 调查措施与刑事强制措施的衔接机制 (135)

### 第一节 调查措施与刑事强制措施概述 (135)
一 调查措施与刑事强制措施的内涵分析 (135)
二 侦办职务犯罪案件——从刑事侦查到监察调查 (139)

### 第二节 留置措施与刑事强制措施的衔接机制 (141)
一 留置案件中留置与刑事强制措施的衔接机制 (142)
二 未留置案件中刑事强制措施的衔接机制 (149)
三 留置期间被调查人权利保障问题 (151)

### 第三节 退回补充调查与自行补充侦查中强制措施的变更机制 (154)
一 退回补充调查中强制措施的变更及路径选择 (154)
二 自行补充侦查中强制措施的实施机制 (157)

本章小结 (159)

## 第七章 纪检监察与刑事司法证据衔接机制 (160)

### 第一节 证据属性的法理分析 (160)
一 证据的概念和种类 (161)
二 证据的"三性" (161)
三 证据的"二力" (163)

### 第二节 纪检监察与刑事司法证据的异同 (164)
一 纪检监察证据与刑事司法证据具有差异性 (165)
二 纪检监察证据与刑事司法证据具有统一性 (166)

### 第三节 纪委监委收集证据的操作规范 (167)
一 主体要求 (167)
二 不同种类证据的形式要求 (168)
三 不同调查措施的形式要求 (169)
四 内容要求 (172)
五 移交和互调要求 (174)

### 第四节 非法证据的排除 (175)
一 非法证据的概念 (175)

二　非法证据排除的法律依据 ……………………………………… (177)
　　三　非法证据排除的重点对象及相关案例 ……………………… (179)
　第五节　监察机关与司法机关有关证据衔接机制的完善 ………… (184)
　　一　加快有关证据法律体系的衔接 ……………………………… (184)
　　二　明确初核阶段证据的法律地位和使用标准 ………………… (185)
　　三　完善同步录音录像制度 ……………………………………… (186)
　　四　健全证据审查体系 …………………………………………… (187)
　　五　扩大非法证据的排除范围 …………………………………… (189)
　本章小结 ……………………………………………………………… (190)

## 第八章　退回补充调查和自行补充侦查的规范机制 ……………… (192)
　第一节　制度与分析：退回补充调查和自行补充侦查制度 ……… (193)
　　一　《监察法》出台前的补充侦查 ……………………………… (193)
　　二　《监察法》出台后的退回补充调查和补充侦查 …………… (193)
　　三　自行补充侦查和退回补充调查的定性分析 ………………… (194)
　第二节　障碍与挑战：当前退回补充调查和补充侦查
　　　　　制度的实践困境 …………………………………………… (197)
　　一　退回补充调查存在的问题 …………………………………… (197)
　　二　自行补充侦查存在的问题 …………………………………… (203)
　第三节　程序与方式：退回补充调查和自行补充侦查
　　　　　制度的完善路径 …………………………………………… (204)
　　一　退回补充调查的完善建议 …………………………………… (204)
　　二　自行补充侦查的完善建议 …………………………………… (208)
　本章小结 ……………………………………………………………… (212)

## 第九章　监察机关与审判机关的衔接 ………………………………… (213)
　第一节　监察机关与审判机关的逻辑关系 ………………………… (213)
　　一　监察机关与审判机关相互独立 ……………………………… (213)
　　二　监察机关与审判机关相互制约 ……………………………… (214)

第二节　监察机关的调查活动与审判机关的提前介入 ……… (215)
　　一　审判机关提前介入监察机关调查活动的法理分析 ……… (215)
　　二　审判机关的提前介入监察机关调查活动的路径构建 …… (215)
第三节　监察机关的调查取证与审判机关的证据裁判 ……… (216)
　　一　监察机关的取证标准与审判机关裁判标准的衔接 ……… (216)
　　二　审判阶段与非法证据的排除 ………………………… (217)
　　三　监察机关的补充调查与人民检察院的补充侦查 ……… (218)
　　四　审判机关、辩护人等对监察机关录音录像的调取 …… (219)
第四节　刑事缺席审判制度 ……………………………………… (220)
　　一　刑事缺席审判的制度价值 …………………………… (220)
　　二　程序衔接与人权保障 ………………………………… (222)
　　三　刑事缺席审判制度与违法所得没收程序之衔接 ……… (225)
本章小结 …………………………………………………………… (227)

**第十章　建立纪委监察与刑事司法办案标准程序衔接**
**　　　　配套保障机制** ………………………………………… (229)
第一节　配套法律制度体系 ……………………………………… (229)
　　一　配套制度的价值分析 ………………………………… (229)
　　二　配套法律制度体系概况 ……………………………… (233)
第二节　配套监督制度体系 ……………………………………… (235)
　　一　系统监督 ……………………………………………… (235)
　　二　司法监督 ……………………………………………… (240)
　　三　内部监督 ……………………………………………… (248)
　　四　权利监督 ……………………………………………… (253)
第三节　配套管理制度体系 ……………………………………… (255)
　　一　监察队伍职业化 ……………………………………… (255)
　　二　教育培训专业化 ……………………………………… (258)
　　三　监务保障现代化 ……………………………………… (259)
本章小结 …………………………………………………………… (263)

## 第十一章　完善纪检监察和刑事司法程序衔接的人权保障机制 ……(264)

### 第一节　纪检监察机关的办案方式与尊重保障人权 ………(264)
一　监察权的优位性 ………………………………(265)
二　与侦查程序相似的调查程序 ………………(265)
三　权利救济程序的完善 ………………………(266)
四　实现外部监督与内部监督的平衡 …………(268)

### 第二节　通过正当程序尊重保障人权 ………………(269)
一　正当法律程序的逻辑起点——监察调查行为应遵守《刑事诉讼法》 ……………(270)
二　正当法律程序的逻辑体系——制定配套性的监察法规 ……………………………(271)
三　正当法律程序的逻辑重心——对非法证据的排除 ………(272)

### 第三节　构建立体的外部监督机制实现对人权的保护 ………(273)
一　强化人大对监察委员会的监督 ……………(273)
二　完善民主监督、社会监督、舆论监督，有效贯通各类监督 ……………………(275)
三　形成纪检监察机关与刑事司法机关之间的双向的权力监督机制 …………………(276)

### 本章小结 …………………………………………………(277)

## 参考文献 …………………………………………………(279)

# 导　言

自1978年12月中共中央纪律检查委员会成立，特别是1996年《刑事诉讼法》修改后，在纪检监察与刑事司法两者的关系形态中，以检察院为主体的刑事司法机关全面转向与纪检监察部门合作，依靠纪委的"双规"作为案件突破的保障性手段。20多年来，二者之间的办案标准及程序如何衔接问题一直在学界和实务部门间争论不休。由于理论及具体的法律规则的模糊不清，常常使纪检监察与刑事司法二者之间办案标准不明、程序衔接存在众多问题。为此，《中共中央关于全面推进依法治国若干重大问题的决定》中指出："明确纪检监察和刑事司法办案标准和程序衔接，依法严格查办职务犯罪案件。"[①] 从而使该问题成为保证公正司法提高司法公信力的重要理论与实践课题。党的十九大报告指出："深化国家监察体制改革，将试点工作在全国推开，组建国家、省、市、县监察委员会，同党的纪律检查部门合署办公，实现对所有行使公权力的公职人员监察全覆盖。制定国家监察法，依法赋予监察委员会职责权限和调查手段，用留置取代'双规'措施。"[②] 在该报告的指引下，2018年4月国家、省、市、县监察委员会四级监察委员完成组建，建立起全新的国家监督体系。伴随党和国家监察体制的改革，中共十八届四中全会提出的"明确纪检监察和刑事司法办案标准和程序衔接"问题并没有随着

---

[①]《中共中央关于全面推进依法治国若干重大问题的决定》，人民出版社2017年版，第23页。

[②] 习近平：《决胜全面建成小康社会　夺取新时代中国特色社会主义伟大胜利——在中国共产党第十九次全国代表大会上的讲话》，人民出版社2017年版，第7页。

国家监察体制的改革而得到彻底的解决，仍然作为一个理论和实践的问题而存在，本课题就是在这样的背景下展开研究的。

### 一　本书研究的对象

1. 理论层面：从法理的视角对纪检监察和刑事司法的办案标准和程序衔接现存状态及未来预期改进目标进行理性分析与阐释。

2. 实证层面：对纪检监察和刑事司法的办案标准和程序衔接实证状态进行调查，收集典型的案例进行剖析，在此基础上进行大数据分析。

3. 对策层面：对纪检监察与刑事司法的办案标准与程序衔接机制问题提供思路与建议。

### 二　本书研究的主要内容

本书探讨了纪检监察机关与刑事司法机关在办案标准和程序衔接上的理论与实务问题，提出了相应的对策建议供有关部门参考。共分为十一章。

第一章针对纪检监察与刑事司法的办案标准与程序衔接机制问题进行法理上阐释。阐述了明确纪检监察机关与刑事司法机关的办案标准与构建二者程序衔接机制具有法理上的正当性、合法性、价值性及目的性。正当性体现为党的领导与人民的意志；合法性体现为程序正义与实体公正；价值性体现为人权保障价值与反腐效率价值的有机平衡与统一；目的性是为实现从严治党与国家治理现代化的目标。

第二章研究纪检监察机关与刑事司法机关办案标准的差别、界限及衔接路径。分析了纪检监察机关与刑事司法机关职能定位与办案依据的差异性；论述了纪检监察机关与刑事司法机关之间所遵守的执纪政策、司法原则不同；提出了纪检监察机关与刑事司法机关办案标准程序上衔接的路径。

第三章从总体上研究纪检监察机关与刑事司法机关办案程序衔接的现状、存在问题及实现二者有效衔接的法治化的路径。提出最终通过坚持以审判为中心的诉讼制度改革方式实现纪检监察机关与刑事司法机关办案程序的实质性的衔接。

第四章研究检察机关提前介入的机制问题。分析、论证了提前介入过程中检察机关的角色定位问题，进一步明确了监检两机关相互配合、相互制约的原则；对提前介入的法理依据从法律、实践、价值等方面进行充分论证；对检察机关提前介入机制现存问题进行归纳总结的基础之上，提出针对性的完善措施。

第五章研究案件移送起诉机制问题。首先对目前移送起诉的基本流程进行了法律上的分析研究，指出在当前的职务犯罪案件办理过程中，在审查起诉的程序节点上仍然存在衔接不畅、合法性审查范围仅限于证据材料、决定不起诉比例过低、认罪认罚从宽标准不统一等问题；在总结问题的基础上，提出了相应的对策建议。

第六章研究调查措施与刑事强制措施的衔接机制问题。首先分析了调查措施与刑事强制措施之间在适用对象上等方面存在的差异性；通过区分留置与非留置两种情形，论证了调查措施与刑事强制措施在程序衔接上存在的问题，提出了完善程序衔接的法律路径。

第七章研究纪检监察机关与刑事司法机关的证据衔接问题。阐述了纪检监察证据与刑事司法证据的异同所在；全面梳理纪委监委办理职务犯罪案件的证据规定，并聚焦证据的合法性，坚持理论与实践相联系、法条与案件相映照，提出纪委监委办理职务犯罪案件过程中非法证据排除的原则和内容，据此而实现纪检监察机关与刑事司法机关办案程序的证据衔接。

第八章研究退回补充调查和补充侦查的规范机制问题。首先对补充调查和自行侦查进行了制度上的分析；论证了目前在补充调查和自行侦查方面存在的困境；提出了解决目前在补充调查和自行侦查问题的法律路径。

第九章研究监察机关与审判机关之间的程序衔接问题。主要研究了监察机关与审判机关的逻辑关系、监察机关的调查活动与审判机关的提前介入、监察机关的调查取证与审判机关的证据裁判、刑事缺席审判制度等问题。

第十章研究建立纪委监察与刑事司法办案标准程序衔接配套保障机制问题。主要研究了建立纪委监察与刑事司法办案标准程序衔接配套保障机制的配套法律制度体系、监督制度体系、管理制度体系的构建问题。

第十一章研究完善纪检监察和刑事司法程序衔接的人权保障机制问题。主要研究了纪检监察机关的办案方式与尊重保障人权、通过正当程序尊重保障人权、构建立体的外部监督机制实现对人权的保护等问题。从立体的角度分析论证了完善纪检监察和刑事司法程序衔接的终极价值目标是为了实现对被调查人、被告人的人权保障。

### 三 本书研究成果的重要观点及对策建议

1. 明确纪检监察机关与刑事司法机关的办案标准与构建二者程序衔接机制具有法理上正当性、合法性、价值性和目的性

明确纪检监察机关与刑事司法机关的办案标准与构建二者程序衔接机制法理上的正当性体现为党的领导与人民的意志；合法性体现为程序正义与实体公正；价值性体现为人权保障价值与反腐效率价值的有机平衡与统一；目的性是为实现从严治党与国家治理现代化的目标。

2. 纪检监察机关执纪执法的政策标准与刑事司法机关应遵循的具体司法原则之间存在一定的共通性与差异性

党纪与国法之间呈现为辩证统一的关系，共同追求全面实现依法治国的历史目标，这是纪检监察机关与刑事司法机关共同的价值目标。但是党规党纪和国家法律在制定主体、制定程序、适用对象、管辖范围、适用范围、使用标准、惩戒措施、救济途径等方面存在较大的差异，特别是在执纪和执法的具体过程中，纪检监察机关执纪执法的政策标准与刑事司法机关应遵循的具体司法原则之间存在一定的差异性。具体体现为："四种形态"是纪检监察机关执纪执法的根本遵循；严格遵守《刑事诉讼法》的司法原则是司法机关的最根本的职责。

对策建议是：在今后深化纪检监察体制改革的过程中，应该通过党规与国法的有效衔接、通过具体制度的再改革、通过执纪执法的准则与司法原则的有机结合，进而真正实现纪委监委与司法机关在办案标准上的有效衔接。

3. 监察机关与司法机关的办案程序衔接方面实现了形式上衔接，但在实质衔接层面存在一定的困境

自2018年3月监察体制改革以后，监察机关与检察机关在办理职务犯罪案件过程中互相配合、互相制约，建立起权威高效、衔接顺畅的工作机制，从形式上解决了二者之间办案的程序衔接问题。但如从实质法治理念的视角观察，监委与刑事司法机关的办案程序衔接机制仍存在着诸多问题，如没有形成逻辑严谨的法律规范体系、二者衔接的价值目标不清晰、证据转换的有效性存有疑虑、程序的顺向的追究机制与逆向的监督机制不能有效贯通等问题。

对策建议是：在未来深化监察体制改革的过程中，应该坚持以审判为中心的诉讼制度改革的目标，从人权保障的刑事诉讼的目的出发，通过完善立法、加强制度建设等路径，实现二者的有机衔接，真正做到把制度优势转化为治理的效能。

4. 在检察机关提前介入监委调查案件机制的构建上，监检双方均须树立严格的程序意识

提前介入过程中，检察机关要坚持监委主导调查、参与而不干预、参谋而不代替、讨论而不定论、准备公诉并协助调查的角色定位，介入范围限定为重大疑难复杂的职务犯罪案件。但在具体开展提前介入工作过程中也面临着一定的法律和实践困境，如缺乏高位阶法律直接规定、工作方式单一导致制约效果弱等，需要针对性地加以完善。

对策建议是：完善并明确相关法律规范；完善工作方式，增强沟通交流；保障介入时间，严守介入限度；防止角色混淆，协调配合与制约；建立商请和主动介入相结合，商请为主、主动为辅的启动机制。更为主要的监检双方都应严格坚守正当程序的思维理念。

5. 案件移送起诉机制，是实现监察机关监察调查与检察机关审查起诉程序衔接的逻辑起点，检察机关应发挥其应有的关键作用

监察机关在监察调查完成后，对于被调查人犯罪事实清楚、证据确凿、需要追究刑事责任的，应当移送至检察机关审查起诉。在当前的职务犯罪案件办理过程中，"监检衔接"仍然存在衔接程序不畅、合法性审查范围仅限于证据材料、决定不起诉比例过低、认罪认罚从宽标准不统

一等问题。

对策建议是：为了进一步完善职务犯罪案件移送起诉机制，应当采取优化监察机关内部衔接部门、加强检察机关合法性审查、完善决定不起诉制度、统一认罪认罚从宽制度认定标准等措施，保障职务犯罪案件办理能够顺利进行。

6. 在监察程序中取得的证据能否成功运用于司法程序是监察程序和司法程序顺畅衔接的中心环节

在职务犯罪的调查过程中，监察机关必须按照刑事审判关于证据的要求和标准，充分考虑证据的收集、固定、审查和运用，特别是证据的合法性和充分性。如果监察调查权的运行不考虑后续追诉和审判的需要，不从以审判为中心的角度进行证据收集工作，就会给检察机关的公诉工作造成障碍，最终可能导致监察调查在很大程度上失去效度，监察程序与司法程序的衔接就不顺畅。就目前实务而言，监察机关在证据的收集等方面尚存在一定问题，如非法的证据不易排除等等。

对策建议是：通过"排除非法证据"倒逼职务犯罪案件证据合法性要求的落实，以证据关的把牢推动事实关、程序关的把好，从而实现把每起职务犯罪案件都办成铁案的目标。同时进一步细化证据环节的有关规定，或者出台有关证据的单行法规，确保法治精神在职务犯罪案件办理中得到全面落实。

7. 细化审查起诉阶段退回补充调查权和自行补充侦查权是构建监察与司法办案程序衔接的重要环节

伴随监察体制的改革与《刑事诉讼法》的修改，补充调查的基本内涵发生改变，通过考察当前退回补充调查和自行补充侦查的具体制度和充分剖析审查起诉环节监察机关和检察机关权力运用的问题，可以发现目前退回补充调查和自行补充侦查制度在司法实践中存在着一定的问题，如适用条件模糊、权利规定存有一定的空白、监察与司法机关之间配合制约关系不明确等问题。

对策建议是：规范监察机关和检察机关补充调查中权力行使；细化退回补充调查的适用条件；完善退回补充调查的范围；健全制度规范，细化自行补充侦查的适用范围，赋予检察机关根据案件具体情况自行补充侦查的裁量权；强化基础设施建设，保障自行侦查等。

8. 完善监察机关与审判机关的办案程序衔接机制是实现监委与司法机关办案程序衔接的关键环节

在查办职务犯罪的程序中，监察机关是程序的起点，审判机关是程序的终点。完善构建监察机关与审判机关的办案程序衔接机制，才能最终对腐败案件的被告人依法惩处。从目前看，监委与审判机关的办案程序衔接存在一定的问题，如存在以审判为中心的诉讼理念没能较好地彰显等问题。

对策建议是：从法律关系上，切实落实监察机关与审判机关之间既相互独立又互相制约的法律关系；在具体的实务操作层面，一方面实现监察调查活动的规范化、法治化，另一方面，人民法院在职务犯罪审判中在查明事实、认定证据、公正裁判方面充分发挥庭审的作用，确保从监察调查到审查起诉再到法院审判整个程序流程在诉讼法治的轨道上运行，确保全部的程序严格遵守司法的条律，确保程序的正当。

9. 构建监察机关与刑事司法机关办案程序衔接机制的难点是配套机制体制的完善

《中华人民共和国监察法》的颁布，标志我国法治反腐进入了崭新的历史阶段。一部好的法律不可能自行运转起来，必须有配套制度机制与之相匹配。在构建纪检监察机关与刑事司法机关办案程序衔接机制过程中，配套的体制机制存在一定的改革空间。

对策建议是：借鉴新加坡和香港地区有益的反腐理念，提出了监察队伍职业化、教育培训常态化、监务保障现代化的治理理念。在建立纪委监察与刑事司法办案标准程序衔接配套保障机制的过程中，系统化的权力构建理念、制度化的权力监督理念和精细化的内控理念，多维度多层次构建起与《监察法》相配套的各类制度体系，有助于深入推进法治反腐的力度和深度，不断提升国家治理体系、治理能力现代化的能力和水平。

10. 构建监察机关和刑事司法机关办案程序衔接机制的终极价值目标是为了实现对人权的保障

构建纪检监察机关与刑事司法机关办案程序的衔接的双重价值目标

是实现反腐效率与人权保障价值的平衡与统一,但程序的终极价值目标是为了实现对人权的保障。在目前监察体制运行过程中,人权保障的客观现实状况不容乐观,尚存一定的需要完善的空间。

对策建议是:坚持国际通行的正当法律程序的理念,通过构建完善的监察机关和刑事司法机关的办案程序衔接机制实现监察调查程序的正义;其次在坚持监察机关内部监督的前提下,完善对监察机关的外部监督,实现内外部对监察权监督的有机平衡;第三,形成纪检监察机关与刑事司法机关之间的双向的权力监督机制,真正坚持监察机关与刑事司法机关之间的互相配合、互相制约的诉讼原则,以确保通过构建完善的监察机关和刑事司法机关的办案程序衔接机制实现对人权保障的终极的价值目标。

## 四 结语

研究纪检监察机关与刑事司法机关的办案标准与程序衔接机制问题,有助于厘清国家监察权力的运行、司法权的配置、反腐机制的完善及人权保障等一系列重大问题。在本课题申报时,国家监察体制改革尽管已经启动,但《监察法》尚未颁布,国家、省、市、县的四级监察委员会尚未建立。尽管如此,本课题组在前期研究的基础上,针对已经建立的纪检监察体制深入研究了纪检监察机关与刑事司法机关的办案标准与程序衔接机制问题,重点研究了纪检监察机关与刑事司法机关之间的办案标准及其二者之间在每个程序节点上的衔接问题,指出了问题的所在,提出了相应的对策建议。囿于目前我国对腐败的治理尚处于较为非常的关键时期,使本书的研究存在一定的局限性,因此在成果的实践价值层面可能存在一定的不足,如如何实现纪检监察机关与刑事司法机关办案程序的实质性的有效衔接方面,本书尚需进行深入的研究;在提出的对策性建议方面的实效性方面亦尚需加强。但我们坚信,随着我国纪检监察体制改革的不断深入,纪检监察机关与刑事司法机关一定能构建起实质性的、高效率的办案程序衔接机制,使我国对腐败的治理工作始终在法治的轨道上运行。

# 第 一 章

## 纪检监察与刑事司法的办案标准与
## 程序衔接机制的法理阐释

党的十八届四中全会通过的决定指出："明确纪检监察和刑事司法办案标准和程序衔接，依法严格查办职务犯罪案件。"① 党的十九大报告指出："制定国家监察法，依法赋予监察委员会职责权限和调查手段。"② 2017年11月7日起，《监察法》草案在全国人大网公开征求意见，第十三届全国人大第一次会议通过了《中华人民共和国监察法》，同年3月，全国各地依据《监察法》完成了省市县三级监察委员会的组建。《监察法》的通过，使党的十八届四中全会提出的必须明确纪检监察和刑事司法办案标准和程序衔接问题更加突出，如何明确纪检监察机关与刑事司法机关的办案标准，如何做好《监察法》与《刑事诉讼法》的办案程序衔接工作，是法学理论界和监察、司法等实务部门共同关注、亟须解决的重要课题。2018年国家各级监察委员会成立以来，全国人大通过了《宪法》修正案，全国人大常委会对《刑事诉讼法》进行了修改，最高人民检察院、最高人民法院分别修改了《人民检察院刑事诉讼规则》《刑事诉讼法的解释》，国家监察委员会单独或会同最高人民检察院、最高人民法院、公安部等部门出台了《办理职务犯罪案件工作衔接办法》《关于加

---

① 《中共中央关于全面推进依法治国若干重大问题的决定》，人民出版社2017年版，第23页。
② 习近平：《决胜全面建成小康社会 夺取新时代中国特色社会主义伟大胜利——在中国共产党第十九次全国代表大会上的讲话》，人民出版社2017年版，第54页。

强和完善监察执法与刑事司法衔接机制的意见》等规范性的文件，2021年9月20日，国家监察委员会制定的第一个监察规章《中华人民共和国监察法实施条例》正式实施。这些法律的修改及规则、解释、规范性文件等的制定，主要目的是为构建纪检监察机关与刑事司法机关办案程序的衔接机制，明确二者的办案标准。可以说，到目前为止，通过立法、法律解释等，纪检监察机关与刑事司法机关办案标准基本得到明确，二者之间的办案程序在法律形式上实现了衔接。但我们也应认识到，二者之间的程序衔接尚有一些理论问题等待解决，监察委员会、司法机关在办案中尚有众多的实务性问题需要解决，本书正是基于此问题展开相关研究。首先对纪检监察机关与刑事司法机关的办案标准与程序衔接机制在法理的层面即二者衔接的正当性、合法性、价值性和目的性进行阐释。

## 第一节　正当性——党的领导与人民意志

德国社会学家马克斯·韦伯认为正当性的支配有三个纯粹类型："即法制型支配、传统型支配和卡理斯玛型支配。对于一个现代的法治国家而言，主要是基于法制型的支配。"① 法的正当性问题是法哲学的基本问题之一，根据前述马克斯·韦伯的论证，法制型支配的正当性基础在于支配者有根据法律进行社会支配的权利。换句话说，法的正当性意味着法体现了何者的意志。对于我国的社会主义国家而言，我国的法律必然为坚持中国共产党领导下的人民的意志的体现。明确纪检监察机关与刑事司法机关办案标准与程序的衔接机制构建，充分彰显了党的领导与人民的意志，党的领导与人民意志是构建纪检监察机关与刑事司法机关办案程序的衔接机制的正当性基础。

### 一　党的领导

《中国共产党章程》在总纲中明确规定了党的领导是中国特色社会主

---

① ［德］马克斯·韦伯：《经济与历史——支配的类型》，康乐等译，广西师范大学出版社2016年版，第297页。

义最本质的特征。《宪法》第一章总纲第一条第二款规定：社会主义制度是中华人民共和国的根本制度。中国共产党领导是中国特色社会主义最本质的特征。禁止任何组织或者个人破坏社会主义制度。《监察法》也明确规定，监察机关必须绝对坚持党的领导，并对如何坚持党的领导作出了具体的制度安排。从《宪法》到《监察法》都对坚持党对纪检监察工作的领导作出了明确规定，坚持党对纪检监察工作和司法工作的绝对领导，是构建纪检监察机关与刑事司法机关办案程序衔接机制的正当性的基础，因为：其一，党对纪检监察机关的绝对领导是《党章》规定"党是领导一切的"的应有之义。中国共产党是我国唯一合法的执政党，党的领导覆盖了国家的一切领域，纪检监察工作当然不能例外，只有坚持党对纪检监察工作的全面领导，纪检监察机关工作的本身才具有正当性；其二，坚持党对纪检监察工作的领导是由党自身的历史使命决定的。中国共产党最高理想和最终目标是实现共产主义，这是前无古人后无来者的事业，要完成其历史使命，必须从严治党，实现党的自我革命，只有一个清廉的政党才能实现其最终的理想；其三，坚持党对纪检监察工作的领导，才能保证纪检监察工作沿着正确的政治方向前进。"只要我们毫不动摇坚持党的领导，就一定能战胜重重艰难险阻，乘风破浪，勇往直前，不断从胜利走向新的胜利。"[①]

党的十八大以来，我国的各项事业取得了辉煌的历史成就，令世界瞩目，根本原因在于有党中央的英明正确的领导。我国已经进入全面建设社会主义现代化国家的新时代，为了确保两个百年的奋斗目标的实现，必须强化党对纪检监察工作的领导。其一，以"两个维护"为首要任务，是深刻总结我国革命、建设、改革实践得出的重要结论，是保障中国人民的根本利益，实现中华民族伟大复兴的根本所在，纪检监察机关作为党的政治机关及党内监督和国家监督的专责机关，在"两个维护"上承当着重要的历史使命和重大的政治责任，必须绝对坚持党的领导；其二，深化国家监察体制改革，通过《监察法》与《刑事诉讼法》等法律的衔

---

[①] 苗庆旺：《乘胜而上推动纪检监察工作高质量发展》，《中国纪检监察报》2021年2月4日第3版。

接，实现对公权力的有效监督，防止权力的滥用与腐败的发生。纪检监察机关合署办公，是党的领导的具体体现，党管干部不仅管干部的培养与选拔任用，更要加强对公职人员的公权力进行有效监督与制约，防止权力的滥用。其三，通过全面从严治党加强党的建设，严明党的纪律和规矩。"党的坚强有力，来自党的纪律；党的坚强有力，必须依靠党的纪律。党的建设的一个重要任务，就是要加强党的纪律建设。"① 在党的六大纪律中，政治纪律是最核心的纪律，必须把政治纪律排在首位。遵守党的政治纪律就是坚持党领导，违反党的政治纪律就是对党的领导的否认。通过严明党的纪律和规矩，各级党组织和全体党员接受党章党规党纪的刚性约束，自觉遵守国家法律，进而实现党对纪检监察工作的领导。

党的领导是国家治理的核心，也是纪检监察机关工作的核心。通过纪检监察机关与刑事司法机关办案程序的衔接，实现以下目标：其一，切实实现党中央和各级党委更好地依法领导纪检监察工作，在法治的轨道上领导反腐败工作。通过纪法贯通、法法衔接，使党的主张变为国家的意志，实现依规治党和依法治国的有机统一；其二，有利于在反腐败的过程中实现政治与法治的结合，进而实现法律、政治、社会三个效果的有机统一。因为，"法律的天空不是独立的，它与政治紧密关联"②。法治不能独立存在，法治依附于政治。只讲法治不讲政治的反腐败是缺乏方向的，只讲政治而不讲法治的反腐败是缺乏法律价值的。在反腐败的过程中，坚持党的领导，能够实现法治与政治的统一，才能取得最佳的反腐效果；其三，只有在纪检监察机关和刑事司法机关办案程序衔接的机制构建中坚持党的领导，才能巩固反腐败已经取得的压倒性胜利，最终实现国家的清明政治。通过构建纪检监察机关与刑事司法机关办案程序有机衔接机制，实现反腐败与国法的全流程贯通，强化不敢腐的威慑，扎牢使公职人员不能腐败的法律制度的铁笼，增强不想腐的自觉，为夺取反腐败斗争的彻底胜利提供有力的政治与法治的保障。

---

① 许耀桐：《中国之治——国家治理现代化的发展路径》，东方出版社2020年版，第88页。

② ［美］莱斯利·里普森：《政治学的重大问题——政治学导论》，刘晓等译，华夏出版社2001年版，第201页。

## 二　人民意志

中国共产党始终代表着中国最广大人民的根本利益。党的十八大以来，以习近平总书记为核心的党中央始终秉持以人民为中心、人民利益至上的根本政治立场，坚持高压反腐，取得了世界瞩目的治理效果，充分体现了全国人民的共同意志。

反腐败是全体人民共同意志的体现。人民群众之所以痛恨腐败，是因为腐败不仅是社会的肌瘤，腐败最终侵害的更是人民群众的根本利益，人民群众是腐败行为的最终受害者，也因此是腐败的强烈反对者。因此，与其说反腐败是国家意志的体现，从本源上讲，更是全体人民意志的体现，正因为反腐败体现了人民的意志，反腐败才具有正当性，所以说人民的意志是国家反腐败正当性的终极来源。党的十八大以来，通过具体制度的设计，从形式上实现了纪检监察机关与刑事司法机关办案程序的有机衔接，是为了把我国社会主义的制度优势转化为治理效能，从根本上讲，这种制度设计体现了全体人民的意志，具有终极意义上的正当性。

人民群众是反腐败的动力之基。人民群众作为腐败的受害者，当然也是反腐败的拥护者，是反腐败的动力之基。如何充分彰显人民群众反腐的力量呢？首先要建立健全党内外民主机制。早在1945年6月，作为当时党的最高领导者毛泽东主席在回答黄炎培等国民政府参议院的"窑洞之问"时指出："我们已经找到新路，我们能跳出这周期率。这条新路，就是民主。"[①] 因此，努力健全党内外的民主机制，使人民对公权力的监督成为取得反腐败斗争彻底胜利的最重要、最主要的力量。如何通过机制的完善、制度的构建来充分发挥民主的监督作用呢？首先要强化党内监督。党内监督是最基本的、第一位的、最重要的监督。党内监督失效，则其他监督失灵。切实落实中国共产党党内监督条例第九条的规定：即建立健全"一加五"党内监督体系。党员是强化党风廉政建设的主力军，必须充分调动广大党员反腐败的积极性，切实发展党内民主，

---

[①] 中央纪委、中央文献研究室编：《习近平关于党风廉政建设和反腐败斗争论述摘编》，中央文献出版社、中国方正出版社2015年版，第6页。

建立健全党内民主工作机制；其次要推进社会各界监督的组织化专业化。健全人大监督等八大外部监督制度，以党内监督为主导，实现各类监督之间融会贯通，形成监督的巨大合力。

加强党对人民群众参与反腐败的领导和引导。目前，党对群众参与反腐败斗争的领导通过以下的路径来实现：一是要充分利用我国传统的廉政文化资源，营造良好的反腐败的法治、社会等文化氛围。腐败是一种历史现象，只要有权力存在的地方，必然有腐败发生的可能。在我国漫长的历史长河中，涌现了一大批刚直不阿、公正执法的清廉官吏，他们是今天可资利用本土法治廉政文化资源，要充分利用传统文化进行反腐败工作，结合当今中国的法治建设的现实，努力加强廉政文化建设，在全社会形成一种崇尚法治的社会风尚，为群众参与反腐败创造良好法治文化氛围；二是构建群众参与反腐的激励机制。反腐败是人民群众的愿望，但如何让群众愿望变为具体的行动，需要在党的领导下构建出一个群众参与的物质加精神的激励机制，而不仅仅是一句空洞的口号。同时要做好对举报人人身安全的保障工作，使举报人没有任何人身安全、财产安全的担忧；三是重点整治群众身边的腐败。通过整治群众身边的腐败，可以让群众从腐败的整治中获得实实在在的收获，激发人民群众参与反腐的积极性，把反腐败过程中为了人民、依靠人民的机制建设落实到实处，进而赢得人民群众对反腐工作的信赖与拥护。

### 小　结

《宪法》《监察法》《政务处分法》等法律法规对坚持党对反腐败工作的领导作出了明确的规定。党通过领导立法，把党对纪检监察工作的领导和反腐败的政治成果转化为国家法律，实现了把党的意志与主张以法律的形式体现了广大人民的意志和愿望。因此，党的领导与人民的意志是统一的，通过构建纪检监察机关与刑事司法机关办案程序的有机衔接，具体体现了党对纪检监察工作的领导权，人民的意志也通过党的领导得以具体实现。党的领导与人民意志的统一共同构成了纪检监察机关与刑事司法机关办案程序的有机衔接机制的正当性基础。

## 第二节 合法性——程序正义与实体合法

合法性作为政治科学的一个核心概念着重说明的是人们内心的一种状态,这种态度认为合法与公正是任何法治政府法治建设应呈现的状态。在马克斯·韦伯看来,正当性与合法性之间具有一定的正相关关系,具有一定程度的同构性。"合法性是从'正当'或'权威'派生出来的,这种合法性可以视为正当性或者现今最流行的正当性形式就是对合法性的信仰。在这里,正当性与合法性这二者被结合为一个共同的正当性的概念。"[1] 但是这种把合法性当成正当性,让人们产生一种错觉,即合法的东西一定是正当的,正当的东西一定是合法的,进而混淆了二者之间应有的分界。在现代法治社会,"一种源于对正式的并常常是法律的规则之尊重的合法性已经日益成为现代社会的重要特征"。[2] 具体到构建纪检监察机关与刑事司法机关办案程序衔接机制而言,这种机制的正当性体现为党的领导和人民的意志,而其合法性主要体现为程序正义与实体合法两个层面。

### 一 程序正义

作为詹姆士国王与贵族政治妥协产物的英国 1215 年的《大宪章》明确规定,在英国,任何人,无论其身份、地位状况如何,未经正当法律程序,不能被非法地逮捕、监禁与没收财产。该规定一定程度上开启了英国注重法律正当程序的传统,"使得法律程序具有形成和发展实体法原则和规则的功能,另一方面也体现出英国人发明了通过法律实现对权力制约的政治理念"。[3] 构建纪检监察机关与刑事司法机关办案程序衔接机制,目标之一就是为了落实程序正义的理念,使我国纪检监察体

---

[1] [德] 卡尔·施密特:《合法性与正当性》,冯克利等译,上海人民出版社 2015 年版,第 102 页。

[2] [英] 安德鲁·海伍德:《政治哲学的核心概念》,中国人民大学出版社 2014 年版,第 17 页。

[3] 陈瑞华:《刑事诉讼法》,北京大学出版社 2021 年版,第 43 页。

制沿着现代法治的轨道运行，实现纪检监察工作的规范化、法治化的发展。

自2018年纪检监察体制改革以来，为实现纪检监察机关与刑事司法机关办案程序的衔接，全国人大通过了《宪法》修正案，为监察体制改革提供宪法性依据；修改了《刑事诉讼法》；最高人民检察院和最高人民法院分别出台了《人民检察院刑事诉讼规则》《刑事诉讼法的解释》；中纪委出台了《监督执纪工作规则》等。这些法律、监察规章、党内法规的制定与颁布具有以下特点：一是为纪检监察机关与刑事司法机关办案程序的衔接提供了较为全面的法律等基本遵循，从形式上实现了纪检监察机关与刑事司法机关办案程序衔接的有法、有规可依；二是实现了纪法贯通的程序性目标。党规与国法是社会主义法治体系的共同组成部分，也是法治的共同防线，手段不同，但治理腐败的目标一致。通过出台一系列的规范性文件，打通纪法衔接的关键症结，实现了纪法的有效贯通；三是实现了程序正义的基本理念。程序正义的核心理念，是指纪检监察机关和刑事司法机关在作出一项党纪或法律决定的过程中，对那些利益可能受到该决定影响的人，应保证有机会获得中立法庭之公正审判的机会。从目前颁布的有关纪检监察调查法律法规看，贯穿了程序正义的基本要素，为实现纪检监察机关监督执纪调查行为的法治化奠定了法律基础。

## 二 实体合法

"我们之所以要坚持程序正义，是因为程序正义是实现实体正义的工具。"[①] 尽管我们坚持认可诉讼程序具有法治的独立性价值，但其工具性价值客观上是存在的。通过构建纪检监察机关与刑事司法机关办案程序衔接机制，一方面是为纪检监察机关有关监督调查工作提供程序性规范依据，贯彻程序正义的理念，追求程序正当性；另一方面纪检监察机关和刑事司法机关对程序正义的坚守必然会自觉地在权力的边界内行使手中的权力，既能精准地惩罚违纪违法行为，又能保证被调查者和被告人

---

① 陈瑞华：《刑事诉讼法》，北京大学出版社2021年版，第50页。

应有的权利，实现法治的实体合法、公正的价值。

在明确纪检监察机关与刑事司法机关办案标准和构建二者之间程序衔接方面，为实现程序正义的目标，纪检监察机关积极落实《监察法》与《刑事诉讼法》等程序法的衔接。但法治不仅要实现程序正义的价值，更要实现实体的合法与公正的价值目标。为此，在构建纪检监察机关与刑事司法机关办案程序衔接体制的过程中，努力实现纪检监察机关监督调查工作的实体合法公正，具体呈现为以下几个方面：首先，全国人大通过制定《监察法》实现了纪检监察机关办案依据的实体合法。纪检监察机关是依"法"办案，而不仅仅是依"规"办案，是"法"与"规"的统一，比如，用"留置"取代"双规双指"，解决了长期以来"双规双指"被认为没有合法性依据的问题；其次，通过颁布《监察法》，修改《刑事诉讼法》等，实现了实体法之间的衔接问题。从当前来看，纪检监察机关与刑事司法机关之间办案标准和有关程序性衔接问题形式上做到了有法有规可依，但在实体合法性上尚存在一定的不足，目前要紧的是出台监察法相关的配套性法律解释或规范性文件，使《监察法》与刑事实体法等法律实质性地衔接起来；最后，通过纪法贯通达到纪法共治的目标。在反腐败的斗争中，一方面要充分发挥党纪的作用，另一方面要促进依法执法、公正执法司法，确保正确适用法律。通过纪法贯通，使二者之间的理念、价值目标一致，成为纪检监察机关和刑事司法机关共同的根本遵循，解决了办案的合法性问题，也通过纪法贯通达到纪法共治的目标。不论是纪检监察机关的监督执纪调查，还是刑事司法机关依法适法，都是为了实现依法治权，确保国家法律的统一正确实施，确保惩罚犯罪与保障人权有机统一。

### 小 结

构建纪检监察机关与刑事司法机关办案程序衔接机制，目标之一是解决纪检监察机关与刑事司法机关办案的程序正义和实体合法问题。目前，党统一指挥、全面覆盖、权威高效的党和国家监督体系基本建成，完善纪检监察机关与刑事司法机关办案程序衔接机制是深化纪检监察体制改革的重要目标任务，也是党和国家监督体系改革的重要内容。考察纪检监察体制改革以来三年的具体实践，我们可以得出的基本结论是：通过明确纪检监察机关与刑事司法机关办案标准和构建二者之间的程序衔接机制，基本实现了执纪执法司法程序正义和实体合法公正价值目标，使国家的反腐败斗争沿着法治的轨道运行。但我们也要认识到，目前在明确纪检监察机关与刑事司法机关办案标准和构建二者办案程序衔接体制过程中，一些程序正义与实体合法问题尚待从法理层面进行分析阐释，以便在未来的纪检体制深化改革的过程中更好地实现程序正义和实体合法公正的价值目标。

## 第三节 价值性——反腐效率与人权保障

"法治它既有实体价值形态，也有形式化的原则，离开了法治的实体价值形态，法治也就失去了它的支撑点。"[1] 法治不是一种简单的社会治理的工具，它本身具有独立的价值追求，从实体价值上看，包括自由、公正、效率、人权秩序等，从形式价值上看，包括普遍性原则、至上性原则、程序正义原则等。从法理的视角上看，明确纪检监察机关与刑事司法机关办案标准和构建二者之间办案程序衔接机制正是为了彰显法治前述价值，该机制当然涵盖了法治的实体价值和形式价值，但更主要凸显的是法治的实体价值，更凸显了实体价值中的效率价值和人权价值，实现了人权保障价值与反腐效率价值的有机平衡与统一。

### 一 反腐效率

从先秦到当代中国，中国的法治建设历经了无数次的变迁嬗变，但其中对法治效率价值的追求一直未变。从商鞅变法到王安石变法再到清末的法制变革运动，无不是希望通过变法实现国富民强，即在较短时间内使国家强大，百姓富裕。在改革开放初期，邓小平提出了效率优先兼顾公平的发展原则，实质是把效率价值作为法治经济的首要追求，即便在全面推进社会主义现代化的今天，效率价值还是国家法治的优先追求。

---

[1] 王人博、程燎原：《法治论》，山东人民出版社1989年版，第145页。

明确纪检监察机关与刑事司法机关办案标准和构建二者之间办案程序衔接机制其背后的推动力实质是对反腐效率的追求。

追求反腐败的效率价值是监察体制改革的直接动力。2018年纪检监察体制改革前,原有的纪检监察体制存在种种弊端。从法律的层面看,2010年6月25日修改后的《行政监察法》明显不适应反腐败的要求;从反腐败机构设置看,国家反腐败力量需要整合;首先从反腐败的手段上看,只有党内的双规和行政开除等有限措施;其次从监察对象上看,监察对象也非常有限,人大、政协、司法部门、党的机关等大量的公务人员游离于监察范围之外;最后再从行政反腐与司法反腐分离看,所有的反腐败案件首先进行党纪政纪处理,情节严重的才会移交司法机关,这导致重新调查,证据需要重新转换等。以上种种问题,导致反腐效率极为低下,不能适应新时代的反腐败需要,必须重构原有的纪检监察体制,改革的基本目标就是要通过改革提升反腐效率,实现对法治的效率价值的追求。

从2018年纪检监察机关改革后的反腐败实效看,反腐效率得到极大的提升。根据中纪委、国家监察委员会的官方公布的反腐数据看,反腐的效率有极大的提升。2018年,全国纪检监察机关立案63.8万件,处分62.1万人;2019年,全国纪检监察机关立案61.9万件,处分58.7万人;2020年,全国纪检监察机关立案61.8万件,处分60.4万人(其中党纪处分52.2万人)。[①] 2021年,中纪委国家监委立案审查调查中管干部63人;全国纪检监察机关立案63.1万件,处分62.7万人,其中处分国有企业5.9万人、金融系统1.2万人、政法系统6.4万人,留置行贿人员5006人、处分4806人、移送检察机关2822人;全国有3.8万人向纪检监察机关主动投案,10.4万人主动交代问题。[②] 从2018年后的数据看,不论是纪检监察机关的对公职人员违法违纪行为的立案数量还是查处处理的数量比2018年改革前都有大幅度的增加。梳理监察体制改革以来历年监督

---

① 中央纪委国家监委网站,发布时间:2021年1月26日。
② 赵乐际:《在第十九届中央纪律检查委员会第六次全体会议上的工作报告》,新华社,2022年2月24日。

检查审查调查"年报"来看，每年的立案数都超过 60 万件，每年的处分人数都超过或接近 60 万人。反腐数据表明，反腐败取得了前所未有的成就，通过重构纪检监察体制提升反腐效率的法治目标已经实现。

对反腐法治效率价值的追求具有过渡性质，随着反腐败的深入，纪检监察机关将以腐败预防作为工作的价值追求。因为，腐败既是一定的历史现象，也是法治不健全导致的暂时现象。根据法治发达国家治理腐败的经验，随着国家治理的深入，腐败现象将会被基本消除。目前，"广受好评的是新加坡、中国香港、印度尼西亚的反腐败委员会，因为这些国家的反腐败委员会成功地减少了腐败存量。此外，还通过大量的成功调查和起诉行为逐步赢得了民众的信任。同时通过认真的教育和预防措施将腐败丛生之地打造成廉政模范区域①"。世界清廉国家的腐败治理的经验表明，对腐败效率的追求只是暂时现象。随着我国国家治理现代化的全面推进与实现，腐败必将成为历史，未来的中国政治必将是极度清明与清廉的政治。

## 二 人权保障

法治建设的基本功能是限制公权力的滥用，保障公民的权利。任何一个国家法治建设的历史实质是人权保障的历史，我国也不例外。反腐败首要工作就是要有效监督和制约公权力，"其工作重心在于建构权力运行规则、规范权力运行机制、完善权力监督体系，以确保公权力在法治的轨道上运行，为公共利益服务。这既是反腐败的根本要求，也是现代政治文明发展的内在要求。国家监察体制改革正是适应这一要求，创设国家监察权专门监督公权力的运行。因此，监察权的核心即是监督制约公权力②"。制约公权力的最终目标是防止公权力对公民人权的侵犯。特别是作为国家的纪检监察机关、刑事司法机关，分别承担着执纪、执行《监察法》等法律的任务，在反腐败的过程中，极易利用公权力侵犯被调

---

① 赵赤：《反腐败刑事法治的全球考察》，法律出版社 2020 年版，第 54 页。
② 江国华：《国家监察权力运行及其监督机制研究》，中国政法大学出版社 2020 年版，第 16 页。

查人等的人权，必须通过法律程序的设置防止对相关公民人权的侵犯，这必然成为纪检监察机关与刑事司法机关共同的法治价值的追求。

自纪检监察体制改革以来，我国通过立法、制定监察规章等方式对纪检监察机关的权力边界进行限定。如《监察法》通过对监察权限、监察程序、监察机关和监察人员的监督等具体规定，实现了对监察机关及监察人员的有效监督；《监督执纪工作规则》可以称为纪检监察机关必须严格遵守与适用；《刑事诉讼法》，建立起符合权力控制原理的科学工作机制，有效防止监督执纪权力的滥用。2021年年初，国家监委与最高人民法院、最高人民检察院、公安部近日联合印发了《关于加强和完善监察执法与刑事司法衔接机制的意见（试行）》，聚焦国家监察体制改革后的新情况新问题，有针对性地提出对策措施，进一步规范法法衔接关系，对于促进监察机关与司法机关、执法部门在办理职务犯罪案件中形成配合又制衡的关系，推动职务犯罪案件办理工作的高质量发展具有重要意义。

纪检监察体制改革后人权保障成效显著。党的十八大以来，党领导人民对司法体制进行了全方位的改革。党中央克服重重困难，坚决纠正平反了呼格、聂树斌等37起冤假错案。究其这些冤假错案背后的原因，是原有的司法体制造成的，这正是中央坚决改革纪检监察体制的原因之一。改革后纪检监察体制形成了极为严格的纪检监察机关内部权力制约机制及与司法机关之间的权力的相互制约机制，从制度上保障人权，有效防止了侵犯人权现象的发生。可以说，构建纪检监察机关与刑事司法机关办案程序衔接机制目标就是为实现人权保障的法治价值目标。

## 小 结

法治的各种价值之间不是完全兼容的，更多时候处于冲突的状态。在明确纪检监察机关与刑事司法机关办案标准和构建办案程序衔接机制的过程中，反腐的法治效率价值与人权保障的法治价值之间既有相一致的一面，也存在冲突的现象。在目前腐败增量依然较大的现实背景下，反腐效率价值优先具有一定的正当性，但是绝不能因为追求反腐的效率价值而牺牲掉人权保障价值，在任何时候都必须坚持人权保障价值优先，适当兼顾反腐的效率价值。否则，法治所追求的程序价值将荡然无存，反腐也丧失了其应有的法治意义。

## 第四节　目的性——从严治党与国家治理现代化

20世纪德国著名的法哲学家拉德布鲁赫说："法律规则的存在比它的正义性与合目的性更重要；正义和合目的性是法律的第二大任务，而第一大任务是所有人共同认可的法的安定性，也就是秩序与安宁。"① 合目的性是作为一个法律的第二大任务，与法的安定性共同构成法律的理念，也是法学要探讨的法理。具体到我国通过制定《监察法》构建纪检监察机关与刑事司法机关办案程序的衔接机制，该体制当然也有自己的理念，首要的理念是追求社会秩序的稳定，体现了法的安定性理念；其次是合目的性的理念，其目的性是为实现从严治党与国家治理现代化的目标。

### 一　从严治党

我党始终把国家的富强、人民的幸福作为自己奋斗的目标。若不从严治党，中国共产党必然不能领导全国人民实现其历史使命。因此，通过深入推进党的制度建设，不断完善党内法规体系，着力解决人民群众反映强烈、对党的执政基础威胁最大的突出问题，全面推进从严治党。

纪检监察机关与刑事司法机关办案标准的明确和程序衔接机制构建是从严治党的制度性安排。回顾党领导人民进行革命奋斗的百年历程，不论是在中央苏区、延安时期，我们就探索了一套对苏维埃政府、边区政府和革命根据地人民政府组织及工作人员的监督办法；抑或中华人民共和国成立后，我们对加强公权力监督进行了不懈的探索，始终把加强对公权力监督作为自己执政的重点任务。特别是党的十八大以后，在以习近平总书记为核心的党中央坚强领导下，我们党在加强对国家机器的监督方面进行了艰苦的探索和不懈的努力，目的就是要确保公权力不被滥用。随着我国经济的高速发展，腐败的存量没有实现清底的目标，腐

---

① ［德］G.拉德布鲁赫：《法哲学》，王朴译，法律出版社2005年版，第4页。

败的增量仍在发生。从中纪委公布的反腐数据看，反腐败的形势依然严峻复杂，但原有的纪检监察体制已经不能适应从严治党的需要，其监察对象范围小、监察能力有限性、监察权限过窄等使反腐败的效率大打折扣，纪检监察体制已经不能适应反腐败的需要。为此，2018年我们建立了全新的纪检监察体制，同时积极构建纪检监察机关与刑事司法机关办案程序衔接机制，确保从严治党在法治的轨道上运行。

纪检监察机关与刑事司法机关办案标准的明确和程序衔接机制的构建是法治化反腐理念的具体制度的落实，能够实现从严治党的战略目标。首先，在党风廉政建设和反腐败的斗争中，我们党始终坚持把党纪挺在法律的前面，坚持党纪严于法律的执纪原则，通过最严格的执纪实现从严治党的源头性治理；其次，纪检监察机关和刑事司法机关之间的办案标准的明确与程序衔接机制的构建，实现《监察法》与《刑事诉讼法》《刑法》等法律的有机贯通与衔接，在从严治党、惩治腐败的问题上，既要有执行《监察法》的监察思维，也要有按照刑事诉讼的理念进行刑事诉讼的思维；最后，通过把执纪、执法与司法结合起来，真正做到运用法治思维和法治方式从严治党、惩罚腐败，从制度上构建起以党纪为先导、监察反腐为主责、司法反腐为保障的从严治党新模式，最终实现把我党建设为世界上最有力量、最清正廉洁的政党。

## 二 国家治理现代化

党的十八届三中全会及十九届四中全会通过的关于推进国家治理现代化的《决定》，标志着国家治理理论正式步入当代中国国家治理和社会治理的范畴，通过国家治理理论引领国家进行现代化的治理。从历史的长河看，腐败治理问题是世界性的难题，阻碍着世界经济政治文化的可持续性发展。腐败的滋生与蔓延，使公权力滥用成为普遍现象，同时加剧公民贫富的分化，最终导致社会公平正义底线的失守。因此，反腐败关系到国家和一个政党的生死存亡，已经成为了国家治理现代化中的一项首要任务。党的十八大以来，我国努力构建具有中国特色的社会主义法治体系，该体系也是实现国家治理的根本路径，也是腐败治理的最终路径。明确纪检监察机关与刑事司法机关的办案标准及二者之间办案程序衔接机制的构建，是国家治理现代化的重要内容，也是国家治理现代化的具体实践。

1. 腐败的治理是国家治理的重要内容

"按照目前世界上通行的治理理论，有效的国家治理涉及三个基本问题：谁治理、如何治理、治理得怎样。"[①] 世界银行的全球治理指标分为六个方面的数据，法治与实现对腐败的有效控制是其中最重要的两项指标。监察机关是我国反腐败的专责机关，承担着反腐败的重要职责，是国家治理体系中最重要的治理主体，明确纪检监察机关与刑事司法机关的办案标准及二者之间办案程序衔接机制的构建，也是国家治理体系中的重要治理机制内容，通过治理实现国家的清明政治是国家治理体系所追求的治理目标。以此可以得出结论，腐败的治理是国家治理体系的一个重要组成部分。

2. 通过对腐败的治理实现国家治理现代化

党的十八大以来，以习近平总书记为核心的党中央坚持法治化的反腐，揭开了反腐倡廉的崭新的一页。以不敢腐、不能腐、不想腐一体推进为要求，通过纪检监察体制的改革，构建起惩治腐败的新制度体系。明确纪检监察机关与刑事司法机关的办案标准及二者之间办案程序衔接机制的构建，是防止和惩治腐败的制度体系的重要内容。纪检监察体制改革以来，经过全党和全国人民的共同努力，取得了反腐败的压倒性胜利。治理腐败进而实现国家治理的现代化，对中国而言，具有更加特殊的政治和法治意蕴。自改革开放以来，我国逐步实现了从计划经济向市场经济的演变，在转变的过程中，制度缺失、法治滞后等问题导致腐败丛生，腐败使政府的公信力大为降低，使社会的不公平现象加剧，老百姓最恨腐败，面对如此的局面，中国的治理现代化以对腐败的治理作为国家实现治理现代化的逻辑起点，最终也将通过根除腐败实现国家治理的现代化。

## 小　结

党和国家治理体系包括两个方面，是依规治党与依法治国辩证的统

---

① 俞可平：《论国家治理现代化》，社会科学文献出版社2015年版，第3页。

一。我国的公务员队伍中大部分是党员,领导干部中党员的比例更高。从严治党依法治国是辩证的统一关系,二者均是国家治理现代化的重要内容,通过构建党统一领导的各类监督有机贯通的监督体系,切实把权力关进制度的笼子里,保证中国共产党能够通过自我革命,跳出历史周期律,领导全国人民最终实现国家治理体系和治理能力的现代化。

## 本章小结

本章对纪检监察和刑事司法办案标准的明确和程序衔接机制的构建从法理的视角进行了阐释。从党的领导和人民意志相统一的角度论证了明确纪检监察机关与刑事司法机关办案标准和构建办案程序衔接机制的正当性;从程序正义和实体合法公正的角度论证了明确纪检监察机关与刑事司法机关办案标准和构建办案程序衔接机制的合法性;从反腐效率和人权保障的视域论证了明确纪检监察机关与刑事司法机关办案标准和构建办案程序衔接机制的价值性;从从严治党和国家治理现代化的角度论证了明确纪检监察机关与刑事司法机关办案标准和构建办案程序衔接机制的目的性。由此可以得出结论:明确纪检监察机关与刑事司法机关办案标准和构建办案程序衔接机制具有法理思维的性质,换句话说,国家依据法理思维明确纪检监察机关与刑事司法机关办案标准和构建办案程序衔接机制。依据法理思维明确纪检监察机关与刑事司法机关办案标准和构建办案程序衔接机制具有重要的意义。因为,"法理思维在中国的重要使命就是摆脱传统思维对法律和法治的'扭曲',实现从人治思维向法律思维的跨越"[1]。

通过法理思维,使纪检监察机关与刑事司法机关办案程序体制的构建符合法治的特征,最终实现纪检监察机关的工作在法治的轨道上运行,推进纪检监察工作的高质量发展,最终实现国家治理的现代化。

---

[1] 陈金钊:《法理思维及其与逻辑的关联》,《法治与社会发展》2019年第3期。

# 第二章

# 纪委监委与刑事司法机关办案标准的差别、界限与衔接路径

纪检监察机关与刑事司法机关由于机关的性质不同，所以在办案标准上存在一定的差异性。这里的办案标准应从广义上理解，而不是局限于各自具体的适用证据的标准等方面。本章主要从职能定位、办案依据、管辖范围、执纪政策与司法原则等方面的不同来分析阐释二者之间权力的边界，通过厘清二者之间办案标准的差异性来探寻实现二者办案标准程序衔接的法治化的路径。

## 第一节 纪委监委与刑事司法机关职能定位的差异性

党的十八届四中全会通过的《中共中央关于全面推进依法治国若干重大问题的决定》（以下简称：《决定》）指出："明确纪检监察和刑事司法办案标准和程序衔接，依法严格查办职务犯罪案件。"[①] 尽管前述《决定》颁布之时，我国的纪检监察体制尚未进行改革，《决定》中关于明确纪检监察和刑事司法办案标准和程序衔接问题，在改革前的纪检监察体制中问题相当突出。但在《中华人民共和国监察法》颁布后，全国成立了国家、省、市、县（区）四级的监察委员会后，关于纪检监察机关和刑事司法机关的办案标准出台了一系列的规范性文件，有关二者之间办

---

① 《中共中央关于全面推进依法治国若干重大问题的决定》，人民出版社2017年版，第23页。

案标准的差异性问题可以说从形式上得到了解决。但从实质上而言，二者之间的办案标准尚存在一定的差别，二者之间权力的边界尚需进行明晰的划定。总体而言，二者之间办案标准存在差异的原因主要基于纪委监委与司法机关职能定位等的差异性而产生。

《监察法》规定监察委是行使国家监察职能的专责机关，对公职人员进行监察，调查职务违法和职务犯罪。这就规定了监察委员会的法律地位、性质和职能。

一是从法律地位上看——监察机关具有宪法性质的独立监察权。

我国《宪法》规定国家行政机关、司法机关都由人大产生，对它负责，受它监督。同时，《宪法》第三章以专门的第七节规定了国家监委的职权等，明确了监委是法定的监察机关，同时也明确了监察机关与人大之间、各级监察机关之间的法律关系与层级关系。《宪法》这些条文的规定表明：国家监委由人大产生，与行政机关、司法机关具有同等的法律地位，在我国《宪法》的权力架构中，除了原先的立法权、行政权、司法权外，还增加了一个全新的宪法性权力——监察权。尽管司法权也属于我国的宪法性权力，但在我国宪法性的权力架构排序中，监察权居于行政权之后而位于司法权之前，按照《监察法》第十一条的规定，这一权力包括监督、调查、处置三项基本权能。

二是从监委的性质上看——是实现党和国家自我监督的政治机关。

改革重构后纪检监察机关合署办公，一套机构，两块牌子，在原有的合署办公的基础上进行了再改革。党的纪律检查委员会是党内的专责监督机构，履行政治监督职责，纪委通过行使专门的监督权力，进而实现党对监察工作的领导。尽管党内法规明确规定人大、政协、监察、公检法机关等均为政治机关，但监察机关作为政治机关的含义与其他机关政治含义明显不同。因为监察机关的主责是进行政治监督，其与其他政治机关的职能存有巨大的差异。中共中央办公厅于2019年1月31日印发实施的《中共中央关于加强党的政治建设的意见》中的第（八）部分为彰显国家机关政治属性而明确指出：中央和地方各级人大机关、行政机关、政协机关、监察机关、审判机关、检察机关本质上都是政治机关，旗帜鲜明地讲政治是应尽之责。2019年1月13日起施行《中国共产党政法工作条例》第八条有关党中央加强对政法工作的全面领导第（二）款规定了政法工作政治内涵。从前述的《意见》《条例》看，都明确了公检法司机关都是国家的政治机关的政治属性，但这些都是从政法机关要绝对坚持党的领导的角度来阐明的。如果从法律属性来看，包括检察院和法院的司法机关具有明晰的法律性的，是刑事诉讼中的专门机关，在刑事诉讼中居于主导体地位，分别行使侦查、检察、审判和执行职能，与具有鲜明的政治属性的国家监察机关存有较大的差别。

三是从职能上看——纪检监察机关是执纪与执法的有机结合。

纪检监察机关合署办公，完全符合中国共产党依法执政、依宪执政法理要求。尽管党内监督的执纪对象是全体中共党员，但我国公务员中党员的比例很大，领导干部中中共党员的比例达到绝大多数。中共党员是公务员主体这种现实国情，必然要求党内监督和国家监督的有机结合，也要求实现执纪与执法的有机贯通与衔接。监察机关是代表国家对公权力持有者进行政治监督的专责机关，不是专门机关，既强调了监察委员会的专业化、专门化的职责，更加突出强调了纪检与监察委员会的责任、职责与使命担当。依照《监察法》，监察委员会具有三项职责：即监察公权力、调查违法犯罪和开展廉政建设。这些职能与刑事司法机关具有明显的区别，因此，从二者的职能上看，彼此之间存有较大的差异。

## 第二节　纪委监委与刑事司法机关办案依据的差异性

纪检监察机关与刑事司法机关之间职能定位等的差异性，决定了他们之间办案依据存在一定的差异性。纪检监察机关在性质上是政治机关，依规依法履行政治监督职责。在遵守宪法等国家法律的同时，主要依据党规党纪对公职人员进行全面监督；刑事司法机关在坚持党的绝对领导前提下，主要适用国家的法律进行执法适法，因此，二者之间在办案依据上存有较大的差异。

### 一　党规与国法的关系

我国进入新时代以来，党领导人民全面推进依法治国，党纪与国法在反腐败的斗争中相辅相成,以不同的功能实现惩治和预防腐败的法治价值,取得了反腐败的压倒性胜利。在习近平的法治思想中,最具有原创性的是有关社会主义法治体系的论述,而在社会主义法治体系的逻辑建构方面,习近平总书记尤其对党纪与国法的关系进行了深入的阐述,廓清了党纪与国法的界限。通过深入学习习近平总书记的法治思想,可以明确党规与国法呈现为以下的逻辑关系。

1. 党纪严于国法

党的纪律实质上是一种行为规则体系,是党员和党组织行动的指南,也是必须遵守的规则底线。党的十八届四中全会具体阐明了党纪与国法之间的辩证关系,明确指出了党纪严于国法。

具体来讲,党纪严于国法主要体现在以下几个方面:

第一,中国共产党是中国人民和中华民族的先锋队,必然要求党纪严于国法。中国共产党是中国革命和建设的领导者,是世界所有党派中最优秀、最先进的政党,担负着领导全国人民实现民族崛起与复兴的伟大历史使命。党员是有着特殊政治身份的公民,纪律对党员的要求必然严于国法对全体公民的要求,只有这样才能体现出党员主体身份的先进性。

第二,体现为党纪的硬性与刚性。党的"纪律对党组织和党员的要求必须是明确而不含糊、坚定而不容商量、理直气壮而不畏首畏尾的刚性约束"[①]。《中国共产党纪律处分条例》规定了六大纪律的处分,规范了党员工作生活的方方面面,严明政治纪律和政治规矩,促使每一个党员严格以党规作为自己行动的指南。让制度"长牙"、纪律"带电",处处彰显党组织和党员遵守党纪无条件性。

第三,党规党纪的具体制度体系严于国法。既强调党规党纪作为规范性的他律,又强调作为道德规范约束的自律;既突出政治纪律和政治规矩的要求,又强调严格遵守组织纪律、工作纪律、生活纪律、群众纪律;在具体制度方面上严于国法,特别是没有纪律追究时效的规定,也就是说,只要党员违纪,无论何时都必须对其进行党纪追究,给其相应

---

① 《坚定不移反对腐败的思想指南和行动纲领》,人民出版社2018年版,第173页。

的党纪处分。

2. 党纪先于国法

党纪严于国法，从逻辑上看必然要求党纪先于国法。在治理腐败的斗争中，党纪和国法是两道防线，在两道防线的构筑顺序上，党的纪律是第一道防线，就是把纪律和规矩挺在法律的前面。

第一，从规范生成的顺序上看，党纪一般先于国法。党的十八届四中全会通过的《决定》具体阐述了中国社会主义的法治体系的内容，从法律体系到监督体系，从实施体系到国法与党规的结合，是具有中国特色的社会主义法治体系。从此可以看出，党规党纪与国家法律都是实现国家治理体系和治理能力现代化的规则工具，都是党和人民共同意志的反映。在现实生活中，党的政策、主张可以在适当的时候通过法定程序转化为国家的法律，一些暂时不适合制定为国家法律的政策或主张可以在党内先试先行，待条件成熟后，再制定为法律。因此，党纪必然先于国法，这也是党领导立法的实践性要求。

第二，从从严治党的实现机制上看，纪在法前。党纪与国法具有作用效力上的时序性，纪律红线失守，法律的底线也将可能被突破。因此，对于党员违反规则的行为，纪律应先作出反应，让违反党纪的党员干部先接受党纪的处理，法律是最后的响应机制。

第三，从依法治国的价值目标上看，纪在法前。全面推进依法治国，总目标是建成社会主义法治国家。党的领导是我国国家制度的最根本特征，在一个拥有9000万党员的中国，如能实现了从严治党的目标，依法治国的目标必然也能实现。因此，依法治国与从严治党是辩证统一关系。换句话说，从严治党是实现依法治国总目标的前提与基础，能否做到从严治党，真正地把纪律挺在前面，关系到依法治国的总目标能否实现。因此，为实现依法治国的价值总目标，必须把党的纪律和规矩挺在前面，要转变执纪观念，使依据党内法规对违纪党员进行监督执纪问责成为常态。

3. 党纪以国法为底线

党章明确规定：党必须在宪法与法律的范围内活动。党领导立法与党自身在宪法和法律范围内活动是内在的统一，从严治党必须在法治的范围内展开，党纪不能违反宪法与法律的规定。

第一，带头守法，党组织和党员要模范遵守国家的法律。

党纪党规的适用对象和范围是党组织和党员，对其他组织和个人均不得适用。党组织既不能要求非党组织和非党员遵守党纪党规，也不能依据党纪党规对非党组织和非党员进行处理或处分；国家法律适用的对象是全体公民和各类组织，包括中国共产党组织和全体党员，全体党员也是我国的公民，当然要遵守宪法和国家的法律，没有超越宪法与法律的任何特权。

第二，坚守法治底线，对党组织和党员义务的设定不能违背法律的基本原则。

尽管为实现从严治党、实现依法治国的总目标要求党纪严于国法，党纪先于国法，但不能说党纪高于国法。党纪严于国法是对党组织和党员提出更高的要求，但这种要求不能违背宪法的精神，不能僭越法治的基本理念，不能超越法律的基本原则。不能要求党员实施违反法律强制性规定的行为，不能额外增加党员的法律性义务，如要求党员必须把自己的财产无偿捐献给党组织或国家，或要求党员只能生育一个孩子等，这些要求都违背了法律的基本原则、制度或价值，不能通过党纪的规定来强制性地要求党员遵守。

第三，纪法分离，对党组织和党员的违纪行为的处理严格以党纪为依据。

根据党章和《中国共产党纪律处分条例》（以下简称：《条例》）的规定，违反党纪的惩戒方式，主要有两类，一是给予党纪处分，党纪处分是实现党纪责任的主要方式。根据前述《条例》第八条的规定，对党员的纪律处分种类有警告等五项，对于严重违纪的党组织的纪律处理措施有改组和解散两种纪律处理措施；另一类是非党纪处分处理方式。主要有批评教育类和组织处理类。根据法律法规的规定，违反法律的惩戒方式主要是：一类是刑事违法的惩戒方式，另一类是行政违法的惩戒方式，再一类是民事违法的惩戒方式。我们党作为执政党，党员不但要严格遵守党的纪律，还要模范遵守国家的法律，但是如果仅仅是违纪，没有违法犯罪，只能依据党纪进行惩戒，不能用法律代替党纪，也不能用党纪代替法律。

## 二 纪检监察机关具体的办案依据

纪检监察机关两块牌子，一套机构，实行纪检监察合署办公，决定了纪检监察机关不仅要执纪，也要执法，执纪必然以党规为依据，在执法方面依据上与司法机关之间相比，大部分是共用的，也有部分是分别适用。

1. 党规党纪

第一，纪检监察机关常用基础性党规党纪。

（1）《中国共产党章程》（2017年10月24日）；（2）准则及政治建设。主要有两个：《关于新形势下党内政治生活的若干准则》（2016年10月27日）；（3）条例。主要的党内条例有：《中国共产党纪律处分条例》（2018年8月18日）、《中国共产党巡视工作条例》（2017年7月1日）、《中国共产党政法工作条例》（2019年1月13日）等；（4）规则、规定、办法。主要有：《中国共产党纪律检查机关监督执纪工作规则》（2018年12月28日）等。

第二，纪检监察机关常用核心党规党纪。

（1）组织人事纪律及组织处理规定。主要有：《中国共产党机构编制工作条例》（2019年8月5日）等。

（2）廉洁纪律（公务用车、用房、接待、兼职）。主要有：《关于改进工作作风、密切联系群众的八项规定》（2012年12月4日）、《党政机关公务用车管理办法》（2017年12月5日）、《党政机关公务用房管理办法》（2017年12月5日）等。

（3）工作纪律。主要有：《领导干部干预司法活动、插手具体案件处理的记录、通报和责任追究规定》（2015年3月18日）等。

（4）问责类规定。主要有：《中国共产党问责条例》（2019年8月25日）、《地方党政领导干部安全生产责任制规定》（2018年4月8日）、《地方党政领导干部食品安全责任制规定》（2019年2月）等。

2. 国家法律法规

第一，纪检监察机关常用的基础法律。

（1）《宪法》；（2）基本法律。主要有：《中华人民共和国监察法》

(2018年3月20日)、《中华人民共和国公务员法》(2018年12月29日修订)、《中华人民共和国公职人员政务处分法》(2020年6月20日)、《中华人民共和国全国人民代表大会和地方各级人民代表大会代表法》(2015年8月29日)等。

第二，纪检监察机关常用核心法律法规。

(1) 事业单位常用法规，如：《事业单位人事管理条例》(2014年4月25日)、《事业单位工作人员奖励规定》(2018年12月18日)等；(2) 对人民警察、司法工作人员的政务（政纪）处分规定，如：《中华人民共和国警察法》(2012年10月26日修正)、《中华人民共和国法官法》(2019年4月23日修正)、《中华人民共和国检察官法》(2019年4月23日修正)等；(3) 对国有企业工作人员的处分规定，如：《国有企业领导人员廉洁从业若干规定》(2019年4月4日修订)、《中华人民共和国国有企业资产法》(2008年10月28日)等。

第三，纪检监察机关常用的司法解释。

(1) 贪污贿赂渎职犯罪，如：《最高人民法院、最高人民检察院、公安部、国家安全部、司法部关于办理刑事案件严格排除非法证据若干问题的规定》(2015年10月9日)等；(2) 与扫黑除恶有关的规定，如：《关于办理黑恶势力案件若干问题的指导意见》(2018年1月16日)、《最高人民法院、最高人民检察院、公安部、司法部关于办理黑恶刑事案件若干问题的意见》(2019年2月28日)等。

3. 监察法规

国家监察委员会制定的监察法规。监察法规可以就下列事项作出规定：一是为执行法律需要；二是为履行职责的需要。第一部监察法规是《中华人民共和国监察法实施条例》。

### 三 刑事司法机关具体的办案依据

我国的司法机关，从狭义上讲，仅指检察机关与法院，其办案依据为刑事实体法渊源与刑事程序法渊源。总体而言，纪检监察机关与刑事司法机关办案依据的最大的差异点在于：党内法规不作为司法机关的办案依据，监察机关在行使调查权的过程中，不适用《刑事诉讼法》的规定等。

第一，刑事实体法渊源。

（1）刑法典。主要指现行的《中华人民共和国刑法》；（2）单行刑法。如：《关于惩治走私罪的补充规定》《关于禁毒的决定》等。所颁布的23个单行刑法的内容基本都已纳入现行刑法典。《关于特赦部分服刑罪犯的决定》（2015年8月9日）等是现行有效的单行刑法；（3）附属刑法。即附带规定于民法、经济法、行政法等非刑事法律中的罪刑规范。此外，民族自治地方的省级人民代表大会制定的变通或补充规定，也是刑事实体法的渊源。

第二，刑事程序法渊源。

（1）刑事诉讼法典。我国现行的刑事诉讼法典是《刑事诉讼法》，它于1979年7月1日通过并于1980年1月1日起实施，经2012年3月14日修正并于2013年1月1日实施、2018年10月26日第二次修正；（2）有关法律规定。指全国人民代表大会及常务委员会制定的有关刑事诉讼的法律规定，分两类，一类是全国人民代表大会及常务委员会制定的法律中涉及刑事诉讼的规定。如《中华人民共和国人民法院组织法》等；另一类是全国人民代表大会及常务委员会就刑事诉讼有关问题所作的专门规定；（3）行政法规、地方性法规、规章。如2012年2月23日国务院通过的《拘留所条例》、2020年9月1日起施行的《公安机关办理刑事案件程序规定》等；（4）国际条约。如：1998年10月5日，我国政府签署的《公民权利和政治权利国际公约》等。

## 第三节　纪检监察的对象、管辖范围和管辖分工

各级监委会同同级党的纪律检查委员会合署办公，在党委的集中统一领导下，按照管辖职责开展监督调查处置，按照干部级别、权限及有关的管辖原则进行管辖。

### 一　纪检监察的对象

《监察法》规定对公职人员监督全覆盖。从《监察法》的相关规定看，"全面覆盖"包含三个维度：从权力的种类看，全面覆盖所有公权

力;从权力运行的过程看,全面覆盖权力运行全部的节点、流程;从具体对象看,全面覆盖所有行使公权力的公职人员。也包括其他依法履行公职的人员,如人大代表、政协委员、党代会代表、人民陪审员、人民监督员、仲裁员等。只要前述人员是在履行相关职务过程中的行为,均属于监察对象的范围。"以监察对象实际行使公权力为判断标准,而非仅按职位划分监察范围,是这次监察对象扩展的核心思路。"① 但是从目前的实践情况看,有的纪检监察机关以"全面覆盖"为借口,不论什么事、不论什么人都要管,把纪检监察机关变成了无所不管的机构,尽管各级纪检监察机关也注意到这种不正常的现象,进行了一定范围的纠正,但要彻底解决纪检监察对象的范围问题,除了要严格遵守《监察法》的规定外,还要根据以下的原则进行界定,即"判断一个人是不是监察对象,关键是看他是不是行使公权力,要坚持动态识别的原则,从'人'和'事'两个标准结合起来看。"② 由此界定了纪检监察机关管的是"公权力",对象是行使公权力的公职人员和有关人员。

根据《监察法》第15条《监察法实施条例》及《国家监察委管辖规定》,监察委员会的监察对象主要是指:公务员及参公管理人员;法律法规授权从事公务人员;国企管理人员;事业单位中管理人员;群众自治组织从事管理人员;其他履行公权力人员等。监察对象的范围应严格限定为前述的范围,既不能随意地扩大监察对象,也不能随意地缩小监察对象。

## 二 纪检监察的管辖范围

纪检监察机关承担着政治监督与反腐败的职责。《中国共产党党内监督条例》规定了各级纪检机关的机关性质、具体职责、工作方法及承担的责任。按照《监察法》第十一条的规定,国家的各级监察委员会负责调查涉嫌贪污贿赂等职务犯罪案件。职务犯罪案件具体管辖范围是:

---

① 江国华:《中国监察法学》,中国政法大学出版社2018年版,第71页。
② 石艳红:《"全覆盖"不是"啥都管"》,《中国纪检监察》2018年第14期。

《监察法实施条例》对于犯罪案件调查职责,以列举罪名的方式对监察机关管辖职务犯罪的范围作出了明确规定。《刑法修正案(十一)》出台后,监察机关有权管辖的职务犯罪罪名共有101个,既有监察机关单独管辖的罪名,也有与检察机关、公安机关共同管辖的罪名,包括贪污贿赂犯罪、滥用职权犯罪、玩忽职守犯罪、徇私舞弊犯罪、在行使公权力过程中涉及的重大责任事故犯罪、在行使公权力过程中涉及的其他犯罪等。

101个罪名划定了监察机关行使调查权的重要边界。纪检监察机关职责纪定、职责法定,必须依规依纪依法履职尽责。《监察法实施条例》规定了101个罪名等,进一步明晰监察职责边界,促进监察机关依法充分履行监督调查处置职责。101个罪名同时划定了公职人员履行职责的最底线要求。纪在法前、纪严于法。党纪处分条例是党员干部的行为底线,《监察法实施条例》规定的职务违法行为和职务犯罪罪名则是公职人员的最底线要求和不可触碰的负面清单。

### 三 纪检监察的管辖分工

《监察法》《监察法实施条例》及《国家监察委管辖规定(试行)》对监察机关的监察事项的一般管辖原则、提级管辖、管辖争议、指定管辖、报请提级管辖作了具体的规定。

一般管辖原则——管理权限与属地管辖相结合。

《监察法》及《监察法实施条例》规定了各级监察机关按照管理权限。《监察法实施条例》第四十五条规定:监察机关开展监督、调查、处置,按照管理权限与属地管辖相结合的原则,实行分级负责制。

1. 级别管辖

级别管辖制度的核心在于解决各级监察机关之间的管辖权划分问题。《监察法实施条例》严格依据《监察法》的规定,进一步明确监察机关按照管理权限与属地管辖相结合的原则,实行分级负责制。

《监察法实施条例》第四十六条规定:设区的市级以上监察委员会按照管理权限,依法管辖同级党委管理的公职人员涉嫌职务违法和职务犯罪案件。

县级监察委员会和直辖市所辖区（县）监察委员会按照管理权限，依法管辖本辖区内公职人员涉嫌职务违法和职务犯罪案件。

地方各级监察委员会按照本条例第十三条、第四十九条规定，可以依法管辖工作单位在本辖区内的有关公职人员涉嫌职务违法和职务犯罪案件。

考虑到对于非公职人员，无干部管理权限可言，《监察法实施条例》专门就非公职人员涉嫌犯罪案件的管辖问题作出规定，明确监察机关调查公职人员涉嫌职务犯罪案件中，可以对涉嫌行贿犯罪、介绍贿赂犯罪或者共同职务犯罪的涉案人员中的非公职人员一并管辖；非公职人员涉嫌利用影响力受贿犯罪的，按照其所利用的公职人员的管理权限确定管辖。

管理权限管辖和属地管辖在实践中存在交叉情形下的处理原则：

第一种情形是，《监察法实施条例》第十三条规定，监察机构、监察专员按照管理权限依法对职务违法和职务犯罪进行调查、处置，可以与地方监委联合调查严重职务违法、职务犯罪，或者移交地方监委调查。

第二种情形是，《监察法实施条例》第四十九条规定，工作单位在地方、管理权限在主管部门的公职人员涉嫌职务违法和职务犯罪一般由驻在主管部门、有管辖权的监察机构、监察专员管辖，经协商可以按规定移交地方监委调查，或者与地方监委联合调查；相关单位的其他公职人员涉嫌职务违法和职务犯罪，可以由地方监委管辖。驻在主管部门的监察机构、监察专员自行立案调查的，应当及时通报地方监委。

2. 提级管辖

《监察法》规定了监察机关以上级机关管辖为主的原则。上级机关可以办理下级机关的监察事项，也可以办理其辖区内的监察事项。从监察机关的管辖实践情形看，上级监察机关的提级管辖并非是随意任性的，《监察法实施条例》第四十七条规定：上级监察机关对于下一级监察机关管辖范围内的职务违法和职务犯罪案件，具有下列情形之一的，可以依法提级管辖：

（一）在本辖区有重大影响的；

（二）涉及多个下级监察机关管辖的监察对象，调查难度大的；

（三）其他需要提级管辖的重大、复杂案件。

上级监察机关对于所辖各级监察机关管辖范围内有重大影响的案件，必要时可以依法直接调查或者组织、指挥、参与调查。

地方各级监察机关所管辖的职务违法和职务犯罪案件，具有第一款规定情形的，可以依法报请上一级监察机关管辖。

3. 指定管辖

《监察法》规定了上级监察机关的有关指定管辖的权限。具体有两种权限：一个是可以将由本级监察机关管辖的事项交给下级监察机关管辖；另一个是有权将下级监察机关管辖的事项指定给其他监察机关管辖。《监察法》之所以规定指定管辖，是针对监察工作的特殊性与复杂性，是监察机关作为政治机关承当政治使命的必然要求。它与刑事诉讼中的指定管辖具有明显的差异性。因此，《监察法》中的指定管辖更多地体现了上级监察机关对下级监察机关的领导；而刑事诉讼中的指定管辖一是由于地区管辖不明，必须确定一个法院进行管辖；二是由于各种原因，原来有管辖权的法院不适宜或不能行使审判权。《监察法实施条例》第四十八条就指定管辖进行了明确规定：

上级监察机关可以依法将其所管辖的案件指定下级监察机关管辖。

设区的市级监察委员会将同级党委管理的公职人员涉嫌职务违法或者职务犯罪案件指定下级监察委员会管辖的，应当报省级监察委员会批准；省级监察委员会将同级党委管理的公职人员涉嫌职务违法或者职务犯罪案件指定下级监察委员会管辖的，应当报国家监察委员会相关监督检查部门备案。

上级监察机关对于下级监察机关管辖的职务违法和职务犯罪案件，具有下列情形之一，认为由其他下级监察机关管辖更为适宜的，可以依法指定给其他下级监察机关管辖：

（一）管辖有争议的；

（二）指定管辖有利于案件公正处理的；

（三）下级监察机关报请指定管辖的；

（四）其他有必要指定管辖的。

被指定的下级监察机关未经指定管辖的监察机关批准，不得将案件再行指定管辖。发现新的职务违法或者职务犯罪线索，以及其他重要情况、重大问题，应当及时向指定管辖的监察机关请示报告。

在指定管辖中有一种特殊情形即报请指定管辖。《监察法实施条例》第五十条规定：监察机关办理案件中涉及无隶属关系的其他监察机关的监察对象，认为需要立案调查的，应当商请有管理权限的监察机关依法立案调查。商请立案时，应当提供涉案人员基本情况、已经查明的涉嫌违法犯罪事实以及相关证据材料。

承办案件的监察机关认为由其一并调查更为适宜的，可以报请有权决定的上级监察机关指定管辖。

管辖争议。《监察法》第十六条第三款规定了监察机关之间对监察事项的管辖争议的解决方法即由其共同的上级监察机关确定。监察机关之间的管辖争议与诉讼中的管辖权异议存在明显不同，主要的区别有两点：一是主体不同。监察机关之间的管辖争议的主体是监察机关；而诉讼管辖争议的主体是诉讼当事人。二是解决诉争的领导机关不同。监察机关之间的管辖权争议由其共同的上级监察机关确定，而民事、行政诉讼中的管辖权争议一般由法院裁定，我国现行《刑事诉讼法》对此问题没有规定。

4. 互涉案件管辖

被调查人既涉嫌监察机关管辖的违法犯罪，又涉嫌检察、公安等其他机关管辖的违法犯罪，这类案件一般称为互涉案件。

《监察法实施条例》第五十一条、五十二条就互涉案件管辖进行了具体规定：

公职人员既涉嫌贪污贿赂、失职渎职等严重职务违法和职务犯罪，又涉嫌公安机关、人民检察院等机关管辖的犯罪，依法由监察机关为主调查的，应当由监察机关和其他机关分别依职权立案，监察机关承担组织协调职责，协调调查和侦查工作进度、重要调查和侦查措施使用等重要事项。

监察机关必要时可以依法调查司法工作人员利用职权实施的涉嫌非法拘禁、刑讯逼供、非法搜查等侵犯公民权利、损害司法公正的犯罪，并在立案后及时通报同级人民检察院。

监察机关在调查司法工作人员涉嫌贪污贿赂等职务犯罪中,可以对其涉嫌的前款规定的犯罪一并调查,并及时通报同级人民检察院。人民检察院在办理直接受理侦查的案件中,发现犯罪嫌疑人同时涉嫌监察机关管辖的其他职务犯罪,经沟通全案移送监察机关管辖的,监察机关应当依法进行调查。

该两条的规定一是明确了互涉案件中"为主调查"的具体内涵。《监察法》第三十四条第二款规定,被调查人既涉嫌严重职务违法或者职务犯罪,又涉嫌其他违法犯罪的,一般应当由监察机关为主调查,其他机关予以协助。根据《监察法》的规定并结合工作实践,《条例》规定,依法由监察机关为主调查的案件,监察机关承担组织协调职责,协调调查和侦查工作进度、重要调查和侦查措施使用等重要事项;二是明确了各机关分别依职权立案的要求。监察机关为主调查并不是由监察机关替代包办其他机关职能管辖范围内的案件,各机关在办理互涉案件中仍应分别依职权立案。监察机关重在发挥好组织协调职责,确保各职能部门既各司其职又相互配合,使案件办理取得政治效果、法律效果和社会效果的统一;三是细化了监检互涉案件的管辖协作。规定监察机关在调查司法工作人员涉嫌贪污贿赂等职务犯罪中,可以对其涉嫌的利用职权实施的非法拘禁、刑讯逼供、非法搜查等侵犯公民权利、损害司法公正的犯罪一并调查,并及时通报同级人民检察院。人民检察院在办理直接受理侦查的案件中,发现犯罪嫌疑人同时涉嫌监察机关管辖的其他职务犯罪,经沟通全案移送监察机关管辖的,监察机关应当依法进行调查。[①]

## 第四节　刑事司法机关管辖范围与牵连管辖

刑事诉讼中的管辖,是指国家专门机关依法受理刑事案件方面的职权范围上的分工。我国《刑事诉讼法》中管辖,是指公检法等机关依照法律规定受理刑事案件以及人民法院系统内审判第一审刑事案件的分工。

---

① 王伟:《准确理解管辖制度　依法履行监察调查职责》,《中国纪检监察杂志》2021年第19期。

鉴于本节讨论的监察机关与刑事司法机关之间管辖范围及分工的主题，在此只讨论人民检察院受理案件的范围。

### 一　人民检察院管辖的刑事案件范围

人民检察院在刑事诉讼中的管辖，是指人民检察院管辖的刑事案件的范围，以及在办理刑事案件上的分工问题，包括职能管辖等六种管辖。《刑事诉讼法》第十九条第二款规定了人民检察院在对诉讼活动实行法律监督中发现的司法工作人员利用职权实施的非法拘禁等犯罪行为行使立案侦查权。对于公安机关管辖的国家机关工作人员利用职权实施的重大犯罪案件，经过一定的报批程序后也有权进行立案侦查。2019年12月30日公布实施的《人民检察院刑事诉讼规则》第十三条对此作了相同的规定。为做好人民检察院与监察委员会案件管辖范围的衔接，对在诉讼监督中发现的司法工作人员利用职权实施的某些犯罪行为行使侦查权。之所以作出如此规定是为防止管辖争议和管辖推诿，在前述《规则》通过之前，最高人民检察院印发了检察机关立案侦查司法人员犯罪的规定，对人民检察院的案件管辖范围以列举的方式明确了检察机关管辖的14个罪名，即人民检察院在对诉讼活动实行法律监督中，发现司法工作人员涉嫌利用职权实施的侵犯公民权利、损害司法公正等犯罪案件，可以立案侦查。

### 二　牵连管辖

检察机关在侦查司法工作人员利用职权实施的侵犯公民权利、损害司法公正的犯罪时，有可能发现犯罪嫌疑人的其他职务犯罪线索，对于此种情况，《监察法》规定司法机关等在工作中发现公职人员涉嫌贪污贿赂、失职渎职等职务违法或者职务犯罪的问题线索，应当移送监察机关，由监察机关依法调查处置。《人民检察院刑事诉讼规则》规定在办理案件的过程中，发现犯罪嫌疑人同时涉嫌监察机关管辖的职务犯罪线索的，应当及时与同级监察机关沟通。《监察法》与人民检察院《刑事诉讼规则》的规定明确了案件线索的移送和互涉案件的处理原则：一是坚持监察委员会调查为主的原则。监察机关作为国家反腐败的专责机关，对所有行使公权力人员进行监察。因此，当检察机关立案侦查司法工作人员利用职权实施的侵犯公民权利、损害司法公正的犯罪时，发现犯罪嫌疑人同时涉嫌监察委员会管辖的职务犯罪线索的，应当及时移送给监察机关管辖；二是分别管辖原则：凡是适合两机关各自管辖的案件，检察机关应当将职务犯罪案件移送给相关的监察机关进行管辖，以便更好地处理相关职务犯罪问题。

## 第五节　执纪政策与司法原则

纵观今日我国的治理模式，其总体特征可以总结为：在坚持中国共产党的绝对领导下，既要依法治国，也要依规依纪治党，二者相互衔接，相辅相成，相得益彰。党纪与国法之间呈现为辩证统一的关系，共同追求全面实现依法治国的历史目标。但是党规党纪和国家法律在制定主体、制定程序、适用对象、管辖范围、适用范围、使用标准、惩戒措施、救济途径等方面存在较大的差异，特别是在执纪和执法的具体过程中，纪检监察机关执纪执法的政策标准与刑事司法机关应遵循的具体司法原则之间存在一定的差异性。

### 一　"四种形态"是纪检监察机关执纪执法的根本遵循

2015年9月24日，时任中纪委书记的王岐山同志在福建考察时针对从严治党问题首次提出要探索监督执纪"四种形态"的设想。十八届中纪委六次全会全面阐述了"四种形态"的内涵：全面从严治党，要运用监督执纪"四种形态"。2016年10月27日通过的《中国共产党党内监督条例》第七条把"四种形态"明确了党内监督的基本原则；2017年10月24日通过部分修改的《中国共产党章程》在第七章党的纪律第四十条第二款规定：运用监督执纪"四种形态"。现行的《中国共产党纪律处分条例》第五条把"四种形态"规定为监督执纪的基本原则。

从"四种形态"的结构与演变规律看，针对行使公权力的公职人员在履职的过程中违纪违法的客观情况，根据违纪违法的具体事实和情节等要素，分为四种不同的处理方式。"四种形态"的灵魂在于各种形态并非独立的存在，而是随着违纪违法情节的变化可以相互转化，即可以从第一种转化为第二种，例如：2018年3月，浙江省衢州市柯城区水利局在接受区委巡察时，被指出公务用车维修费用过高、局办公室主任吴某收受修车厂老板好处等问题。在整改过程中，吴某边改边犯，再次收受修车厂老板电子红包。区纪委监委经讨论一致认为，吴某虽然收受财物数额较小，但其顶风违纪、明知故犯，是典型的不收敛、不收手行为，决定将处理从诫勉谈话转为党内严重警告、政务记过处分。① 这一案例是从第一种形态转化为第二种形态的从重处理具体运用。在纪检监察机关具体的监督执纪的实践中，也可能根据案件的具体情节把本应作第二种形态处理的案件从第二种转化为第三种形态进行处理，也可能从第三种转化为第四种形态进行处理；反过来也是成立的，即可以从第四种形态转化为第三种形态，也可能从第三种形态转化为第二种形态，也可能从第二种形态转化为第一种形态，形态之间转化的基本依据是案件的具体事实情节及违纪者的主观态度。再例如：2018年8月，江西省安义县人民法院执行局局长戴某帮他人打听案件进展情况，并收受他人现金5万元。在县纪委监委立案前，戴某主动投案，并积极退缴相关款物。由于其收受的财物已达到受贿罪立案标准，本应将其移送检察机关审查起诉追究刑事责任。但考虑其行为未对判决结果产生影响，且主动投案如实交代问题等因素，县纪委监委经过集体研究并征求上级纪委监委意见，最终给予其降职等处分。② 这个案例是从第四种形态转化为第三种形态依法从宽处理的具体运用。

在纪检监察机关监督执纪的工作过程中，"四种形态"不仅仅是其工作的具体要求，更是新时代监督执纪工作的战略部署，是国家反腐败的需要，也是实现国家治理现代化的需要，具有政治的正当性；同时，"四种形态"的运用尚有对其进行深化改革的空间。因为，纵观《监察法》及相关法律的规定，暂没有哪部法律对四种形态的运用作出了规定，尽管《监察法》第三十一条规定了监察机关对认罪认罚的可以提出从宽处

---

① 《这些案例怎么看》，《中国纪检监察》2020年第18期。
② 《这些案例怎么看》，《中国纪检监察》2020年第18期。

罚的监察建议，监察机关的"从宽处罚"的建议包括从轻处罚、减轻处罚和免除处罚，其中的"免除处罚"是指虽已构成犯罪，但由于具备法定的情形可以不判处刑罚。监察机关提出"从宽处罚"的建议要具备两个条件：其一，从实体上看，被调查人要具备法定的从轻或免除处罚的情节，如自动投案等；其二，从程序上看，监察机关提出从宽处罚建议的，需经过纪检监察机关集体研究，并报上级监察机关批准。但这两条的规定都是针对监察机关向检察机关移送审查起诉时的监察建议，并非是"四种形态"的转化问题，也就是说，不论是党规层面还是国法层面，在纪检监察机关办案过程中，尚没有实现"四种形态"运用与"从宽处罚"的建议之间形成有机衔接。

从形式上看，纪检监察机关把"四种形态"的理解和运用作为贯穿于《监察法》中的一条逻辑主线，具有正当性、合理性，但从实体公正和程序正义的法治观念看，尚有需要完善的地方：

第一，从实体公正的法治观念看，监察机关自己决定把被调查人从第四种形态转化第三种形态处理，是对被调查人的犯罪行为作实体性的处置。因为，《监察法》第三十一条、第三十二条只规定了具备法定的情形，监察机关可以向检察机关提出从宽处罚的建议，即监察建议。但从实践操作看，纪检监察机关把被调查人从第四种形态转化第三种形态处理，实际上已经对被调查人涉嫌犯罪行为进行了实体的处置，即免除了被调查人应当承担的刑事法律责任，而仅仅承担党纪或政务的责任。

第二，从程序正义的法治观念看，监察机关把被调查人从第四种形态转化第三种形态处理，虽然经纪检监察机关集体讨论并要报上级监察机关批准，这只是监察机关内部制约的程序性规定，不能完全有效防止一些监委有可能的权力滥用。从当前暴露出的监委内部一些腐败案件看，对监委的权力监督尚不能报以乐观的态度，2020年，"全国共谈话函询纪检监察干部8781人，组织处理9573人，给予党纪政纪处分3117人，移送检察机关121人"[①]。由此数据可以看出，"灯下黑"的

---

[①] 赵乐际：《在第十九届中央纪律检查委员会第五次全体会议上的工作报告》，新华社，2021年3月15日。

问题依然存在，对纪检监察机关本身的监督尚存在一定的问题，纪检监察机关的法治化建设任重道远。在目前的背景下，在针对是否移送检察机关起诉的重大问题上，仅仅依靠监委自身的集体决定的程序尚不能完全实现各种形态之间进行相互转化的程序的法治化，最终要通过法律的路径进行完善。

### 二 司法机关的司法原则

我国《刑事诉讼法》第三条第二款明确规定：司法机关即公检法机关进行刑事诉讼，必须严格遵守本法和其他法律的有关规定。该款是司法机关司法的原则和依据。《刑事诉讼法》是司法机关应该遵守的最基本的刑事程序法，也是一个法治国家应有的标志。

与纪检监察机关相比较，"四种形态"是纪检监察机关监督执纪的根本原则，作为党的司法机关，从政治的角度看，司法机关在司法过程中，也应该把"四种形态"理念、精神运用于司法的实践中。但是，司法机关毕竟不同于作为政治机关的纪检监察机关，司法机关主要适用《刑事诉讼法》，而监察机关排除对该法的适用，这是两大机关在适法方面最大的区别。

如同纪检监察机关应当坚持监督执纪的根本原则，严格遵守《刑事诉讼法》的司法原则是司法机关的最根本的职责。现行的《刑事诉讼法》从第三条到第十八条规定了进行刑事诉讼的十六条基本原则，分别确定了公检法机关的职能分工等原则，其中第十六条规定与纪检监察机关的调查行为与直接的关联，被称为依照法定情形不予追究刑事责任原则。在确定嫌疑人、被告人是否不追究刑事责任的问题上，司法机关必须严格遵守《刑事诉讼法》第十六条的规定，即对于情节显著轻微的等六种情形必须严格依照《刑事诉讼法》规定处理。

《刑事诉讼法》第十六条确定的原则与作为执纪监督的根本遵循"四种形态"相比较，在从第四种形态转化为第三种形态的时候，与执行不予追究刑事责任原则的法律效果具有相似性，即都不再追究被调查人或犯罪嫌疑人或被告人的刑事责任。其区别为：

其一是适用的主体不同，纪检监察机关坚持监督执纪的根本原则即对"四种形态"的具体运用,而不予追究刑事责任原则仅在公检法机关适用;其二是自由裁量的空间不同,纪检监察机关在具体适用监督执纪根本原则的时候,自由裁量的空间较大,而公检法机关在执行不予追究刑事责任原则时可以说自由裁量权限非常狭窄;其三是适用的阶段不同,监督执纪的根本原则仅适用于纪检监察机关的监督执纪阶段,而不予追究刑事责任原则在刑事诉讼的任何阶段均可适用;最后是二者的性质不同,纪检监察机关坚持监督执纪的根本原则,而不予追究刑事责任原则是刑事诉讼的最基本原则。

## 第六节 纪委监委与刑事司法机关办案标准程序上的衔接

由于纪检监察机关与司法机关在职能定位、执纪执法依据、管辖范围、执纪根本遵循与司法原则等广义的办案标准方面存在一定的差异性,在具体的办案的过程中,如何通过制度的安排使二者在办案标准上实现法治化的衔接是目前纪检监察执纪监督与司法机关适用法律过程的一个难点。在今后深化纪检监察体制改革的过程中,应该通过党规与国法的有效衔接、通过具体制度的再改革、通过执纪执法的准则与司法原则的有机结合,进而真正实现纪委监委与司法机关在办案标准上的有效衔接。

### 一 党规与国法的衔接——办案标准衔接的前提

2015年修订的《纪律处分条例》将党纪国法在内容上进行了较为清晰的界分。充分体现了"纪在法前,纪严于法"的原则,为党规与国法的有效衔接进行了初步的立法性的探索。现行的《纪律处分条例》,更加突出党纪国法的衔接。例如该《纪律处分条例》第二十九条规定:发现党员违纪违法,一般先在党内处理,党内处理完毕后,再移送相关机关处理。该条的规定一方面体现了纪在法前的原则,另一方面也从党内法规立法上规定了监察机关将违法人员的违法问题移交给有关机关处理的法定义务与责任,进而实现了纪法衔接。

但是,在党规与国法的有效衔接方面,仍然存在一定的空白和缺陷,

二者的有效衔接方面尚存在以下问题:

其一,与国法衔接上缺乏具体的规范指引。在全部现行的党规中,受纪法分离理念的约束,除了《纪律处分条例》等以外,大部分党规缺乏与国法衔接的规范性条文的指引。"党纪与国家法律之间'缝隙过大',衔接出现断层,界定权利的界限不明确的现象明显。"① 由于缺乏实质性的衔接,没有明确具体的规范性条文的指引,致使一些纪检监察机关和司法机关按照各自的办案标准处理案件,造成执纪与执法"各自为政"的困局。

其二,注重程序性,忽略实体性。考察现有的党规与国法衔接的状况,无论在立纪还是立法的层面,关注更多的是二者之间的程序性衔接,如纪在法前、纪严于法等理念原则等突出纪法衔接的程序性的安排,目前学界与实务界也更多关注如党规与《刑事诉讼法》的衔接,而有意无意之中忽略了党规与《刑法》等实体性法律的有效衔接,这也造成了在执纪执法的实践中,以党纪处分代替法律处罚或者以法律处罚代替党纪处分的纪法不分的现象。

其三,保障党规与国法有效衔接的二者备案审查的联动机制尚待建立。《中国共产党党内法规和规范性文件备案审查规定》的第十一条第二款规定了对党内法规的合法合规性审查。对是否违反宪法法律、是否违反程序等作出了明确的规定。尽管该《规定》第十二条第二款规定了有关机关发现党内法规存在一定问题时候,应当主动向审查备案机构提出审查建议。相关机关应当按照程序进行审查并提出反馈意见。但有关全国人大的宪法与法律委员会如何审查等均没有规定。因此,针对党规与国法衔接存在的问题,可以通过以下路径进行完善:

一是在制定法律和制定党规的依据上,应在立法法中应明确规定:宪法与党的章程同为国家法律和党内法规的共同制定依据,在立法依据上实现党规与国法的有机衔接。2019 年通过的政法工作条例,明确规定了宪法与党章是该条例制定的共同依据,这样的规定为党规与国法的有

---

① 季珰彦:《党纪与国法的对话——党纪行为与违法犯罪行为的比较分析》,方正出版社 2019 年版,第 70 页。

机衔接进行了积极的探索,可以展望,在以后人大一些相关立法的过程中,也可以将党章作为制定法的依据。通过这样的规定,一方面更加彰显党对立法工作的领导权,另一方面也为党规与国法的衔接创设了最基本的方法论。

二是将中国共产党的宗旨融入宪法法律。从目前现有的法律来看,已经把党的宗旨等写入了《宪法》。2018年通过的宪法修正案,明确提出中国共产党的领导是中国社会主义的最本质特征。对比《党章》序言与《宪法》的序言,"它确实带有一定的不成文的实质主义基本法的性质"[1]。从《党章》与《宪法》序言的融合程度看,党的宗旨已经完全融入了《宪法》,在宗旨、价值追求、目标任务方面二者具有极高的一致性。但在二者序言之外的章节规定看,在理念等方面需进一步的融合。在将党的宗旨等融入法律方面,《宪法》先行了一步,但我国的其他部门法律尚存在进一步完善的空间,未来在立法方面要做的是:通过将党的宗旨等融入宪法、其他法律,为党规与国法的衔接创设了基础性的前提。

三是在党规中直接具体规定二者之间衔接的办法。正如前文所言,在目前的党规中只有《中国共产党纪律处分条例》等少数的党规对如何衔接国法作出了较为具体的规定,大部分党规在此方面呈空白状态,进而造成党纪国法在办案标准上形式上衔接实质上不衔接不足的现实。为较为彻底解决目前的困境,最佳的路径是在党规中具体规定和国法衔接的条文。这样做一方面处于实践的需要,也同时具有正当性。因为,2015年修改的《中华人民共和国立法法》总则中明确规定:坚持共产党的领导。党领导立法是中国共产党依法执政的具体方式之一,通过在党规党纪中具体规定党规与国法衔接的具体条文,是党领导立法的具体体现,不仅具有合法性,还具有正当性。通过在党规中具体规定衔接国法的条文,实现党规国法的无缝对接。

---

[1] 黄宗智:《中国的新型正义体系》,广西师范大学出版社2020年版,第243页。

## 二 具体制度的改革——办案标准衔接的关键

在解决纪检监察机关与刑事司法机关办案标准协调一致的问题上，通过在党规中法条指引更多的是解决二者之间协调一致的程序性问题，更多的实体性问题需要通过具体制度的变革才能得以解决。通过考察纪检监察机关与司法机关办案标准目前存在的差异性，使得纪检监察机关在立案与管辖等方面的改革尤为重要，一定程度上成为解决办案标准衔接的关键。

第一，案件管辖上的协调衔接。

在职能管辖方面：《监察法》第十一条第二款规定了对涉嫌贪污贿赂等犯罪进行调查。这一规定实际上是刑事案件职能管辖上的规定，但这一规定对于违法问题并没有予以界分，因为"权力寻租""利益输送""浪费国家资财"的行为如果情节严重必然构成"贿赂"或"滥用职权"等犯罪。因此，该款关于职能管辖的规定存在一定的逻辑性混乱，造成刑事案件管辖分工的模糊性；其次，尽管《国家监察委员会管辖规定（试行）》第十八条规定：公职人员进行权力寻租构成犯罪的，适用受贿罪、行贿罪等规定。该条规定形式上解决了"权力寻租""利益输送""浪费国家资财"的行为涉及罪名问题，但是在《刑法》没有对此问题修改的前提下，仅具有法规效力的《规定》超越了刑法的规定，实质上造成了《监察法》与《刑法》在该方面规定的不衔接。为解决该冲突问题，应当"将一般违法与职务犯罪适度分离，就监察机关对职务犯罪案件的职能管辖作出明确规定"[①]。

第二，关联案件管辖的协调衔接。

《监察法》第三十四条第二款规定了被调查人涉嫌职务犯罪又有其他犯罪的，由监察机关管辖。《国家监察委员会管辖规定（试行）》规定：公职人员既涉嫌严重职务违法或者职务犯罪，又涉嫌其他违法犯罪的案件，由国家监察委员会与最高人民检察院、公安部等机关协商解决管辖问题，一般应当由国家监察委员会为主调查，其他机关予以配合。这两

---

① 龙宗智：《监察与司法协调衔接的法规范分析》，《政治与法律》2018 年第 1 期。

条规定都彰显了"监察调查为主"的关联案件的管辖原则。该条规定与最高人民法院六部委（联合）发布的《关于实施刑事诉讼法若干问题的规定》第一条第一项确定的"主罪为主"的管辖原则相冲突。其后果是：一是增加了纪检监察机关的办案负担，不利于纪检监察机关集中全力办理职务犯罪案件，二是与长期形成的有关处理关联管辖的原则相冲突，造成司法实践中管辖的困境。针对该问题，解决的办法是在《监察法》或相关的监察法规中明确规定"主罪为主"的管辖原则，这样有利于案件的处理。

第三，立案程序的协调衔接。

在纪检监察机关与刑事司法机关在办案标准的协调衔接方面，有关二者的刑事立案问题最需要从法理的层面进行反思。

立案是我国《刑事诉讼法》规定的最基本的诉讼制度。"立案是我国刑事诉讼一个独立、必经的诉讼阶段，是刑事诉讼活动开始的标志。"[①]对于实现刑事诉讼任务，确保刑事诉讼活动的顺利进行具有重要意义。

《监察法》第三十九条第一款对监察机关的立案程序作出了具体的规定，换句话说，监察机关如启动调查程序，立案是起点，不立案，不能进行监察调查。2019年1月1日起施行的《监督执纪工作规则》第三十七条规定对纪检机关立案问题作出相似的规定，从党内法规的层面对立案作出了程序性的规定。不论是《监察法》还是前述《规则》都有关于"立案"的规定，但这里的立案是纪检监察机关对涉嫌违纪违法的公务人员展开调查初始程序，是纪检监察机关的立案，而非刑事诉讼意义上的立案，立案的基本条件是党员、干部违纪违法，需要追究党纪或的法律责任。立案的对象既包括违纪党员、干部以及监察对象也包括涉嫌违法犯罪的党员、干部以及监察对象，从中纪委官方网站公布的2020年数据看：2020年，全国纪检监察机关共接收信访举报322.9万件次，处置问题线索170.3万件次，谈话函询36.4万件次，立案61.8万件次，处分60.4万人（其中党纪处分52.2万人）。2020年，全国纪检监察机关运用"四种形态"批评教育帮助和处理共195.4万人次。运用第四种形态处

---

[①] 陈光中：《刑事诉讼法》，北京大学出版社2016年版，第273页。

6.8万人次，占3.5%。也就是说，移送司法机关追究刑事责任占纪检监察机关总立案数的占3.5%，绝大部分案件属于违纪的立案。①

目前的纪检监察机关的立案制度存在以下几个问题：

第一，造成国家刑事程序法制的不统一。刑事案件的立案权统一由公安司法机关行使，既是宪法和法律赋予司法机关职权的应有之义，更是维护社会主义法制统一的需要。纪检监察机关以党员、干部以及监察对象涉嫌违纪或者职务违法、职务犯罪为立案条件，既有涉嫌违纪的立案，也有涉嫌违法犯罪的立案，二者混同，其结果很难区分对调查措施的适用。因为，对于刑事司法机关而言，只有进行了刑事立案后，司法机关才能对犯罪嫌疑人采用刑事强制措施，而纪检监察机关由于不分违纪立案与涉嫌犯罪的刑事立案，在调查措施的使用上，很难在违纪与违法之间实行清晰的界分，其结果必然造成国家刑事程序法制的不统一，在办案标准上，有可能导致纪检监察机关与刑事司法机关不衔接。

第二，造成《监察法》与刑法在一些刑事制度实施上的法律困境。《监察法》与《中国共产党纪律检查机关监督执纪工作规则》均规定了监察机关的立案制度，但并非刑事诉讼意义上的立案。按照《刑事诉讼法》规定，检察机关负责审查起诉，当然包括监察机关移送的案件。人民检察院经审查，符合起诉条件的，依法起诉，不符合按照法定情形处理。也就是说，自检察机关受理监察机关移送起诉之时，检察机关对监察机关移送的案件才构成刑事诉讼意义上的立案，监察机关即使已经对被调查人采取了留置等措施，也不能构成刑事诉讼意义上的立案，这就使刑法的追诉时效等制度的实施造成困境，一定意义上使《监察法》与《刑事诉讼法》《刑法》等在程序与实体上衔接不畅。

第三，外部监督的缺位。目前针对纪检监察机关的违纪违法的立案监督主要是内部监督。《监察法》第三十九条第二款、第三款规定了监察机关立案后案件处理的方法，关涉到调查方案、是否采取调查措施、是否通知其单位或家属等问题。《监督执纪工作规则》第三十八条规定了纪

---

① 中纪委国家监委网站，http://www.ccdi.gov.cn/toutiao/202101/t20210125_234175.html。

检机关立案的具体程序，其规定与《监察法》基本相同。由此可以看出，纪检监察机关的立案监督主要是内部监督，其监督的基本方式为：一是违纪违法的立案要由纪检监察机关主要负责人审批，也就是是否立案决定权在于监察机关的主要负责人手中；二是违纪违法的立案要报同级党委主要负责人批准，是否立案的最终决定权在同级党委主要负责人手中。而作为国家专门法律监督机关的检察院针对纪检监察机关的违纪违法的立案从现行法律的规定上看是没有监督权的，《人民检察院刑事诉讼规则》第十三章以专章的形式规定了刑事诉讼法律监督，其第二节又专门规定了刑事立案监督，若被害人等认为公安等机关有案不立等情形的，检察机关有权进行立案监督。人民检察院发现行政机关有类似的有案不立等问题的，经过一定的批准程序，可以向有关行政执法机关提出检察意见，要求其进行立案或将案件移送给有关机关。以此可以得出结论，检察机关对立案的监督仅限于公安机关和其他行政执法机关，纪检监察机关是国家的政治机关，不是司法机关，更不是行政执法机关，当然不属于检察机关的立案监督范围，更为主要的原因是，纪检监察机关针对公职人员违纪违法行为的立案，不是刑事诉讼意义上的立案，当然不受检察机关的监督，也就说不属于检察机关刑事立案监督的范围。因此，在法律层面上，对纪检监察机关的违纪违法案件的立案监督是缺位的，从而给少数纪检监察机关进行选择性的执法创造了空间，也为少数纪检监察机关监督执纪权力的滥用提供了机会。

　　纪检监察机关针对违纪违法立案与刑事司法机关的刑事立案办案标准的差异，实质上造成了纪检监察机关与刑事司法机关办案程序的不衔接，解决的办法是可以采取二元的立案制度，即在纪检监察机关的调查阶段，分为违纪违法立案与违法犯罪立案，涉嫌违法犯罪的直接按照《刑事诉讼法》的标准进行刑事立案。在违纪审查过程中，如发现被调查人涉嫌违法犯罪的，则转为刑事立案。这样可以解决纪检监察机关与刑事司法机关办案程序不衔接问题，既可以防止纪检监察机关在立案环节的可能的权力滥用，也有利于查办职务违法和犯罪案件，也为检察机关行使刑事立案监督权提供了法律依据，更好地实现了《宪法》《刑事诉讼法》等法律规定的监察机关、检察机关及法院等机关之间互相配合互相制约的现代刑事诉讼的法治理念。

### 三 执纪准则与司法原则的结合——办案标准衔接的灵魂

十九届中纪委五次会议公报指出:"抓深抓实纪检监察体制改革,有效推进党内监督和国家监察全覆盖。发挥改革先导、突破、创立作用,统筹推进党中央确定的纪检监察体制改革任务。研究制定中国共产党纪律检查委员会工作条例、查办党员和公职人员涉嫌违纪职务违法职务犯罪案件协作配合办法,促进规范化法治化建设。"[1] 实现纪检监察工作的规范化、法治化是纪检监察体制改革的方向,也是纪检监察机关工作的方法与目标,从实现纪检监察机关与刑事司法机关办案标准的衔接问题来看,努力做到执纪准则与司法原则的结合是实现二者办案标准衔接的灵魂。

1. 在纪检监察机关内部——坚持执纪准则,实现纪法贯通

纪委监委合署办公,承担着执纪执法的政治责任,一方面运用好党章党规党纪履行监督执纪问责的职责,另一方面承担着运用法律进行监督调查处置的职责,党纪与国法是"两把尺子",具有同向发力、精准发力的功效。纪检监察机关在承当自己政治责任的时候,应严格坚守执纪准则。在目前,最重要的一项准则就是"四种形态"的运用,按照党员干部的违纪违法事实,严格遵循"四种形态"的执纪准则,违纪的按照党内纪律予以处理,涉嫌犯罪按照第四种形态移交司法,既不能以纪代法,更严格禁止以法代纪,纪法清晰划界,先纪后法,由纪到法,实现纪法贯通。

2. 在纪检监察机关外部——坚持司法原则,实现法法衔接

在纪检监察调查阶段,努力实现纪法分开,一方面是国家政治的需要,同时也是法治建设的需要。在对涉嫌犯罪公职人员进行监察调查的过程中,坚持按照《监察法》的规定和刑事司法的基本原则。尽管目前基于中国的特殊国情,在监察调查的程序中,不适用《刑事诉讼法》的

---

[1] 《中国共产党第十九届中央纪律检查委员会第五次全体会议公报》,新华社,2021年1月24日。

规定，但并不意味着监察机关在监察调查过程中不遵守刑事司法的基本原则，排除使用只是刑事诉讼的个别制度，如不准许律师对监察调查活动的参与等。《监察法》与《刑事诉讼法》《刑法》等的根本目标是一致的，都是为了依法惩治和打击腐败犯罪，对涉嫌违法犯罪的，严格遵循刑事司法标准，特别是在收集、审查、运用证据的过程中，严格按照刑事诉讼的标准与程序进行，严禁刑讯逼供，依法排除非法证据，做到犯罪事实清楚，证据确实、充分，让每一个案件经得起历史的考验；同时，在调查过程中，规范使用12＋3项谈话、讯问、询问等的调查措施，明确各项措施的审批程序、工作流程，严格把关，防止调查权被滥用，侵犯被调查人的人身权利。

## 本章小结

纪检监察机关与刑事司法机关的办案标准的协调统一问题是党的十八届四中全会提出的纪检监察体制改革的重要内容之一。伴随着《监察法》的颁布，监察体制实现了历史性的变革，在纪检监察机关与刑事司法机关二者的办案标准上基本实现了协调统一。但由于我国的纪检监察机关主要承担着反腐败政治职责，在监察对象、管辖范围、措施适用、证明标准等广义的办案标准方面尚存在一定的差异性。本章主要论证了纪检监察机关与刑事司法机关的职能定位、管辖范围、法律适用等方面存在的差异性，提出了在办案过程中由于标准不能可能带来的程序上与实体上的法律困境，也提出了具体的完善路径。总之，在协调纪检监察机关与刑事司法机关的办案标准统一的问题上，实现纪检监察机关与刑事司法机关办案标准的程序性与实体性的有机衔接。最重要的是努力做到以下几点：第一，坚持以习近平的法治思想为行动指引。当前党和国家确立了习近平法治思想，是我国法治建设的根本遵循。在未来的法治国家建设的过程中，在习近平法治思想的引领下，全面依法治国的目标一定能够实现，中华的法治梦将会变为美好的现实。纪检监察工作和司法工作是全面依法治国工作的重要组成部分，只有在习近平法治思想的指引下，才能打造高质量的纪检监察和高质量的司法；第二，坚持把社会主义核心价值观贯穿于纪检监察和刑事司法工作全过程。社会主义核心价值观是我国一切工作的价值引领，一切工作失去了价值的引领必然偏离了社会主义国家奋斗的目标与方向，纪检监察和刑事司法工作也不例外，通过具体的纪检监察和刑事司法工作，把社会主义核心价值观融入其中，让人民群众、党员干部确实在每个纪检案件、司法案件中感受到公平正义；第三，坚持运用法治思维和法治方式处理好纪检监察机关和刑事司法机关之间的办案标准衔接问题。在实现国家治理现代化的过程中，纪检监察机关与刑事司法机关必须坚持运用法治思维和法治方式协调处理二者之间办案标准冲突问题，以政治为引领，以法治为底线，善于运用法治思维和法治方式处理二者之间的差异问题，实现纪检监察和刑事司法工作规范化、法治化。

# 第 三 章

# 监委与司法机关办案程序衔接机制：现状、问题及法治路径

党的十八届四中全会的召开及其《决定》的通过标志着中国进入了全面依法治国的新时代。在全面依法治国的背景下，以司法改革为主线，通过修宪，重构了我国的纪检监察体制，改革的根本目的是在坚持和加强党对反腐工作的统一领导，目标是整合反腐败力量，形成反腐的合力，构建全新的党和国家监督体系，为实现我党既定的奋斗目标、最终实现中华民族伟大复兴提供制度保障。从2018年2月25日全国各级监委成立一年来，"在一体推进'三不'上下功夫，坚持纪严于法、实现纪法贯通、推进法法衔接，不断强化不敢腐的威慑，推动制度优势进一步转化为治理效能"[①]。在纪检监察体制改革的过程中，纪检监察机关努力实现两大工作目标，即纪法贯通与法法衔接。前者"要求健全纪检监察的工作规则，执纪与执法有序对接、相互贯通，使执纪执法同向发力、精准发力"，后者要求实现监委与司法机关特别是检察机关在办案程序上的有机衔接，即国家《监察法》与《刑事诉讼法》的衔接，目标是对于违法犯罪的，监委调查取得证据要与法院庭审的标准相一致；监察机关调查措施的运用要符合相关法律的规定，等等。从实施《监察法》以来的效果看，纪法已经实现了全面的贯通，成效显著。在法法衔接即监委与司法机关的办案程序衔接方面也基本实现了形式上衔接，但在实质衔接层

---

① 本刊评论员：《持续深化改革　强化权力监督——写在迎来国家监委组建一周年之际》，《中国纪检监察》2019年第5期。

面,即二者在诉讼的价值保障等程序方面的衔接存在一定的困境,本章拟从从监察到审判的整体程序上对二者衔接的现状、问题进行分析探讨,提出走出目前困境实现二者有机衔接的法治化的路径。

## 第一节 扫描与透视：监委与司法机关办案程序衔接现状的实证分析

党的十八届四中全会通过的《决定》明确指出了要加强职务犯罪线索管理等制度建设,明确办案标准,构建办案程序衔接机制。在监察委员会在全国全面建立的前夕,中纪委书记赵乐际在2018年1月11日工作报告中强调:"坚持纪严于法、纪在法前,实现执纪审查与依法调查顺畅对接。"[①] 党中央的文件及相关领导关于纪检监察工作的机制的论述,既是党领导立法的具体体现,也为建构监察机关与司法机关办案程序衔接机制指明了方向。监委成立的一年来,在党中央的坚强正确的领导下,监察机关与司法机关积极配合,出台一系列改革配套制度,在形式上是实现了监察机关与司法机关的相互衔接,二者实现形式上的衔接主要体现为以下两个方面。

### 一 从立法、制度规范体系层面看

第一,通过宪法修正案,为制定《监察法》提供宪法依据。

为成立监察委员会提供宪法依据,十三届全国人民代表大会第一次会议对现行宪法进行了修改。在国家机构中增加了监察委员会,并对监察委员会的性质等进行了宪法性的规定。宪法修正案的通过为监察与司法程序衔接提供了最根本的法律遵循。宪法修正案的颁布为《监察法》的出台奠定了合法性的基础,也为监委衔接司法提供了基本的法律依据。

第二,修改《刑事诉讼法》,构建与《监察法》的衔接机制法律制度。

---

[①] 《十九届中央纪律检查委员会常务委员会向第二次全体会议作工作报告》,新华社,2018年2月12日。

2018年10月26日，全国人大会常务委员会对《刑事诉讼法》进行了修改，修改的主要目的是配合党和国家的纪检监察体制改革，从法律上实现《监察法》与《刑事诉讼法》的程序衔接。为此，修改后的《刑事诉讼法》做了以下两方面的补充：一是删去人民检察院对于贪腐案件的管辖，只保留了其针对司法人员犯罪侦查权；二是对人民检察院与监察机关之间办案程序的衔接机制作出了规定。

第三，建立完善监察业务全流程规范。

监委自成立以来，中纪委国家监委起草制定四十余项纪检监察法规制度，对标法法衔接要求，完善了从信访举报到审理等业务流程制度规范；各地纪委监委也努力加强制度建设，如海南构建"1＋N"制度体系："1"即《业务工作流程细则（试行）》。围绕工作程序、职责权限和完成时限，对领导体制、监察对象、线索处理、措施运用、案件审理、移送起诉等方面作出了详细的规定，为监委正确履职进行全流程规范。"N"即是对重点环节的规范，围绕措施采取、证据收集、文书起草、工作衔接等审查调查环节，配套制定了17项规范。山西省纪委监委建立"4个一"制度，即执纪监督监察工作试行办法及常用文书四个方面的制度等。

第四，制定监察委员会与相关机关协调衔接机制规范。

为实现监委与司法机关工作的有效衔接，国家监委会同最高人民检察院先后制定了相关衔接办法、会商办法等规范性的文件，建立起问题线索移送机制等，为职务犯罪案件由监察机关调查终结、移送检察机关依法审查起诉的顺畅衔接提供法规制度支撑。同时，国家监委与审判机关、执法部门通过商谈联合出台了互相配合的系列工作制度，形成了工作的合力；各级地方监委也结合各自的工作实际，出台了相应的工作办法，如广西出台了《广西各级人民法院支持国家监察体制改革办理职务犯罪案件的若干规定（试行）》、重庆市出台了《重庆市司法行政机关支持配合纪委监察机关查办案件工作办法（试行）》等。

## 二 实践经验层面：办案流程形式上实现顺畅衔接

监察体制改革最大的变化是实现了把党的领导从"结果领导"变为

全过程的领导,这也是实现监委有效衔接司法的根本保证。监察体制改革以来,一方面通过党委领导,迅速出台了监委与司法等部门在办理职务犯罪案件过程中互相配合的制度办法,使监委衔接司法有规可依;另一方面完善党委主要领导对职务犯罪案件从立案、留置到移送司法各个环节的审核把关机制,从媒体公布的数据看,可以说,从形式上已经实现了监委与司法机关办案程序的有效衔接。这种形式上实现二者衔接的司法实证的表现为,其一,监委移送起诉后,公诉机关退回要求监委补充调查少,直接起诉的案件数量占多数,"一年来,监检衔接配合顺畅,互相制约原则有效落实"①。"从去年 2 月广东省监委挂牌成立以来,全省纪检监察机关共立案 2 万余件,处分 1.6 万余人,移送司法机关 969 人,无一被退查,为推进纪法贯通、法法衔接探索了路径、积累了经验"②。其二,从司法判决的数据看,2019 年最高人民法院向全国人大所作的工作报告数据显示:"2019 年,各级法院审结贪污贿赂、渎职等案件 2.8 万件处分 3.3 万人。"③ 尽管数据没有显示出无罪判决的数量,但通过检索中国裁判文书网发现,2018 年,全国各级审判机关判决的贪腐型案件没有无罪判决的记录。由此可以推定,检察机关向法院起诉的贪腐案件都得到了法院的支持。

## 第二节 问题:从实质法治的视角审视监委衔接司法的程序机制

从前文的分析看,监委与司法机关在办理职务案件的过程中已经实现了形式上的相互衔接,保障监委、检察机关对职务犯罪的调查、起诉

---

① 张军:《最高人民检察院工作报告》,2019 年 3 月 12 日在第十三届全国人民代表大会第二次会议上,最高人民检察院网 https://www.spp.gov.cn/spp/gzbg/201903/t20190319_412293.shtml.

② 石艳红、侯逸宁:《铁案是这样炼成的——广东省纪检监察机关推进纪法贯通、法法衔接的探索实践》,《中国纪检监察》2019 年第 1 期。

③ 周强:《最高人民法院工作报告》,2019 年 3 月 12 日在第十三届全国人民代表大会第二次会议上,中国法院网 https://www.chinacourt.org/article/detail/2019/03/id/3791943.shtml.

能顺利展开，基本实现了对职务犯罪查处的形式法治化的目标。但如按照国际通行的实质法治的标准来审视现行的二者衔接机制，从规范层面、证据层面、价值层面及程序衔接的内在机理要求方面，二者的衔接上尚存在诸多问题。

## 一　规范层面：尚没有形成逻辑严谨的法律规范体系

纵观人类社会法治发展的历史，其呈现的基本规律是从法制到法治、从形式法治到实质法治不断的历史性的演进过程。从内涵上看，"法制"也可以理解为"形式法治"，其关注点是作为法治基础的法律体系的完备。构建逻辑严谨的法律规范体系是进行监察体制改革的基础，也是实现监委有效衔接司法的规范基础。从现有的法律制度规范体系看，存在以下几个问题：其一，从法律层面看，《监察法》与《刑事诉讼法》作为监委衔接司法的基本法律对二者衔接的程序性的规定是粗线条的、概括性的，有关监委衔接司法的法律性的规定，《监察法》仅第十一条、第四十五条、第四十七条对此作出了规定，《刑事诉讼法》仅仅以第一百七十条对审查起诉及有关留置与拘留逮捕的衔接、第一百七十二条对审查起诉期限作出规定。简单的几个法律条文不可能涵盖有关监委衔接司法的所有程序性的问题；其二，大量程序性衔接问题通过"办法""规定"等方式解决，有关监委衔接司法的规范层级低。由于第一种原因的存在，即法律层面对二者衔接的规定较为概括，监委与司法机关在办理具体的职务犯罪案件中处于"无法可依"的境地，为了克服这种局面，国家监委与最高人民检察院只能通过联合制定工作办法、规定的形式或各自出台相关性的办法或规定来解决二者衔接的程序性问题，前者如双方出台了《工作衔接办法》《职务犯罪会商办法》《证据收集审查基本要求与案件材料移送清单》等规范性的文件，后者国家监委单独出台了《国家监察委员会管辖规定（试行）》等规范性文件。虽然这些规范性文件的制作主体是国家监委与最高人民检察院，但相比较于2019年新修订的《人民检察院刑事诉讼规则》《公安机关办理刑事案件程序规定》等在规范制定的严谨性、逻辑性等方面更显示出前者解决工作程序的权宜性特征；最后，从各个地方看，呈现为监委衔接司法有关程序性规定各自为政、非统一性的特征。由于二者联合制定出台的办法及规定主要针对的是二者在办理职务犯罪过程中的问题,虽然地方各级监委与检察机关可以参照适用,但国家监委与最高人民检察院的制定的办法毕竟不能像《人民检察院刑事诉讼规则》《公安机关办理刑事案件程序规定》那样具有普遍的适用性。因此,各个地方为了解决监委衔接司法程序性问题,只能纷纷出台各自的工作办法,这些办法从实证层面看,确实解决了地方监委与检察院在办理职务犯罪案件过程中的程序衔接问题,但由于缺乏全国的统一性规定,使得各自的办法、规定等明显呈现出凌乱和不协调。

正是由于有关监委衔接司法法律层面的概括性规定、国家监委与最高人民检察院各自规定的非普遍适用性及地方各级监委、检察院规定的非统一性,使得监委有效衔接司法的制度性规范没有形成严谨的法律规范性的体系,虽然在工作的程序上做到了"有规可依",但离现代法治所追求的正当程序要求仍有很大的差距。

## 二 价值层面:《监察法》与《刑事诉讼法》的价值目标有待实现再平衡

价值问题是现代法治研究中最具诱惑力的问题。任何法治国家追求的最终目标是法治价值的实现。对于现代的法治国家而言,秩序、公正与自由是最重要的法治价值,所有的法律都把价值作为最终的追求。显然,从价值层面看,《监察法》与《刑事诉讼法》的有效衔接,是监委衔接司法的重要问题之一。

从总体看,《监察法》第五条、第六条的规定为监察工作确立了方针与原则,说明《宪法》与《监察法》中蕴含的基本原则相通性一面,但我们也要看到《监察法》与《刑事诉讼法》的原则中所体现的价值目标各有侧重的一面。突出地表现在《监察法》以惩治腐败为主要追求,而《刑事诉讼法》在惩罚犯罪的同时,把尊重和保障人权作为自己最主要的价值追求。

其一,《监察法》的核心价值目标——监督权力、消除腐败。

《监察法》第三条规定了各级监察委员会机关性质;第六条规定了国

家监察工作的工作目标。两条规定明确了《监察法》的价值目标是监督权力、消除腐败。为实现前述价值目标，通过制定《监察法》及出台相关的配套制度：赋予监委广泛的调查权，为更好地行使调查权，要求其他的国家机关有履行配合监委调查的义务；不适用《刑事诉讼法》，仅仅根据《监察法》及国家监委自己制定的办法来作为对职务犯罪查处的依据；排斥律师对职务犯罪调查程序的参与，整个调查程序呈现为全封闭的状态。《监察法》实施一年来的实证效果表明，基本上实现了《监察法》立法初衷：加大反腐权力的集中与提升反腐的效率，实现了反腐败斗争取得压倒性的胜利的历史性的成就。在实现消除腐败的价值目标的同时，也应依据法治的基本理念对现行的制度模式进行反思。一是在追求反腐调查高效的同时，也须关注程序的正义。诉讼程序本应该是一体化的。但目前监委的调查程序呈现为独立的"一段"，在监委将案件移送给检察机关起诉后，刑事立案的程序才正式启动，这就导致职务犯罪案件从查处到审判出现程序上的断裂。二是在追求反腐集中的同时淡化了对纪检监察机关的权力制约。现行的监察体制将党纪反腐、政务反腐、刑事反腐、预防腐败、反腐败国际司法协助五项职能合为一体，实现了反腐权力的高度集中，其调查权一定程度上超越了《刑事诉讼法》的范围。在目前的体制下，对监委调查权的制约与控制主要采取内部监督的方式，即"同体监督"方式。尽管监委制定了众多的内部监督办法，但权力的过度集中，又缺失外部监督的情形下，调查权极有可能被滥用、误用，而权力"一旦被人滥用，那么任何暴政都甘拜下风。"必然会造成对被调查人人权的侵害。

其二，《刑事诉讼法》的核心价值目标——惩罚犯罪与保障人权。前者的双重价值目标既是《刑事诉讼法》的基本理念，也是刑事诉讼的目的，更是《刑事诉讼法》的核心价值目标。现行的《刑事诉讼法》也把该价值目标列为《刑事诉讼法》的一个重要任务。《刑事诉讼法》之所以把人权的保护确定为自己的价值目标，是因为执法、司法机关在打击犯罪的过程中，最容易超越权力的边界，侵犯公民的人身权利和财产权利。正因为如此，任何一个法制健全的国家，都会在本国的《刑事诉讼法》中详细规定旨在保障人权的各种原则、制度、程序，我国的《刑事诉讼法》也不例外，明确规定了一系列旨在保障人权的原则和制度。党的十八届四中全会通过的《决定》指出："加强人权的司法保障。"随着我国社会主义法治建设的不断深入推进，我国的人权保障法律机制必将得到进一步的完善。

《监察法》与《刑事诉讼法》在价值目标上有相同的一面，但在主要的价值目标上并非完全一致，在惩治腐败与保障人权的价值目标存在着一定范围内的冲突。两个原因导致了这种冲突的产生，是各自核心价值目标的不一致；二是在职务犯罪的调查阶段排除《刑事诉讼法》的适用，《监察法》与《刑事诉讼法》核心价值目标之间张力的存在，使监委有效衔接司法存在一定的困境。

### 三 证据层面：对监察证据运用于司法程序的有效性存有疑虑

在监委与司法机关办理职务犯罪案件的整个程序中，监察程序中所获得的证据能否成功地运用于司法程序是监委办案程序有效衔接司法的关键。为此，《监察法》第三十三条、第四十条与《刑事诉讼法》第五十条、第一百七十条对有关证据方面的衔接作出了法律方面的规定，从而在法律层面实现了监委的调查审查与司法程序之间的顺利对接。但从监委通过调查获得证据的程序上进行观察与反思，其证据运用于司法程序的有效性必然存有疑虑。

其一，留置场所的设置对调查证据有效性的影响。职务犯罪案件中与一般的普通刑事案件最大的区别是无被害人、无犯罪现场、无目击证人、无成型的物证、书证等，这必然使得对案件的侦破以获得被调查人的口供为突破口，口供成为职务犯罪案件中最重要的证据，所以口供的合法性与正当性成为关注的焦点。从目前实践情况看，对被调查人的口供的获得一般在两个场所获得，一个是留置场所，另一个是留置场所以外的场所。两个场所的共同特点是均是封闭的且无第三方的监督。以留置场所为例看，由于《监察法》对留置场所设置与运作问题没有做专门的规定，导致各地以各种模式对留置场所进行设置，有的办案地点就是留置场所，这与现代程序法治所要求的羁押与审理相分离的原则相违背。我国的《刑事诉讼法》第八十五条规定：公安机关对犯罪嫌疑人拘留后，应当立即将被拘留人送看守所羁押,至迟不得超过二十四小时。在看守所中,侦查人员滥用权力的讯问能够得到有效的规制。相比较于公安机关的看守所得设置,留置场所隶属于监委,在不具有相对独立性的留置场所获得口供的合法性就值得怀疑。

其二,《监察法》对非法证据概念内涵的界定有待明确。《监察法》第四十条明确规定了严禁以各种非法手段获取证据。该法条从法律层面明确对非法证据的排除问题,即非法证据不得作为案件处理的依据。但如何界定"非法方式"是个很难的问题,何谓"其他非法方式"也存在诸多的争议。概念的不明晰导致实践中很难对非法证据进行确认。按照《最高检刑事诉讼规则》和《最高法刑事诉讼司法解释》对"刑讯逼供"的解释,都参照了联合国《反酷刑公约》对"酷刑"的定义,即酷刑是指"公职人员的行为,这些行为蓄意造成一个人肉体或精神上的剧烈疼痛或痛苦,乃是为了达到某一目的,诸如逼取情报或供人,或是惩罚、恐吓或歧视该人"①。换言之,侦查机关即使实施了逼供行为,但如果没有给被侵权者造成肉体的痛苦,也不构成"刑讯逼供"。所谓疼痛或痛苦的剧烈性,本身是一个描述性的概念,很难进行精确定义。前述司法上对"非法证据"的认定标准实质上给监委的证据调查提供了指引,也预留了获取非法证据的法律空间。

其三,"内部制约"不能有效实现对调查权的有效控制,可能导致对非法证据排除渠道不畅。监委对职务犯罪的调查程序不具有"诉讼"的形态,而完全属于一种超职权主义的、政治化与行政化兼具的单方面的追诉活动。无论是监委的专门的调查活动,还是限制被调查人和涉案人员基本自由和权益的强制性调查措施,都是由监委自行决定的,不需要由中立的司法机关的授权。尽管《监察法》第五十三条规定了监委应接受人大的监督,通过人大常委会听取和审议监委的专项工作报告进行具体的监督。但这种监督,不能形成权力上的制约关系,是事后的、形式化的监督。对监委的调查程序而言,唯一的制约来自监委内部,即监委

---

① 陈光中:《〈公民权利和政治权利国际公约〉与我国刑事诉讼法》,商务印书馆 2005 年版,第 71 页。

的调查人员在实施调查措施之前，需取得监委负责人的授权或批准，并由监委的领导或领导集体签发令状。这样，监委的调查措施都是由监委的负责人实行内部制约和控制，而不受任何其他外部机构的审查和授权。"这种所谓的'内部制约'和'法律监督'，对于保证侦查活动的合法性不具有积极有效的作用。因为侦查活动的负责人无论是公安局的局长还是检察院的检察长，都属于侦查活动的领导者和指挥者，与案件的侦查活动及其结果存在着直接的利害关系。在这种情况下，由侦查机关负责人实施的任何审查、授权和控制，都根本不足以发挥有效的积极作用。"[1]监委对证据获取的程序控制与侦查机关具有极大的相似性，与前述的对侦查的控制相比，法律对监委的调查控制显得更加虚化，因为前者尚有律师的参与与监督，后者排斥律师的介入。因此，总体而言，通过监委内部的程序再造及内部主要负责人的控制办法来实现对调查权的控制具有浓重的理想主义的色彩。

因此，尽管《监察法》第三十三条对监察机关的调查活动中收集的证据资格能力进行了规定，但这只是表明监察机关该证据材料具有了"提起诉讼或出庭"的资格，该证据资料能否得到审判机关的认可，主要看其是否具有证据能力和证明力。由于监委在职务犯罪调查中存在的前述问题，使该证据资料可能存在一定的问题，这样就不能确保该证据经得起司法程序检验，进而必然导致监察程序与司法程序就证据事实的无缝对接不能顺利实现。

### 四 顺向追究机制与逆向监督制约机制之间衔接存有困境

一个科学、合理的诉讼程序表现为两个方面：一是从侦查、到审查起诉、再到裁判的顺向诉讼程序衔接顺畅，能很好地实现刑事诉讼的目的；二是从裁判、到审查起诉、再到侦查的逆向监督制约机制也能顺利发挥其功能。考察目前中国"流水作业式"的诉讼构造，这种"线形结构"促使公检法三机关基本上是独自完成诉讼的任务，配合默契，但反向的监督制约机制运转不畅。监察体制改革后，检察机关与监委之间更

---

[1] 陈瑞华：《刑事诉讼的前沿问题》，中国人民大学出版社2000年版，第336页。

多是配合，反向的司法制约机制更难发挥其应有的作用，使司法有效衔接监委存在一定的机制性障碍。

其一，退回补充调查和自行补充侦查难。《监察法》第四十七条和《刑事诉讼法》第一百七十条分别就监察机关对案件的移送审查起诉、有关案件的退回补充调查、检察院的自行补充侦查均作出了明晰的规定，应该说法律层面前述问题的规定不存在任何的障碍。但在具体的办案程序中，两机关分别执行《监察法》与《刑事诉讼法》的同时，在具体案件的处理过程中，实际执行的在国家层面的是中纪委办公厅、国家监委办公厅、最高检办公厅联合发文有关证据收集等规范性的文件，这些《办法》《规定》虽然是对法律性规定的细化与具体化，使法律条文的规定更具有可操作性，但这些《办法》《规定》的一些条文明显赋予了监察机关主导性的权力，在监委衔接司法的理念上更多地强调"协商"与"配合"。《某市监察委员会与某市人民检察院办理职务犯罪案件工作衔接的实施办法（试行）》规定：拟退回监察机关进行补充调查的案件，市检察院在作出决定前，应当由市检察院犯罪检察处与市监委案件审理室沟通协商。退回补充调查期间，市监委与市检察院应当加强沟通。

而《人民检察院刑事诉讼规则》对有此问题进行了明确的规定，只要人民检察院认为具有犯罪事实不清等情形就可以将案卷退回公安机关补充侦查；人民检察院也可以自行侦查。这样的规定明显地表现出检察机关作为法律监督机关的独立性，体现了检察机关的法律监督的主体性地位，只有保障检察机关监督的独立性，才能真正发挥监督的有效作用。

其二，司法实践中"排非程序"启动难。《监察法》第三十三条明确规定对非法证据的排除问题。《监察法实施条例》对排非问题也作了较为详细的规定：如该条例的第六十四条规定：严禁以暴力、威胁、引诱、欺骗以及非法限制人身自由等非法方法收集证据，严禁侮辱、打骂、虐待、体罚或者变相体罚被调查人、涉案人员和证人；第六十五条规定：对于调查人员采用暴力、威胁以及非法限制人身自由等非法方法收集的被调查人供述、证人证言、被害人陈述,应当依法予以排除。

前款所称暴力的方法,是指采用殴打、违法使用戒具等方法或者变相肉刑的恶劣手段,使人遭受难以忍受的痛苦而违背意愿作出供述、证言、陈述;威胁的方法,是指采用以暴力或者严重损害本人及其近亲属合法权益等进行威胁的方法,使人遭受难以忍受的痛苦而违背意愿作出供述、证言、陈述。

收集物证、书证不符合法定程序,可能严重影响案件公正处理的,应当予以补正或者作出合理解释;不能补正或者作出合理解释的,对该证据应当予以排除。

第六十六条规定:监察机关监督检查、调查、案件审理、案件监督管理等部门发现监察人员在办理案件中,可能存在以非法方法收集证据情形的,应当依据职责进行调查核实。对于被调查人控告、举报调查人员采用非法方法收集证据,并提供涉嫌非法取证的人员、时间、地点、方式和内容等材料或者线索的,应当受理并进行审核。根据现有材料无法证明证据收集合法性的,应当进行调查核实。

经调查核实,确认或者不能排除以非法方法收集证据的,对有关证据依法予以排除,不得作为案件定性处置、移送审查起诉的依据。认定调查人员非法取证的,应当依法处理,另行指派调查人员重新调查取证。

监察机关接到对下级监察机关调查人员采用非法方法收集证据的控告、举报,可以直接进行调查核实,也可以交由下级监察机关调查核实。交由下级监察机关调查核实的,下级监察机关应当及时将调查结果报告上级监察机关。

从现有的监察法及其实施条例的规定看,法律法规的现有规定为相关机关对非法证据的排除提供了法律的依据,也为相关机关依据法律对非法证据的排除设定了责任。但在具体的执法实践中,由于种种因素的存在,相关机关对非法证据排除的程序的启动存在一定的困境。

《刑事诉讼法》第五十六条确立了排非规则,其中明确规定:采用刑讯逼供等非法方法收集的犯罪嫌疑人、被告人供述和采用暴力、威胁等非法方法收集的证人证言、被害人陈述,应当予以排除。收集物证、书证不符合法定程序,可能严重影响司法公正的,应当予以补正或者作出合理解释;不能补正或者作出合理解释的,对该证据应当予以排除。在侦查、审查起诉、审判时发现有应当排除的证据的,应当依法予以排除,不得作为起诉意见、起诉决定和判决的依据。2017年6月27日最高人民法院等五机关出台了《排除非法证据若干问题的规定》、2018年1月1日最高人民法院出台了关于排除非法证据规定;修改后的《人民检察院刑事诉讼规则》第七十三条规定:人民检察院经审查认定存在非法取证行为的,对该证据应当予以排除,其他证据不能证明犯罪嫌疑人实施犯罪行为的,应当不批准或者决定逮捕。已经移送起诉的,可以依法将案件退回监察机关补充调查或者退回公安机关补充侦查,或者作出不起诉决定。被排除的非法证据应当随案移送,并写明为依法排除的非法证据。第七十四条规定:人民检察院认为可能存在以刑讯逼供等非法方法收集证据情形的,可以书面要求监察机关或者公安机关对证据收集的合法性作出说明。说明应当加盖单位公章,并由调查人员或者侦查人员签名。可以说,目前我国建立起较为完整的非法证据排除的规则体系。但由于监委不适用《刑事诉讼法》等法律制度,检察机关审查起诉过程中,如发现监委移送的证据存在不合法的情形,很难按照前述的法律规定启动"非法证据排除程序"。

因此,在未来的司法改革过程中,在有关"排非"等问题上,检察机关应有独立的决定权,通过有效行使监督权,能确保案件侦查的沿着法治方向行进,避免造成冤假错案,保障犯罪嫌疑人、被告人的合法权益。

## 第三节　出路:以法治方式构建监委衔接司法的有效路径

"一旦法律到位,包括立法者(即执政党)在内的所有人和组织都必须遵守法律,这就设定了政治的边界。党的十八届四中全会的决定,重申了执政党及其政府要'依宪治国',强调'依宪治国'是法治的前提。"① 尽管监察机关是政治机关,具有鲜明的政治属性,但是,"在日常事务方面,我们严格区分了政治与法律。立法过程是政治性的;然而,一旦法律开始,政治就会终结。即使立法是'政治性'行为,我们依然追问它是否合法"②。党和国家的监察体制的改革是全面依法治国的重要组成部分,也是政治改革的重要内容,通过前文的分析,我们看到,国家在形式法治的层面上已经解决了监委衔接司法问题,但从实质法治的视角观察,仍有许多方面需要以法治的方式通过制度的设计来解决二者衔接方面存在的问题,以下尝试从体制、诉讼制度等方面探寻监委有效衔接司法的法治化的路径。

**一 深化监察体制改革,建立外部统一、内部分流的监察新体制**

监察体制改革的主要原因是原体制反腐败的力量分散,不能形成反腐的合力,因此,反腐败的效率低。2018年3月《监察法》的通过与实施,重构了党和国家的监督体系,实现了党的纪律检查监督与国家层面的国家监督的有机结合,建构起外部统一的国家反腐败体制。但这种统合后的监察体制也带来了一个困境,由于监委的刑事调查不适用《刑事诉讼法》的规定,使得其刑事调查脱离了有效的法律控制,无法保障被调查人的基本辩护权,最终导致监委与司法机关在办案程序的衔接不畅。为了解决监委有效衔接司法问题,贯彻最基本的刑事诉讼法治理念,监察委员会的调查权唯有走实行内部分流的双轨制,才能走出目前的困境。

所谓内部分流的双轨制的调查机制,是在纪检监察委员会内部设置两个相对独立的部门,一个专门负责党纪政纪的调查,一个专门负责职务违法犯罪的刑事调查。党纪调查的依据是"党内法规",政纪调查的依据主要是《监察法》及相关的法规。在党纪调查和政纪调查的过程中,

---

① 郑永年:《未来三十年——改革常态下的关键问题》,中信出版集团2016年版,第125页。

② [美]保罗·卡恩:《法律的文化研究:法学重构》,康向宇译,中国政法大学出版社2018年版,第105页。

发现被调查人涉嫌犯罪的,则直接移送给刑事调查部,经过刑事调查部初步审核,认为发生了犯罪事实,需要追究刑事责任的,刑事调查部根据《刑事诉讼法》的规定,进行刑事立案、采取强制措施等。采取内部分流的双轨制的调查机制是有实践依据的:

其一,现行的监委对职务犯罪的调查权与普通的刑事侦查权相似的形式与后果。从形式上看,现在监委的调查人员几乎都是从原检察院转隶而来,原来的侦查权变为了现在的调查权,其调查的结果是,只要达到起诉条件的,要移送给检察机关审查起诉。因此,既然调查权与侦查权具有相似的性质和效力,理所应当应适用《刑事诉讼法》的规定。

其二,监委在调查的过程中,实际上在选择性地适用刑事诉讼的规定。从表面上看,监委在调查的过程中,适用《监察法》及监委自己或与司法机关制定的相关的规范性文件,大多数《办法》《规定》是根据《刑事诉讼法》制定的,有的地方监委制定的类似的有关办案程序的《办法》《规定》更是直接抄录《刑事诉讼法》的条文。因此可以说,不论在国家层面还是地方层面,监委在监委调查的过程中都在选择性地适用《刑事诉讼法》,而并非不适用。

通过实行内部分流的双轨制的调查机制,让刑事调查部门直接适用《刑事诉讼法》的规定,可以化解监察体制改革过程中诸多问题,也由于监委在对职务犯罪的调查阶段可以适用《刑事诉讼法》,使职务犯罪的调查、起诉、审判连成完整的诉讼结构,很好地解决了监委有效衔接司法的程序机制问题。

## 二 深入推进以审判为中心的诉讼制度改革

党的十八大以来,纠正了以聂树斌案为代表一系列冤假错案,反思这些错案产生的原因,可以归结为:侦查中心主义下的司法的不公正所致。为此,在深化司法改革的过程中,着力推进诉讼制度的改革,诉讼制度中应始终坚持以审判为中心,切实实现庭审的实质化。监察机关的职务犯罪的调查活动与刑事侦查活动相比较,二者具有实质的相似性。基于此,从以审判为中心的视角进行观察,在国家监察体制改革的过程中,通过诉讼制度的改革,将其作为深化监察体制改革的逻辑起点,对于监委有效衔接司法将是目前推进监察体制改革的最佳路径选择。

审视从监委的调查到司法审判的整个程序结构,目前从法律上能反映出监委与司法连接的法条规定只有《监察法》第三十三条第二款,该条规定了监察机关收集证据的标准,即应当达到法庭审判有关证据的认定标准。按照中纪委与监委的联合解释,该款的要求是:监察机关通过调查活动获得的证据,要经得起法律的检验。

从形式上看,该条不仅体现了监委调查权与法院司法审判权的法律上的衔接,也是监察机关在证据收集方面遵循司法规律的体现。但在目前监察体制下,没有遵循审判中心主义,实质上是以监委的调查为中心,理由是:一是监委的政治地位高于司法机关;二是监委不适用《刑事诉讼法》的规定;三是监委的调查措施只受其内部监督,司法几乎不能对其有任何控制。从实践层面看,检察机关在审查起诉过程中退回补充调查难、自行侦查难,法院无罪判决难。因此,如欲实现监委有效衔接司法,走出目前二者实质不衔接的困境,必须深入推进以庭审实质化的诉讼制度的改革。

其一,监委对职务犯罪的调查活动应该遵守《刑事诉讼法》的规定。从前文的分析可以看出,监委尽管明确宣布不适用《刑事诉讼法》,而实际上不是不适用,而是选择性的适用,或者变相地选择性地适用。为了贯彻以审判为中心的诉讼体制改革,应该改变目前监委对职务犯罪的调查排斥适用前述法律的现状。如果确实在监察体制改革过程中完全适用该法有一定的困境,可以通过人大常委会以决议的方式,在监委的有关职务犯罪调查过程中,对个别条款可以作出适用保留。

其二,重构监委的调查与检察院审查起诉及起诉的关系。在新的监察体制下,监委的对职务犯罪的调查活动和检察机关的审查起诉活动在程序上被明显分开,各自独立。尽管《监察法》第四条规定监察机关与司法机关之间的法律关系。但该原则强调的是监委与检察院之间的平等和独立,在根本上混淆了监察调查与控诉职能之间的应然关系。"现代检警关系主要是检察领导或指导警察的刑事司法体制或模式,这种模式体现了法治的要求。"① 前述的原理也应适用于目前的监委在职务犯罪调查过程中与检察的关系,目前当务之急应突破实际上的"分工负责"的接力型关系的原则,改变目前的"调查中心主义",加强对监委调查权的法律控制,而检察机关作为法定的法律监督机关,加强其对监委职务犯罪调查权的控制是具有现实的可行性与法治上的意义,也是重构监委的调查与检察院审查起诉及起诉的关系的必由之路。

其三,重构司法权力的配置,真实提高审判机关的宪法地位。贯彻"审判中心主义",关键问题是提高法院的地位和权力,从体制上保障司法权高于监委职务犯罪的调查权。首先,为实现前述目标,在诉讼职能上,在监察机关调查活动中,强化司法审查;其次,深化司法责任制改革,平衡司法的权力与责任,确保审判权在法治的轨道上运行;最后,突出庭审的中心地位,全面贯彻证据裁判规则,切实实现庭审的实质化。同时,对证据的认识必须限于法庭,以证据调查为认知方式,依托证据链构建案件事实;由监委和公诉机关承担证明责任,必要时还应由公诉机关通知监委的调查人员出庭作证。

## 本章小结

国家《刑事诉讼法》等法律的修改,从法律形式上解决了监委在办理职务犯罪案件过程中与司法机关的程序衔接问题,但伴随着国家监察体制改革的推进,监委有效衔接司法的问题逐渐显现,突出地表现为前文中所罗列的各种困境。在目前的中国,从监督的法哲学的理念看,惩治腐败具有完全的正当性,《监察法》的颁布与实施,更使惩治腐败具有合法性。在惩治腐败的过程中,我们不仅要坚持形式的合法性,更要追求实质法治,那些道德和政治权利应在实在法中得到确认。由于监察委员会的调查权与一般刑事案件的侦查权关系模糊,加之在调查阶段不适用《刑事诉讼法》,完全寄希望于监委内部的自我监督来实现对调查权的控制,于刑事程序上有损正当程序原则,于刑事实体上有碍人权保障。

---

① 何家弘:《构建和谐社会的警检关系》,《人民检察》2007年第23期。

因此，为探寻监委有效衔接司法的关键路径，关键是切实坚持进行对诉讼制度的改革，坚持以审判为中心。在司法体制改革的过程中，监察机关针对公职人员违反犯罪的调查活动所应该遵循的法治路径不能游离于改革之外，这定是未来深化监察体制改革的必由之路，也是监委有效衔接司法的必由之路。

# 第四章

# 检察机关提前介入机制

党的十八大以来，我国反腐败工作一直持续深入推进，力度也在不断加大，反腐败形势不断向纵深发展，反腐败斗争取得了历史性的胜利。根据《宪法》第一百二十七条和《监察法》第四条的相关规定，在办理职务犯罪案件的过程中承担不同职能的监察机关与检察机关之间是"互相配合，互相制约"的关系。[1] 作为打击职务犯罪链条上两个重要的国家机关，属于监察程序中的监察委员会负责对职务犯罪进行调查，而属于司法诉讼程序中的人民检察院则负责对监委移送的案件根据事实和证据依法进行审查起诉。如何促进监察执法和检察司法针对职务犯罪这一性质最严重腐败行为实现更加有效地相互配合和制约，以实现打击职务犯罪、预防职务腐败的目的，是法理和实践上急需要解决的一个重要问题。健全现已实际运行的提前介入机制，从目前的情况尤其是实践的角度来说，是一个较为妥善的应对方法，有助于"增强监察调查的规范性和审查起诉的公正性"[2]。

本章所讨论的提前介入机制指的是检察机关提前介入监察机关办理的职务犯罪案件过程中有关的调查活动，由于两者分属于不同的程序，所以其构建不同于以往检察机关对公安机关刑事案件侦查活动的提前介入。同时我们应当注意到，虽然提前介入机制，无论是在调查还是审查

---

[1] 《宪法》第一百二十七条第二款：监察机关办理职务违法和职务犯罪案件，应当与审判机关、检察机关、执法部门互相配合，互相制约。《监察法》第四条第二款：监察机关办理职务违法和职务犯罪案件，应当与审判机关、检察机关、执法部门互相配合，互相制约。

[2] 《监察与司法有效衔接》，中国方正出版社2020年版，第49页。

起诉过程中,都实际发挥了积极有效的建设性作用,但是这一机制尚不成熟,近三年的现实发展中也存在诸多制度性障碍和亟须解决的理论与现实问题。本章将从检察机关提前介入监察案件的准确内涵、法理依据和程序流程三方面对提前介入的合理性、正当性和适度性进行阐述,同时也将阐明提前介入机制在制度和实践层面上存在的问题与困境,并针对此进行机制完善提出对策建议。

## 第一节　检察机关提前介入的内涵阐释

### 一　检察机关提前介入概念述明

如本章前言所述,首先我们需要明确的是检察机关提前介入在目前的语境下有三种含义:"一是提前介入同属刑事司法程序中公安机关的刑事侦查活动;二是检察机关捕诉部门提前介入检察机关自己经办的司法工作人员职务犯罪侦查案件;三是提前介入另属监察程序的监察机关的职务犯罪调查活动。"[1] 从这个角度来看,所谓的检察机关提前介入机制并不是一个全新的概念,人民检察院在长期提前介入实践尤其是提前介入公安机关刑事案件侦查活动的实践中积累了丰富的经验,形成了较为稳定的提前介入侦查活动工作机制。但是职务犯罪调查行为无论在语义还是实质上毕竟不同于侦查行为,并且监委的调查行为不受《刑事诉讼法》的调控,所以在此特定语境下对这一概念我们有必要重新予以认识。

一般刑事诉讼理论认为,"提前介入"这一概念来源于人民检察院对于刑事案件侦查活动的长期经验总结,尽管这一理论至今还存在学术上的争议,但其经由长期检验表现出极强的实践性和应用性。与另两种"提前介入"概念不同,对监察委员会职务犯罪调查的提前介入,指的是"检察机关针对监察委员会立案调查的刑事案件,应监察委员会的邀请,派员提前介入调查,对案件定性、证据收集、事实认定、法律适用、案

---

[1] 桑先军:《司法工作人员职务犯罪侦查案件提前介入制度初探》,《人民检察》2020 年第 5 期。

件管辖等提出意见和建议,以保证案件顺利进入起诉阶段"①。监察委员会的设立是国家机构改革中的一个创新焦点,实现职务犯罪调查权和审查起诉权的有效对接是这一创新性设计必须触及的现实性问题。提前介入是当下监检衔接中的一个重要步骤,所谓监检衔接,即"监察机关对职务犯罪的调查活动与检察机关相应的审查起诉活动之间的对接"②。之前意义上的"提前介入"虽然与本章所讨论的不是同一概念,但是其对当前实践仍具有重要的借鉴意义,因而梳理"提前介入"这一概念的产生与发展历程就显得很有必要。

"提前介入"制度至今在实践中已发展了几十年,几乎是伴随1978年后人民检察院恢复建院而产生的。作为检察机关提前介入公安机关刑事案件侦查活动的一个最大依据便是人民检察院的法律监督机关性质。随着1979年《中华人民共和国人民检察院组织法》的制定和颁行,"法律监督"的理念正式以组织法的形式被引入,人民检察院行使批捕权、公诉权等权力,并对刑事诉讼活动展开全过程监督。一些地方检察机关为了提高办案效率,同时也为了适应"严打斗争"的需要,把审查起诉等环节提前到侦查阶段进行。实践证明虽然这一阶段提前介入还只是局部性、地方性的,但是对于稳定社会秩序、打击刑事犯罪有积极的建设作用。开展提前介入工作,是检察机关力推的工作制度之一,在司法实践中被广泛运用,检察机关"强化监督、引导取证"的作用更加凸显。然而,提前介入这一机制自从产生以来就面临着来自各方面的质疑甚至是批判。对此,检察机关坚持从中国司法实际出发,提出提前介入机制是新时期推进检察理论与实践不断创新和完善的有益探索。检察机关提前介入刑事侦查活动的范围更加广泛,介入形式更加多样,但其重点在于"介入引导取证",并且依据最高检有关规定要坚持"范围适当、时机

---

① 陈国庆主编:《职务犯罪监察调查与审查起诉衔接工作指引》,中国检察出版社2019年版,第41页。

② 封利强:《检察机关提前介入监察调查之检讨——兼论完善监检衔接机制的另一种思路》,《浙江社会科学》2020年第9期。

适时、程度适度"的原则①。

通过上述对于提前介入制度产生与发展过程的简单梳理以及概念的阐明，我们可以看到，这一源自实践需求的制度在现实司法实践中具有旺盛的活力，有广阔的发展空间。虽然监察机关是一个成立不久的新生事物，虽然提前介入制度遭受了来自理论界及实务界的很多批判，但是它对于如今监检衔接问题的处理所具有的丰富价值不容忽视。

## 二 检察机关提前介入的角色定位

"监察委员会是为实现对公职人员监察全覆盖而专门成立的负责反腐败工作的专责机关，依法统一、独立行使监察权。"② 其设立实现了从"党纪委为主导、检察院为保障、政府监察机关为补充，三轨并行、相对独立，分工运作、协作配合"的"三驾马车"模式到国家监察委员会"一马当先"的转变。③ 即便按前述分类，检察机关对司法工作人员利用职权实施的某些职务犯罪依然可以自行立案侦查，但是这一人民检察院的剩余职务犯罪侦查权并不影响监察权的统一、独立行使，并非与监委分享职务犯罪调查权。④

根据《监察法》第十一条的规定，监察机关履行"监督、调查、处置"的职责，同时职务犯罪"调查权不同于刑事侦查权"，监察机关的调查行为不纳入刑事诉讼程序，因而不受《刑事诉讼法》的调整。检察机关作为我国的法律监督机关⑤，可依法对刑事诉讼等实行法律监督，同时

---

① 陈国庆主编：《职务犯罪监察调查与审查起诉衔接工作指引》，中国检察出版社2019年版，第42—46页。

② 《宪法》第一百二十七条第一款：监察委员会依照法律规定独立行使监察权，不受行政机关、社会团体和个人的干涉。《监察法》第三条：各级监察委员会是行使国家监察职能的专责机关，依照本法对所有行使公权力的公职人员进行监察，调查职务违法和职务犯罪，开展廉政建设和反腐败工作，维护宪法和法律的尊严。《监察法》第四条第一款：监察委员会依照法律规定独立行使监察权，不受行政机关、社会团体和个人的干涉。

③ 秦前红：《困境、改革与出路：从"三驾马车"到国家监察——我国监察体系的宪制思考》，《中国法律评论》2017年第1期。

④ 秦前红、石泽华：《论监察权的独立行使及其外部衔接》，《法治现代化研究》2017年第6期。

⑤ 《宪法》第一百三十四条：中华人民共和国人民检察院是国家的法律监督机关。

它又是我国的刑事司法机关之一,其行为当然要受到《刑事诉讼法》的调控。因而,我们这里所讨论的监检衔接中的提前介入问题必然会涉及《监察法》和《刑事诉讼法》的"法法衔接",而这也是监察和司法衔接必然要逐步解决的一个重点和难点。

按现有的监察体制,从更准确和权威的定义上讲,监察委员会是"政治机关",而不是"行政机关、司法机关"①,"兼具党纪检查、行政监察、犯罪调查三种功能"②。另外,从很多方面来看,监察权较之检察权更具有优势性、扩张性,监察机关和检察机关在职务犯罪案件办理全过程中不仅"权力配置"不对等,而且"现实地位"也不对等。③

通过对本章前述内容的分析,我们能够得出这样一个结论,因为职务犯罪办理以监委为主导,因此检察机关提前介入时必须慎之又慎,尊重监察机关的调查主导地位。为确保检察机关在调查阶段提前介入的正当性和规范性,我们有必要再对其角色定位进行深入探讨。

借鉴检察机关之前提前介入普通刑事案件侦查活动积累的多年实践经验,同时结合《宪法》《监察法》等有关法律和《人民检察院刑事诉讼规则》(以下简称《刑诉规则》)等有关法律文件对于监察机关和检察机关的职能定位,我们可以从"坚持监委主导调查,参与而不干预、参谋而不代替、建议而不定论,做好公诉准备、协助调查的职能衔接"④ 等几个方面来定位检察机关在提前介入调查时的具体角色。具体而言,可做以下解读:

第一,坚持监委主导调查。

如前文所述,监察委员会是调查职务犯罪的法定专责机关,依法独立行使监察权,不受其他机关和个人的干预。提前介入过程中,检察机关要充分尊重监察机关的主体地位与主导作用,行为不能越界,参与而不干预。

所谓参与而不干预,是指检察机关在提前介入的过程中要充分恪守

---

① 闫鸣:《监察委员会是政治机关》,《中国纪检监察报》2018 年 3 月 8 日第 3 版。
② 龙宗智:《监察与司法协调衔接的法规范分析》,《政治与法律》2018 年第 1 期。
③ 王洪宇:《监察体制下监检关系研究》,《浙江工商大学学报》2019 年第 2 期。
④ 《监察与司法有效衔接》,中国方正出版社 2020 年版,第 62—66 页。

不干预监察机关办案独立性的基本原则,检察机关在这一过程中只是参与监委的调查活动,而不能以监督者甚至指挥者的优势地位去"俯视"监察机关。在提前介入普通刑事犯罪侦查时,因为公安机关和检察机关同属于司法程序中的"大控方"一面,所以检察机关对公安机关侦查活动实行法律监督有充足的法理依据。但是这一理论论证不适用于我们在这里所讨论的问题,首先监察机关的定位存在特殊性,监察程序又不属于诉讼程序,政治职能更加凸显;其次根据《人民检察院组织法》第二十条的有关规定,检察院可以对诉讼活动等实行法律监督,虽然监委是按照《监察法》的规定来展开调查的,但是根据上述规定检察院的这种法律监督不能做一种宽泛的理解,而应限缩解释为一种诉讼监督。在提前介入中,依据的是互相配合、制约的原则,而不是法律监督的地位。

检察机关的提前介入是依据监察机关的主动邀请才进行的,因此根据上述分析和"参与而不干预"的角色定位,对监检两机关在提前介入过程中的职能定位要求如下。首先,对于检察机关来说,检察机关在这一过程中要时刻注意谦抑性,不能随意评论监委的调查行为,不能对调查活动"指手画脚",而要绝对尊重监察机关的办案独立性,将涉及事项范围限制在提请介入的范围内,另外对所提请介入事项的介入程度也应限制在参与的限度内。"检察机关介入监察调查过程中必须把握好'度'","这样既能发挥各自所长,打消监察机关的顾虑,又能有效防范检察机关出现'角色混淆'的风险"[①]。其次,对于监察机关而言,在任何时候都要坚持自身的调查主导地位,不能简单依赖于检察机关提前介入中所提出的意见,对于检察机关既要积极配合,又要保持自身调查独立性,要在检察机关的帮助下,逐步完善职务犯罪证据收集等能力。

第二,参谋而不代替(或称引导而不主导)。

所谓参谋而不代替,是指在提前介入中要坚持监检两机关职能分工的基本原则,这其中也必然涉及《监察法》和《刑事诉讼法》的分工与衔接问题,检察机关与监察机关不能因分工问题而导致角色混淆,检察

---

[①] 何静:《检察介入监察调查:依据探寻与壁垒消解》,《安徽师范大学学报》(人文社会科学版)2020年第6期。

机关不能违背分工原则而直接参与职务犯罪的调查活动。如前文所述，在职务犯罪追诉活动全过程中，监检两机关程序上相互衔接，监委负责犯罪调查，检察院负责审查起诉，提前介入也并不影响两者的这一分工。分工负责原则不仅能提升职务犯罪追诉效率，而且通过权力分别赋予的方式还能够实现两机关之间的相互制约，防止权力过度集中。"参谋而不代替"的角色定位要求检察机关在认真履行提前介入中提供意见和建议的参谋职能、积极引导监察机关调查取证的同时，不能直接参与属于监察机关的调查直接取证活动和决定活动。所有的职务犯罪直接调查行为都要监委直接进行，检察机关不能代替监察机关进行，"提前介入检察人员与监察机关调查人员应依法履职、独立履职、各司其职、相互尊重，力戒将提前介入演变为联合办案"[①]。

第三，建议而不定论（或称讨论而不定论）。

所谓建议而不定论，指"对重大、疑难、复杂职务犯罪案件存在争议或困难的事实认定和法律适用问题的论证过程中，检察机关应当以意见和建议的方式提供解决方案，而不能直接以结论甚至命令的方式向监察机关发号施令"[②]。检察机关在这一过程中产生的所有意见与建议，只能够作为监委最终决定的参考性因素，对此监察机关要有理性认识。既要在辨明检察机关意见和建议的基础上吸收、听取其合理性的部分，同时要有清晰的认识，不能盲从于检察机关而丧失了自己的独立性。另外，我们必须看到，监检两机关在职务犯罪追诉中的定位是不同的，"两者的指导思想和工作方式等也存在巨大的差异性。两者各自行使法律规定的权力，在各自权力领域内具有最终的权威"[③]。具体而言，检察机关的提前介入意见和建议更多的是从后续刑事追诉的角度出发而考虑的，具有单一性价值取向，而监委的职务犯罪调查不仅要为控诉职能做准备，而且还会涉及案件成因分析和职务犯罪预防体系构建等有关方面，价值目标上具有多元性。即使检察机关认为监察机关的调查工作存在不当或违

---

[①] 唐保银、田春雷：《监察机关职务犯罪调查与检察机关诉讼衔接机制研究》，《经济与社会发展》2020年第1期。

[②] 《坚定不移反对腐败的思想指南和行动纲领》，人民出版社2018年版，第66页。

[③] 周佑勇：《监察委员会权力配置的模式选择与边界》，《政治与法律》2017年第11期。

法之处，也不能"直接采用刚性的纠错手段，妥善的做法是向监察机关提出意见和建议"①。因此，检察机关提前介入只能以提出建议的方式协助调查，而无权作出最终的决定。

第四，检察机关在提前介入中做好公诉准备的职能衔接，为后续的审查起诉环节做好基础性、前置性工作。

《监察法》的出台虽然将以往的"侦查—公诉—审判"格局转变为现在的"调查—公诉—审判"模式②，但是这并未改变"国家公诉主义和公诉权检察院独占主义"③。为更好地实现监检有关环节的顺畅衔接，检察机关提前介入，是监检沟通协商的一个重要方面。一方面，提前介入有助于检察机关提前了解案件的相关事实，完善证据和材料的准备，保持材料的完整性，从而有利于案件定性和法律适用；另一方面，通过初步检视可以在调查环节就严把事实和证据关，以防止后续由于事实和证据问题而导致的审查起诉不通过，从而引发退回补充调查等不必要的"程序倒流"，徒劳消耗司法资源，甚至面临无法二次证据收集的困境。

第五，检察机关身份是调查的协助者，起的是协助和提供便利的作用。

监委和纪委合署办公，监察机关人员构成的很大一部分是原先的纪委工作人员，其在办理案件时可能偏向于先前的纪检思维，对于法律问题和证据问题了解、认识不足。加上职务犯罪具有特殊性：首先，犯罪主体特殊，往往形成利益链；其次，具有隐秘性，证据难以收集和发现；最后，手段多样性，呈现复杂多样的特点。④ 这些也加大了监察调查的难度，对经验不足的监察机关提出了很大的挑战。相反，检察机关在长期职务犯罪侦查活动和刑事审查起诉活动中积累了丰富的办案经验，在提

---

① 何静：《检察介入监察调查：依据探寻与壁垒消解》，《安徽师范大学学报》（人文社会科学版）2020年第6期。
② 李奋飞：《"调查—公诉"模式研究》，《法学杂志》2018年第6期。
③ 卞建林：《配合与制约：监察调查与刑事诉讼的衔接》，《法商研究》2019年第1期。
④ 徐子航：《论监察体制改革下的"监—检"衔接机制的构建》，《牡丹江大学学报》2021年第1期。

前介入时，检察院以专业的视角审视监委的调查取证活动，初步检视案件事实、证据，双方及时沟通，互相协作，在了解案情和证据的同时也协助调查，帮助监察机关确定调查的方向和重点，以提升职务犯罪案件的办理效率，从而节约司法资源。①

### 三 检察机关提前介入的案件范围

监检分工负责的职能设定决定了对于监察调查案件，检察院在提前介入时必须限定介入的案件范围，否则会导致《宪法》和《监察法》设定的互相制约原则无法实现，并且会导致监察调查和审查起诉职能的混淆，使监察机关和检察机关陷入"角色混淆"的尴尬境地。介入范围确定要"立足实践中的办案需要，既要考虑不同地区司法水平的差异，又要尽可能地利于职务犯罪案件的办理"②。因此，下面有必要对介入案件的具体范围展开叙述，具体如下：

第一，必须是职务犯罪案件。

依《监察法》第十一条的规定，可将监察机关的调查权区分为一般职务违法调查和职务犯罪刑事调查，其中前者与检察机关无关，自然涉及不到检察机关的提前介入问题；而后者却由于程序转换等诸多原因与检察机关有着千丝万缕的联系。因此，应该将检察机关提前介入的范围首先限定为监察机关对职务犯罪的调查，但是对于调查案件到底应该定性为职务违法还是职务犯罪，监察机关不能准确界定的，根据监察机关的需要，也可以商请检察机关进行论证、共同商议。

第二，必须是"重大、疑难、复杂"案件。

根据对现行《刑诉规则》第二百五十六条规定的体系性解释，可以看出介入监察机关案件也应像介入普通刑事案件一样限制在重大、疑难、复杂的范围之内。之所以限定在如此范围内，既是因为这类案件调查难度大，基于保障调查规范性，需要检察机关予以协助和配合；同时又是

---

① 武汉市汉阳区检察院课题组：《论监察委员会与检察院职能的衔接》，《湖北警官学院学报》2019年第5期。

② 陈国庆主编：《职务犯罪监察调查与审查起诉衔接工作指引》，中国检察出版社2019年版，第58页。

因为这类案件检察机关在随后的审查起诉过程中对事实和证据的认定和把握难度也大,需要提前介入从而提升审查的有效性。然而,对于究竟何为"重大、疑难、复杂"的具体细化,在当前实践中学界和实务界却无法形成统一性的认识。笔者根据搜寻到的相关资料,发现对其探讨分为两块,一是"重大",二是"疑难、复杂"。有观点对"重大"按涉案金额重大、涉案人员级别较高、涉案行为造成后果较为严重以及涉案行为造成的社会影响较大等四项标准予以确定,对"疑难、复杂"依照事实认定存在困难、法律适用存在困难两项标准进行判断。[①] 但是从另一方面考虑,对这一概括性规定的不同解读却会对提前介入工作的具体开展产生妨碍的消极作用,对这点将在第四部分展开详细论述。

### 四 检察机关提前介入的具体内容

本部分内容在本节第二部分"角色定位"中有些已有所涉及,所以,对之前论述过的,在这里只做简要概括。由于监检两机关在追诉过程中有法定明确的职能分工,依据权力法定原则,实有必要对检察机关的提前介入究竟包含哪些具体内容进一步予以明确,从而在不影响各自独立性的同时充分发挥提前介入的应有价值。

由于监察机关在职务犯罪调查中的相对不成熟性,相较于改革前长期从事职务犯罪侦查活动、掌握国家公诉权的检察机关,其在案件定性、事实认定、证据收集、法律适用等方面存在的短板更加明显。通过在提前介入中借助人民检察院所具备的专业办案实践经验和法律条文适用优势,既利于调查活动的有效进行,又会便利于后续的检察院审查起诉环节。结合前面述及的"公诉准备""调查协助"的角色定位,提前介入的具体内容包括协助监察机关补充、完善与调查相关的必要证据(检察机关同时能够了解案情与证据、确定后续审查起诉的重点和公诉方向、准备审查起诉的证据与材料)、案件定性与罪名确定、留置适用和刑事强制措施衔接。尤其是最后一点留置适用与衔接,因为在前述内容中未涉及,所以在本部分进行重点阐释。

---

① 《监察与司法有效衔接》,中国方正出版社 2020 年版,第 53—56 页。

首先，留置权是《宪法》和《监察法》赋予监察机关的法定职权，由监察机关自主、独立适用。

根据《监察法》第二十二条的规定，监察机关可以对符合一定条件的职务犯罪被调查人适用留置措施。留置是"监察强制措施"①，具有在某种意义上不可替代的特殊作用，是严重职务违法、职务犯罪案件调查活动顺利进行的重要保障。用《监察法》规定的留置手段取代原纪委办案的"两规"措施，"是以法治思维和法治方式反对腐败的重要体现，是反腐败工作的创新发展"②。

其次，因为留置措施高程度的强制性和人身自由的限制性，应当对其规范，并且留置的适用面临着与逮捕措施的衔接问题。

一般认为，就留置的强度和严厉性而言，有点类似于《刑事诉讼法》中规定的逮捕这一刑事强制措施，其适用上应当受到严格的规范。依据《监察法》有关监察程序的规定和刑事诉讼的基本流程，监察机关调查结束后，需要将案件移送检察机关依法审查，并由后者代表国家对被调查人提起公诉。同时《监察法》也规定了检察机关在职务犯罪调查案件移送后符合一定条件时也要适用刑事强制措施，因此就留置措施而言，这里又涉及其与逮捕这一极具限制性的刑事强制措施在程序上的彼此衔接问题。

最后，检察机关的提前介入可以实现留置措施与后续刑事强制措施之间的有效沟通和衔接。

检察机关提前介入监察办案程序，可以凭借自己长期作为刑事案件审查批捕机关与审查起诉主体的职能优势、经验积累，为监察机关适用留置措施和后续措施衔接提供积极有效的建设性意见。提前介入工作中，检察机关指派的检察官对在后续办案环节中有无对被调查人适用刑事强制措施的必要性进行某种先期审查。通过这种提前性的审查，做好案件移送审查起诉后的办案工作准备，从而在某种程度上实现监察环节的留

---

① 熊瑛：《留置概念研究——从留置性质的角度切入》，《法治研究》2021年第1期。
② 张微、郑超峰：《浅析留置与刑事强制措施的衔接转化》，《山西省政法管理干部学院学报》2020年第4期。

置措施与司法环节的刑事强制措施之间的无缝衔接。针对当前有些学者对于提前介入中不能涉及留置这一措施的声音①，需要明确指出的是，基于检察机关的角色定位，这里检察机关只是就适用留置措施发表一些意见，而不是直接介入留置措施的适用。同时，虽然因为监察机关移送案件的主导性，提前介入对于留置措施审查的价值遭到有些学者的质疑②，但是我们必须承认提前介入机制对于留置调查措施与刑事强制措施的衔接具有一定的现实意义。

## 第二节　检察机关提前介入的法理依据

从国家立法的层面上来看，无论是《监察法》还是《刑事诉讼法》，都没有检察机关可以提前介入监察机关职务犯罪调查办案程序的直接规定。虽然缺乏法律层面上的直接规定依据，但是《宪法》和《监察法》对于监检两机关之间的关系做了"互相配合、互相制约"的原则性规定，检察机关提前介入监察案件并未违背监检分工负责原则和监察权独立行使原则。同时最广泛意义上的检察机关提前介入制度源于司法实践中侦办重大疑难复杂刑事案件的需要，提前介入自其源起之初，便注定是一种实践性较之法理性更强的制度。另外，从职务犯罪刑事案件控诉的角度来说，监察机关与检察机关虽然分工不同，但是两者在打击职务犯罪的价值追求上存在一致性。总的来说，虽然对于提前介入这一机制有很多质疑甚至是批判的声音，下一节将详述之，但是检察机关提前介入监察案件还是具备一定的法律、实践和价值上的正当性。

### 一　检察机关提前介入的法律正当性

人民检察院在职务犯罪案件进入监察机关案件审理阶段提前介入监察委员会有关调查和审理程序，虽然在严格意义上的立法中没有直接的

---

① 王玄玮：《监检衔接中检察职责的尺度——刑事诉讼中"制约"与"监督"辨析》，《云南师范大学学报》（哲学社会科学版）2021年第1期。

② 高童非：《监检衔接中先行拘留措施的法教义学反思》，《地方立法研究》2020年第2期。

法律依据，但是在配合与制约的原则性规定，以及随着这一制度在实践中的广泛运用而产生的监检机关各层面的规范性法律文件可为之提供一定的法律正当性。本部分将从以下几个方面分述之：

第一，《宪法》《监察法》的原则性规定和有关法规的具体要求为提前介入制度提供了法律依据。

首先，《宪法》和《监察法》中都有监检办案相互配合、相互制约的原则性规定，同时《监察法》第四条第三款进一步细化，规定了在工作中需要协助时，监察机关可以要求有关机关和单位提供协助。通过这一规定我们可以看出，监察委员会享有要求人民检察院在调查和审理过程中提供意见和建议的权力，同时对于检察机关来说，应邀提前介入重大、疑难、复杂的监察案件是法定必须履行的义务。

其次，各层级有关提前介入规定的相关法规或规范性文件，为提前介入既作出总体规定也谋划具体布局。施行的《刑诉规则》第二百五十六条规定检察院经监察委员会商请，可以开展提前介入工作。此外，各地监检机关在达成合意的基础上，通过会签规范性文件的形式将本行政区域内检察机关的提前介入工作机制化，为两机关在办案中"互相配合、互相制约，实现纪法贯通、法法衔接，建立权威高效的工作机制贡献了检察力量"。

第二，检察机关提前介入监察案件并未违背监察独立性原则。

对于提前介入机制的一个主要质疑是检察机关对于监察调查案件的提前介入会影响监察调查领域公权力一元主体地位，从而产生检察干涉监察独立性的嫌疑。对此我们需要做简要说明：

首先我们要明确的便是提前介入不存在影响监察调查权独立性的可能性。检察机关的提前介入程序是应监察机关的邀请而启动的，同时检察机关能够介入的案件范围、介入中检察机关形成的意见和建议是否被接受、采纳完全取决于监察机关。另外根据角色定位的要求，检察机关在提前介入中发挥的是协助调查和准备公诉的作用，从整个调查过程的全阶段来看，提前介入"本质上是由监察机关主导、检察机关参与的重大案件决策咨询机制"①，其存在丝毫不会违背监察调查独立性的要求。

其次，《监察法》第四条第一款规定，"监察机关独立行使监察权，不受行政机关、社会团体和个人的干涉"。检察机关作为司法机关，从语义上来理解，显然不属于上述可能存在干涉的主体范围。对此，我们是否可以有此种理解，即监察调查的这种独立性并非完全的、彻底的，而是根据介入主体的不同性质存在差异。

第三，检察机关提前介入符合监检双方互相配合尤其是互相制约的要求。

结合第一点论述，监检两机关相互配合与制约的关系应体现在职务犯罪案件办理的全过程，提前介入便是这种配合、制约模式的典型表现。从实际运行机制中我们不难看出，监察权较之检察权甚至是审判权的实际位阶更高，为防止监察权的滥用进而出现所谓的"监察中心主义"，为了保障公民基本权利，无疑在强调配合的同时应该更加强调监察机关与司法机关之间的制约。② 提前介入监察委员会的调查案件，检察机关凭借自身审查起诉形成的专业性优势，就监委提请的有关事项提出针对性的意见和建议。虽然提前介入的这种制约性遭到了不少质疑（主要理由在于因提前介入的启动、范围、意见采纳完全取决于监察机关而使提前介入丧失制约性），但是通过在提前介入过程中监检双方就事实、证据等诸多问题的共同参与、共同讨论，还是能体现一种"对监察机关调查活动的制约"，这会对"调查权的规范运行起到一定意义上的积极效果"③。谈及"制约说"，就不得不说一说"监督说"。有学者观点认为，监检关系应是一种监督模式④而非制约模式或其他，人民检察院依法享有宪法赋予的法律监督权，有权对诉讼活动及诉前法律实施情况进行监督，"应当

---

① 封利强：《检察机关提前介入监察调查之检讨——兼论完善监检衔接机制的另一种思路》，《浙江社会科学》2020年第9期。

② 秦前红：《我国监察机关的宪法定位以国家机关相互间的关系为中心》，《中外法学》2018年第3期。

③ 左卫民、唐清宇：《制约模式：监察机关与检察机关的关系模式思考》，《现代法学》2018年第4期。

④ 谢登科：《论国家监察体制改革下的侦诉关系》，《学习与探索》2018年第1期。

维持检察机关对职务犯罪侦查（调查）实施法律监督的职责和权限"[1]，尽管这种监督在实践中是不充分的。随着职务犯罪侦查权的转隶，强势监察权的出现，让检察机关本已羸弱的法律监督权失去了最强有力的权力支撑。[2] 基于权力需要制衡与监督的理念，为了防范监察权的权力"双刃剑危险，就必须有法律监督权的制衡，让监察权也能在有效监督下奉法行使"[3]，检察机关提前介入监察案件就是监督模式的一种展开。相较之下，著者更支持提前介入的"制约模式"论，这不仅直接来源于互相制约关系的叙明，更是因为著者认为法律监督的主体身份仅是就人民检察院针对诉讼活动的监督而言，应如前所述做一种限缩性理解。

### 二 检察机关提前介入的实践正当性

检察机关的提前介入机制源于监察和司法衔接中的现实需要，在实践中对重大、疑难、复杂的职务犯罪案件办理发挥了积极的推动作用，对监检双方的监察调查和审查起诉都有所助益。监检双方在职务犯罪办理中存在职能的前后衔接，双方各有所长，从实践的角度而言，提前介入是十分必要的，有充分的实践正当性。

第一，提前介入在实践中被各级监检机关广泛运用。

2020年7月21日，最高人民检察院公开发布了第二十批指导性案例，该批指导性案例剑指职务犯罪。在公布的四个案例中，有三个涉及到检察机关的提前介入，而且提前介入在案件办理中都发挥了重要作用，比如在浙江省某县图书馆及赵某、徐某某单位受贿、私分国有资产、贪污一案中检察机关提前介入提出完善证据的建议，为案件准确定性奠定基础。实践中两者之间也已经构建起了顺畅高效的沟通衔接机制，最高检第三检察厅（"职务犯罪检察厅"）厅长王守安表示，该厅对国家监委办理的"中管干部职务犯罪案件均提前介入"。四级人民检察院与同级监察委员会在办案实践中提前介入比例逐步提升，提前介入工作开展状

---

[1] 龙宗智：《监察与司法协调衔接的法规范分析》，《政治与法律》2018年第1期。
[2] 朱孝清：《修改后刑诉法与监察法的衔接》，《法治研究》2019年第1期。
[3] 吕泽华：《我国职务犯罪监察调查工作中的监检关系问题研究》，《安徽大学学报》（哲学社会科学版）2020年第4期。

况良好，形成了反腐败的强大合力。

第二，监检双方办理职务犯罪在职能上相互衔接，提前介入是双方进行衔接协作的必然要求。

"检察机关的基本职能是公诉，检察权在本质上主要表现为公诉权"[①]，刑事案件公诉权由人民检察院独占，因此监察机关的职务犯罪调查行为和检察机关的审查起诉之间具有不可分割的密切关系。两者"不仅存在办案流程上的前后相继，而且在具体内容上也存在着承继关系"[②]。2021年《中共中央关于加强新时代检察机关法律监督工作的意见》突出强调要加强检察机关与监察机关之间的办案衔接和配合制约。健全衔接顺畅、权威高效的工作机制，推动刑事司法与监察调查的办案程序、证据标准衔接。落实检察机关与监察机关办理职务犯罪案件互相配合、互相制约原则，完善监察机关商请检察机关派员提前介入办理职务犯罪案件工作机制等，不断增强依法反腐的合力。重大、疑难、复杂职务犯罪案件不仅增加了监察机关事实调查和证据收集的难度，对检察机关后续审查起诉环节而言也是一个难题。监检两机关在办理过程中所面临的共同现实挑战和需要，是推进这一机制形成和发展的强大动力，这种前后职能的衔接以及反腐目标的一致性，决定了提前介入具有深厚的现实基础。为了顺畅监检程序衔接，形成对职务犯罪行为的有效追诉，检察机关实有必要提前了解案情，另外因重大、疑难、复杂职务犯罪案件与生俱来的调查、起诉困难，需要检察机关提前介入以积极有效的意见和建议实现双赢局面。《监察法实施条例》第二百二十条更进一步明确规定，监察机关一般应当在案件正式移送审查起诉十日前，向拟移送的人民检察院采取书面通知等方式预告移送事宜。监检之间职能前后相继的密切联系要求我们要建立双方沟通协商机制，同为打击职务犯罪的追诉方，监检有效沟通助于加强配合、减少分歧[③]，提前介入便是这一协商机制的

---

[①] 陈卫东：《我国检察权的反思与重构——以公诉权为核心的分析》，《法学研究》2002年第2期。

[②] 《监察与司法有效衔接》，中国方正出版社2020年版，第72页。

[③] 王玄玮：《监检衔接中检察职责的尺度——刑事诉讼中"制约"与"监督"辨析》，《云南师范大学学报》（哲学社会科学版）2021年第1期。

重要内容。

第三，监察调查力量不足，检察机关长期经验积累的办案优势弥补不足的现实需要。

首先，面对腐败高发的现实，监察人员数量相对有限。虽然经过整合后的监察机关人力得到了有效充实，但是监察委员会作为反腐败工作的专责机关，不仅要办理职务犯罪案件，还涉及大量无须进入司法程序的职务违法案件。实现国家监察全覆盖，加上职务犯罪本身的隐蔽性、特殊性，进行调查需要监察机关有大量的人力资源和办案人才储备。而且，从人员构成上来看，监察委员会主要由原纪委、行政监察人员以及原检察机关的转隶人员组成，调查不仅涉及事实和证据，还涉及法律的适用。尤其是从适用法律的角度来说，原纪委和行政监察人员恐怕很难胜任，实际办案更多是以检察机关转隶人员为主，这就进一步加剧人力紧张。其次，监察人员视角存在一定的局限性，导致调查力量的相对薄弱。实践中，经常发现基于长期的办案思维，监察调查案件移送检察机关后，监察机关侧重被调查人有罪、罪重的证据，而怠于移送无罪、罪轻的证据。[1] 基于此，为防止因证据收集不全面而导致不必要的"程序倒流"，需要由具备丰富职务犯罪侦办经验的检察机关提前介入引导，"全面客观地收集被调查人有罪、罪重以及无罪、罪轻的证据"[2]，从而以专业优势弥补监察调查力量的不足。

第四，提前介入缓和了调查和司法程序之间的差距，有助于案件过渡。

依据主流观点，监察机关是政治机关，监察权的运行具有鲜明的政治属性，这一点在前面的部分已有述及，然而有观点认为这种定位不严谨，但同时"也承认监察机关办理职务犯罪案件时更加注重政治效果的发挥"[3]。监检两机关在办理职务犯罪案件上呈现程序上的递进关系，然

---

[1] 蔡健等：《监检衔接语境下检察机关引导取证制度的完善》，《湖北第二师范学院学报》2019年第11期。

[2] 郭竹梅：《完善程序机制 做好提前介入工作》，《检察日报》2020年2月16日第3版。

[3] 陈国庆主编：《职务犯罪监察调查与审查起诉衔接工作指引》，中国检察出版社2019年版，第52页。

监察调查程序和司法程序有明显区别,在监委调查程序中偏重政治效果这是确切无疑的,在政治上具有正当性。但是,监察委员会一旦将所调查的案件移送审查起诉,进入《刑事诉讼法》调整的司法程序,这种意义上,"可能检察人员会更加注重案件法律效果的考量"[1]。至少也是实现"办案政治效果、社会效果和法律效果的有机统一"[2]。通过检察机关的提前介入,可以有效提前拉近监察程序和司法程序的衔接,缓和两者之间的差距,从而实现向法律效果的转变。另外,从实质意义上来讲,监察委员会的调查程序可以视为案件进入刑事诉讼阶段的前置性程序,从大的层面而言,亦属于审前程序。在审前程序中,检察机关掌握主导权,其定位具有"三重属性:一是侦查质量的评价主体;二是司法资源的调控主体,三是诉讼权利的保障主体"[3]。从这个角度来考量,让掌握审前主导权的检察机关提前介入监察案件,有助于更好实现案件由监察程序向司法程序的过渡。

### 三 检察机关提前介入的价值正当性

自党的十八大召开以来,我国反腐败工作持续深入推进,取得重大进展,但是目前的反腐形势依然严峻,"我们必须清醒认识到,腐败和反腐败较量还在激烈进行,并呈现出一些新的阶段性特征,防范形形色色的利益集团成伙作势、'围猎'腐蚀还任重道远,有效应对腐败手段隐形变异、翻新升级还任重道远,彻底铲除腐败滋生土壤、实现海晏河清还任重道远,清理系统性腐败、化解风险隐患还任重道远。我们要保持清醒头脑,永远吹'冲锋号',牢记反腐败永远在路上。只要存在腐败问题产生的土壤和条件,腐败现象就不会根除,我们的反腐败斗争也就不可

---

[1] 唐保银、田春雷:《监察机关职务犯罪调查与检察机关诉讼衔接机制研究》,《经济与社会发展》2020年第1期。

[2] 江苏省淮安市人民检察院课题组:《职务犯罪案件监检互相制约关系初探》,《中国检察官》2019年第11期。

[3] 李奋飞:《论检察机关的审前主导权》,《法学评论》2018年第6期。

能停歇"①。依然严峻的反腐形势]对监检两机关尤其是监察机关职能的有效发挥提出了较高的要求；虽然监察程序不受《刑事诉讼法》的调控，但是保障人权是我国宪法的要求，在监察调查中亦要注重人权保障；同时，监察权较之检察权、审判权更具扩张性、优势性，但是我们必须重申"审判中心主义"的改革要求。下面将详述之。

第一，提前介入有助于畅通监检关系，加强办理职务犯罪案件的协作，是应对当前反腐严峻和复杂形势的最佳选择。

虽然经过长期探索与努力，我国反腐败斗争已经取得了压倒性胜利，但是监检机关必须时刻警惕存量和增量，以各自职能的有效发挥与相互协作推进国家治理体系和能力的现代化。在某种意义上来说，"调查主体与公诉主体同属控诉一方"②，提前介入是人民检察院承担职务犯罪控诉职能的需要，"监察调查应当服务于控诉工作，两机关合力形成大控方的追诉格局"③。据2021年1月17日举行的全国检察长（扩大）会议介绍，"2021年全国检察机关协同完善监察执法与刑事司法衔接机制，起诉职务犯罪1.9万人，同比上升11.2%。"落实工作衔接、提前介入、线索移送等各项制度机制，加强检察与监察机关的配合制约，是国家监察体制改革全面推开后面对新形势新要求，不断切实提高职务犯罪案件办理质效的有力举措。提前介入监察调查是依法反腐的必然要求，也是建立有效监检沟通机制从而应对当前反腐形势的现实需要。

第二，在加强反腐败斗争力度的同时，我们也要注重保障人权，提前介入中检察机关的意见和建议能够对监察机关形成一定的制约。

监察机关调查职务犯罪，因其特殊的政治性固然会偏重案件办理的政治效果，但是同时也必须要注意法律效果的发挥，尽可能做到三效合一。"职务犯罪调查程序的封闭性和秘密性，很容易发生刑讯逼供等违法

---

① 习近平：《在中国共产党第十九届中央纪律检查委员会第六次全体会议上的重要讲话》。中央纪委国家监委网站：https://www.ccdi.gov.cn/specialn/sjj6cqh/toutusjj6cqh/202201/t20220119_165447.html。

② 李奋飞：《职务犯罪调查中的检察引导问题研究》，《比较法研究》2019年第1期。

③ 何静：《检察介入监察调查：依据探寻与壁垒消解》，《安徽师范大学学报》（人文社会科学版）2020年第6期。

取证行为"①,反腐需要以法治为底线,人民检察院在监察体制改革前长期行使职务犯罪侦查权,对于法律的理解与适用程度更高。通过作为诉讼权利保障主体的检察机关的提前介入,在加强同腐败行为斗争的同时,更有助于保障人权这一法治原则的实现与贯彻。正如有学者所言,"在封闭式的调查阶段,更应当保障被调查人的基本诉讼权利,谨防其遭受来自国家的不正当追究"②,提前介入中虽然只能够提出检察机关的意见或建议,但是此种机制通过对调查封闭状态的打破,也会使得监察机关的调查活动一定程度置于检察机关的"有限"制约之下。

第三,在"推进以审判为中心的诉讼制度改革"这一理念指引下,我们要防止出现所谓的"调查中心主义",将审前程序通过检察院的提前介入纳入统一、规范的审判标准之中。

"以审判为中心"的基本含义便是侦查、起诉等审前诉讼程序应当面向审判并服从审判的有关要求,虽然此改革是诉讼制度方面的,从语义上做狭义理解的话与调查程序无干,但是前置程序的定位使得监察委员会的案件调查程序,从价值上来说也应顺应这一改革的基本方向。在处理审判、检察和监察机关的关系时,"仍然需要重申审判中心主义,有关以审判为中心的诉讼制度改革的理念和具体措施,同时可适用于监察机关"③。甚至有学者还提出,"需要构建宪法法律地位和实际地位都高于监察机关的审判机关"④。《监察法》第三十三条关于调查所获取和适用的证据有关要求与标准,正是检察机关提前介入实现审判中心主义的主要方面之一,尤其是对于言词性证据。检察院具有审前主导权,检察机关提前介入可以预先"审查"监察机关获得的证据是否全面、客观、及时,获得途径或方式是否合法,以长期公诉所形成的证据敏感度与高效的法

---

① 谢登科:《监察证据在刑事诉讼中的使用——兼论〈监察法〉第33条的理解与适用》,《中共中央党校学报》2018年第5期。

② 赵晏民、王译:《职务犯罪调查中的律师介入程序初探》,《西安电子科技大学学报》(社会科学版)2019年第1期。

③ 秦前红:《我国监察机关的宪法定位以国家机关相互间的关系为中心》,《中外法学》2018年第3期。

④ 童之伟:《国家监察立法预案仍须着力完善》,《政治与法律》2017年第10期。

律适用度面向审判要求依法审查，从而确保监察机关所取得的证据能够满足刑事审判的要求。此外，还可从通过提前介入强化审前过滤作用、统一证明标准、重申非法证据排除规则等多方面来理解。①

## 第三节　检察机关提前介入的程序流程

为充分发挥此机制的积极作用，防止在实践中出现不规范甚至是滥用的现象，有必要结合有关规定和提前介入具体实践，对检察机关提前介入的通说工作机制流程进行具体说明。同时，本部分与下面的困境与完善部分之间具有紧密地联系。

### 一　检察机关提前介入的启动程序

第一，提前介入启动的主体。

根据《宪法》和《监察法》授权，监察机关掌握职务犯罪调查权，在调查阶段其处于主导地位，而检察机关在这一阶段的提前介入依其角色定位来看仅是作为协助主体的有限参与，主导与协助的不同角色定位是监察机关掌握提前介入启动权的重要依据之一。同时，职务犯罪调查具有不同于一般刑事犯罪的特殊性，比如保密性更加强，加上监察机关对自身办理的案件是否属于重大疑难复杂以及对案件的具体事实更加清楚，这有利于提高提前介入的工作效率和针对性。故综合上述，依现行相关规定和实践，提前介入"一般以监察委员会'书面商请'为前提"②，只有监察机关可作为启动主体。

第二，提前介入启动的方式。

依第一点监察机关作为唯一的启动主体，当监委审理部门办案人员在具体办案过程中发现需要检察机关提前介入以协助调查时，应先根据内部程序规定向上申请，经审批后上报给本级监察机关负责人由

---

① 陈国庆主编：《职务犯罪监察调查与审查起诉衔接工作指引》，中国检察出版社2019年版，第56页。

② 陈国庆：《刑事诉讼法修改与刑事检察工作的新发展》，《国家检察官学院学报》2019年第1期。

其作出决定，并形成提请检察机关提前介入书面通知书，送达检察机关的案件管理部门。在这里，我们需要说明一点，由于监检两机关在案件管辖具体规定上存在差异，最高人民检察院和省级人民检察院介入同级监察机关正在办理的职务犯罪案件，履行审查起诉职责的按规定却通常是设区的市级人民检察院或是相应的基层人民检察院。因此实践中针对此种情况呈现出两种不同的介入形式，一是由上级院负责提供工作指导，由具体承办的下级院主要实际开展提前介入，二是由上级检察院和具体承办的下级检察院两个不同层级的检察机关各自指派检察官共同介入。①

第三，提前介入启动的时间。

为有效发挥提前介入的功能，防止介入过早或过晚而产生的弊端，我们需要把握好提前介入的时间节点。就目前实际情况而言，从法律文本和实践两个层面上都将提前介入机制启动的时间限定在案件进入审理阶段、调查终结移送审查起诉十五日以前。规定此时介入的合理性在于：一是这一阶段调查已经结束，有关事实和证据已经基本明确，监察机关已形成对案件的基本判断，能够避免介入过早从而导致调查思路被检察机关完全影响。同时，这时检察机关介入时的引导取证也会更具针对性，利于其专业优势的有效发挥，提升提前介入工作效率；二是虽然案件进入了审理阶段，但是此时监察机关还依然可以对事实和证据进行补充、完善，检察机关介入过程中产生的意见或建议还是存在发挥实际性作用的空间，因而可以避免介入过晚使提前介入失去实际价值的弊端。至于提前介入是否必然局限在审理阶段，学界和实务界有不同的声音，这一点将在第四节阐述。

第四，提前介入启动的限制。

这里所谈的检察机关提前介入启动的限制指的是，虽然提前介入机制在实践中应用覆盖率高，积极作用得到充分展示与发挥，但是并不是所有的案件都需要监察机关商请检察机关进行提前介入。换言之，提前介入的案件是有范围限定的，具体可参见前述第一节第三部分"案件范

---

① 郭竹梅：《完善程序机制　做好提前介入工作》，《检察日报》2020年2月16日第3版。

围",笔者在此单列一项,以重申其重要性。

## 二 检察机关提前介入的实施程序

对于监察机关而言,提前介入中检察机关主要起的是"协助调查"的作用,虽然相对来说在启动中检察机关更多居于被动的地位,但是这并不意味着对于监察机关送交的提前介入通知书就不能进行任何审查。由于监检管辖原则等方面存在诸多差异,因此形式审查就显得很有必要,接收文书的检察机关案件管理部门对于管辖准确、文书完整的职务犯罪案件,应当及时移送本院公诉部门或者专门负责与监委对接的职务犯罪办案部门。而对于文书不完整的,则需要通知监察机关进行补充完善;对于管辖不准确移送错误的,则退回移送的监察机关。

当检察机关收到提前介入通知书并进行了形式审查后,应当及时依照有关工作程序规定报经本院检察长批准由指派的检察官(办案组)以个人(或者小组)的形式提前介入。检察机关实施提前介入工作,既需要自身优势的有效发挥,更离不开监察机关的积极配合。抛开实际运行中某些监察机关的消极配合意愿不谈,需要明确的是,监察机关需要建立相应的案情披露机制,以让提前介入的检察机关在更充分了解案情的基础上提出更多针对性的意见和建议。

## 三 检察机关提前介入中意见的告知与反馈程序

首先,检察机关提前介入意见告知程序。

负责提前介入重大、疑难、复杂职务犯罪案件的检察官或者检察官办案组,应当在详细记录工作情况、认真分析具体案情、研读相关法律的基础上作出准确判断,形成提前介入针对事实认定、法律适用、证据收集等方面的专业性意见和建议,以本级人民检察院案件承办部门名义形成书面意见,并按照程序在一定期限内反馈给监察机关,必要时经检察长同意后反馈。书面意见根据规范性法律文件要求应当包括具体工作开展的基本情况概述,针对事实、证据和法律适用的有关意见等多方面需要进行阐述的内容。

其次,监察机关对检察机关提前介入中意见的采纳反馈程序。

作为提前介入工作的最终成果，检察机关就监察机关案件办理中存在的问题、困难等所提出的专业性意见和建议，需要监察机关予以重视并进行及时反馈。对于检察机关提前介入最终所形成的建议告知书，监察机关应在坚持自身调查独立性的基础上，结合案件具体情况和自身调查思路、工作思维进行综合分析判断，在辨别的基础上合理吸收，并将是否采纳与采纳理由、采纳后实施情况等及时向检察机关进行反馈。监察机关一定要走完这最后一步，以充分实现监检两机关之间的有效沟通。

## 第四节　检察机关提前介入的困境与程序完善或替代选择

### 一　检察机关提前介入的困境

首先，提前介入机制的法律困境。

在第二节"法律正当性"的相关论述中，我们已指出虽然《宪法》《监察法》的原则性规定和有关法规的具体要求为提前介入制度提供了法律依据，但是我们应当注意到较高位阶法律对检察机关提前介入直接规定的缺失使这一机制处于十分尴尬的境地，实际上阻却了提前介入机制的进一步发展。现有的直接规定要么是监检两机关单独出台的办法，比如《提前介入工作规定》，要么是各级监检机关联合出台、依赖两机关相互协作配合的相关文件，这些检察机关所依据的法律文件不仅位阶低，而且实施中尤其倚重监察机关的配合。

同时，这些法律文件还存在因规定不明确而导致实际操作性不强的问题。最高检出台的专门规范人民检察院提前介入监察案件工作、本身起着指导实践作用的文件，虽然对介入范围和工作方式等有一些具体规定，但是可能导致监检双方不同的解读，使双方很难达成一致，从而最终造成提前介入工作不能有效展开。[①]

---

[①] 蔡健等：《检察机关提前介入职务犯罪案件问题研究》，《汉江师范学院学报》2019年第4期。

其次，提前介入机制的实践困境。

第一，书面阅卷为主，工作方式不完善。

无论是听取、查阅还是提请调看或是所谓的其他必要方式，都只是一种单纯书面的审查方式。由于职务犯罪监察调查过程的封闭性与秘密性，监察机关是唯一的监察调查主体，检察机关这种主体身份的不具备使其不能够采取直接讯问被调查人等更加积极主动的审查方式，提前介入不可避免地存在单纯"书面审查"之嫌。检察机关提前介入环节在目前实务界通说被定性为审查起诉的前置性程序或审查起诉职能的合理延伸，只进行书面审查显然不符合检察机关办理案件的要求。

第二，介入时间实践中实施效果不佳。

某些地方检察机关提前介入的实际时间与最高检规定并不符合，因监察机关商请太晚等原因导致预留时间过短，"介入人员对案件事实、证据情况无法全面掌握，影响提前介入的工作效果"[1]。案件何时进入审理程序完全由监察机关自己来把握，实践中可能出现监察机关审理阶段不足十五天的情形，这就导致该条规定实际上沦为形式上的空谈。

第三，监察机关的配合意愿问题。

纵观数十年的检察机关提前介入公安刑事侦查活动，我们会发现，主要是检察机关在单方面积极推动提前介入程序，公安机关却显得较为冷漠。有学者认为发生这种现象的原因是公安机关会产生担心检察机关打乱侦查步骤的微妙心理变化。[2] 虽然实践中都是监察机关商请检察机关介入，但是监察机关依然会有担心检察机关凭专业优势干扰自身办案的顾虑，可能在当前不太明显，但是当监察机关真正完善起来后这一问题会更加凸显。"互相配合"的关系要求双方都要积极支持对方的工作，实践中存在监察机关对检察机关提前介入所形成的建议由于认识分歧等原因不采纳，等到案件正式进入刑事诉讼阶段后由于前述原因不能顺利通过后续审查起诉环节而引发不必要的"程序倒流"，导致耗费资源，影响

---

[1] 孙长国、张天麟：《程序衔接+实体配合：监察机关与检察机关办案中沟通机制研究——基于M市的实证分析》，《黑龙江省政法管理干部学院学报》2020年第3期。

[2] 崔凯等：《检察机关"介入侦查引导取证"的理论重塑——兼论制度的可行性》，《湘潭大学学报》2017年第2期。

工作效率。

第四，提前介入有"先入为主、联合办案"① 的可能。

由于提前介入中检察机关只是协助调查，其对于案件具体情况和既有证据的把握严重依赖于监察机关的配合，加之书面阅卷为主工作方式的弊端，致使检察机关所获得的有关信息都基本上是片面的，不由让人产生检察机关偏听偏信的顾虑。另外，实践中为提高程序衔接效率，移送后相应的检察机关一般还是交由原先在提前介入过程中参与过本案的检察官负责进行有关审查，虽然规定了此环节的审查起诉检察官应当根据相关材料另行严格依法审查，但是这种"先入为主"判断的风险我们必须要明确指出。同时，实践中某些地方提前介入中监检机关更加强调相互配合，实际上偏重了对被调查人的追诉，这就将被调查人置于更加不利的地位。因为在提前介入中承办检察官已形成对案件的一定认识，甚至监察机关的调查思路和证据收集就是按照检察介入人员的指引进行的，这就产生了"联合办案"的嫌疑，甚至可能会使审查起诉沦为形式。

第五，检察机关被动地位，对监察机关制约性弱。

无论是从提前介入监察案件检察机关的角色定位还是从提前介入启动上而言，我们都应关注到，提前介入中检察机关对监察机关有制约作用，这一点在前面已有过说明，但是我们必须承认这种制约力度较弱。造成这种情况的主要原因便是从提前介入的全过程来看，检察机关基本上是处于被动地位的，这也成为了质疑提前介入功能的一个主要论点。

**二 检察机关提前介入的完善**

根据以上所分析的检察机关提前介入存在的问题，如果想继续充分发挥这一机制的有效作用，顺畅监检衔接，我们就需要针对性地进行提前介入机制的补充与完善。

第一，完善并明确相关法律规范。

---

① 封利强：《检察机关提前介入监察调查之检讨——兼论完善监检衔接机制的另一种思路》，《浙江社会科学》2020年第9期。

欲使检察机关提前介入监察案件机制在监检衔接中发挥更积极的作用，我们首先要解决的便是其直接法律依据问题。鉴于监察机关的特殊地位，单纯依靠低位阶的工作办法等显然不能适应发展趋势，同时考虑到《监察法》刚颁布不久，《刑事诉讼法》也于2018年进行了修改，作为监察程序、刑事诉讼程序直接法律依据的这两门法律在近期内再修改的可能性不大，因此，当下需要由全国人大常委会制定更高层级的有关提前介入的规范文件。等到时机成熟的时候，应在《监察法》和《刑事诉讼法》中明文规定提前介入机制，将这一机制制度化、法律化。同时，应对既有的相关规定进行相应完善，以具体的方法一一列明，而不是简单以"其他"二字概括，以增强文件的实践性、可操作性。

第二，完善工作方式，增强沟通交流。

提前介入工作方式以书面阅卷为主，有其固有的缺陷，需要加以完善。笔者设想，为增强检察机关对于监察调查和审理过程的参与性，完善工作方式，是否可以让检察机关提前介入人员列席监察机关对于重大案件的讨论，直接在讨论中就有关事项发表意见。同时是否可以有限度地让检察介入人员见到被调查人，以了解是否有被非法侵犯权利的行为存在。至于律师介入监察程序一直为学界部分学者所倡导，如果在将来成为现实，那么检察机关提前介入中也需要听取其辩护律师的意见。监检机关之间要通过各种形式建立有效的沟通交流机制，及时进行观点交流与意见反馈，形成制约作用有效发挥基础上的合力协作，如北京市朝阳区检察院提前介入机制依托所形成的反腐败协调小组。

第三，提前介入向监察调查阶段延伸。

主流观点认为，提前介入发生在职务犯罪案件进入调查后的监察审理这一阶段，但实践中存在的问题让我们不得不重新审视这一观点。著者认为，提前介入有必要向监察调查阶段进行合理延伸，当然这种延伸必须是建立在充分尊重监察机关监察调查主导性地位的基础之上。实践中有些检察机关的实际操作中也已存在了这种延伸，例如北京市检察院《关于职务犯罪案件提前介入调查工作的指导意见》中规定，根据办案需要，经协商并经检察长批准，可将提前介入向前合理延伸至调查阶段就开展。① 至于有些学者主张可以继续前延至监察立案环节，对此观点笔者不予支持。

第四，保障介入时间，严守介入限度。

对于案件调查部门所移交的职务犯罪案件，审理部门要严格依据有关规定于移送后续的审查起诉环节前十五日申请相应的人民检察院提前介入，只有这样，检察机关才有足够的时间全面审视监察机关已经取得的相关证据，对有关事项提出更加针对性的意见或建议，因而介入的时间必须得到有效保障。《监察法实施条例》第二百一十二条第二款规定：监察机关案件审理部门负责与人民检察院审查起诉的衔接工作，调查、案件监督管理等部门应当予以协助。由此笔者认为，基于实践中经常留给检察机关提前介入的时间过短的现实情况考虑，在尊重调查独立性、明确自身角色定位的前提下，监委审理部门严格依程序提前申请介入的同时，可"对案件是否进入审理阶段适当放宽，由其内部协商"②。换言之，监察委员会若申请人民检察院提前介入，必须保证充足的时间。上述《监察法实施条例》所规定的监察机关于正式移送起诉前十日向相应的检察机关以书面通知等形式预告移送事宜即是考虑到现实中检察介入时间难以得到有效保障而进行的专门制度设计。为打消监察机关可能的顾虑，增强其配合意愿实现双方的有效沟通，检察机关在介入中须注重保持谦抑性，对监察机关予以充分的尊重，严守基于自身角色定位而产生的限度要求。

第五，增强检察介入人员引导取证等工作能力。

检察人员自身工作能力很大程度上影响着提前介入工作的实施效果，监察机关商请检察机关提前介入一个重要原因就是检察机关对于事实认定、证据收集以及法律适用等更加熟悉，具有专业优势。但实际情况是，有些地方检察院提前介入的公诉部门检察官大多没有过一线的侦查办案经验，其引导取证等工作能力存在不足。因此，有必要采取多种方式增

---

① 马迪、李晓娟：《监察体制改革背景下检察机关开展职务犯罪检察工作的实证研究——以北京市朝阳区人民检察院职务犯罪检察工作为研究对象》，《中国检察官》2018年第9期。

② 蔡健等：《检察机关提前介入职务犯罪案件问题研究》，《汉江师范学院学报》2019年第4期。

强介入人员工作能力尤其是引导取证的能力,比如实践中已有的成立专门对接监察机关的职务犯罪检察部门,同时选派自侦经验丰富的检察官专门办理提前介入,或者由其对参与提前介入工作的公诉部门检察人员定期培训,切实提升其业务能力。

第六,防止角色混淆,协调配合与制约。

在刑事案件的办理过程中,检察机关的审查起诉活动作为一种有效的异体纠错机制,在实践中发挥了保障人权和防止错误追究的积极作用,成为有效追诉链条上不可缺少的一关键环节。然后正如前文所言,提前介入机制实际运行中却有着"先入为主""联合办案"的嫌疑,角色混淆的风险可能性使得提前介入机制为不少人所诟病。

为此,著者认为:首先,参与提前介入的检察官不应当再负责后续的审查起诉环节,虽然这会在一定程度上降低审查起诉的效率,但是两种活动的不同人员配置会使"纠错机制"的作用发挥的更加充分,毕竟基于现实考虑,提前介入的检察官审查起诉时很难突破自身的原有思维,往往会简单以自己在提前介入监察案件过程中已然形成的有关意见,代替后续刑事诉讼程序中审查起诉环节应有的独立性意见。其次,提前介入中检察机关在发挥协助调查的配合作用同时,要协调、平衡好配合与制约二者之间的关系。既不能如实践中那般偏重配合,也不能偏重制约,而应兼而有之。著者甚至认为,就当前而言,可在一定限度范围内更注重制约作用的发挥,凭借检察机关"有限"的提前介入力量保障监察调查的规范性。

第七,建立商请和主动介入相结合,商请为主、主动为辅的启动机制。

将提前介入启动权单方面只赋予监察机关,虽然充分尊重了监察机关职务犯罪调查的主体地位,但是却实际上不可避免地影响了提前介入作用的全面发挥。对于某些确需检察机关提前介入但监察机关不依程序申请的,检察机关亦无可奈何。为此,著者建议,在实践中应建立商请与检察机关主动介入相结合,商请为主、主动为辅的启动机制。一方面,我们需要澄清这一点,即赋予检察机关主动提前介入权并不必然损害监察机关的调查主体地位,因为一方面提前介入的最终成果仍是意见或建议，而不是强制性的命令；另一方面，检察机关主动介入也不是案案均主动，主要是一些检察机关认为确需介入但监察机关未提起的。就目前情况而言，虽然监察机关商请检察机关提前介入的案件覆盖率很高，但赋予检察院主动介入权也是有现实意义的。针对监察机关在调查中采取留置这一严厉性最强措施的案件，可以允许检察机关在具体情形下掌握主动介入权，如"被调查人家属到检察机关反映留置调查中可能存在对被调查人有侵犯合法公民基本权利的行为"①。

### 三 检察机关提前介入的替代选择

检察机关提前介入机制从其产生开始就是基于实践的需要，然而直到现在，依然遭受着来自理论界的诸多批判。为畅通监检衔接，实行检察机关提前介入机制是一种可行的思路，虽然在理论和实践中都出现了一些问题，但是我们可以针对性地进行完善，所以上述第二点笔者即对此进行论述。然而，在某种意义上，笔者认为有些学者所提出的提前介入机制只能作为一种权宜之计的观点有一定的合理性，这一机制并非不可被替代。下面，笔者将简单阐述另一种监检衔接的思路，即在监察机关移送和检察机关审查起诉之间增设检察机关立案程序。

笔者认为，首先我们需要明确的是监察立案不同于刑事立案，更不能取代刑事立案。第一，两者的法律依据不同，涉及《监察法》与《刑事诉讼法》的差异；第二，立案条件不同。《监察法》所规定的条件是"经过初步核实，涉嫌职务违法犯罪，需要追究法律责任"，其结果既可能是违法，也可能是犯罪；《刑事诉讼法》在其第二编第一章规定的立案条件却不同，主要是"发现犯罪事实或犯罪嫌疑人"，指向的只是职务犯罪；第三，性质不同，前者是监察程序的有关规定，后者则属于刑事诉讼程序。除以上三点外在目的等方面依然存在诸多差异，故此，笔者认为"对监察机关移送的案件，不需要检察机关再进行立案"②的观点存在

---

① 李复达、文亚运：《〈国家监察法〉留置措施探讨——以检察机关提前介入为切入点》，《西南石油大学学报》（社会科学版）2018年第2期。

② 中共中央纪律检查委员会、中华人民共和国国家监察委员会法规室编：《〈中华人民共和国监察法〉释义》，中国方正出版社2018年版，第207页。

较大问题,不能以所谓的已有监察立案环节取代具有特殊意义的刑事立案环节。

"立案程序所立之案件乃侦查与审查起诉的对象,没有案件侦查与审查起诉的基础便不存在了"。① 基于以上分析,笔者认为对监委移送起诉的案件,检察机关需要在审查起诉前对属于自身管辖范围内的案件通过刑事立案程序进行相应的转化,从而以此方式实现监检的顺畅衔接。通过增设的检察机关刑事立案程序实现和提前介入机制同样的法律效果,更好实现法律赋予人民检察院应具有的制约功能,实践中北京市检察机关就设立了职务犯罪"审查受案环节,以完成调查程序与刑事诉讼程序、留置措施与刑事强制措施的衔接"②。

## 本章小结

检察机关提前介入监察案件工作机制是在国家监察体制改革的大背景之下,为充分发挥监察和检察两机关在职务犯罪案件办理中的积极作用,实现前后相继的监察调查程序和刑事司法程序之间的有效、顺畅衔接,而在实践层面上结合实际需要作出的探索。在本章的以上论述中,我们在阐明提前介入科学内涵的基础上,明确了检察机关的角色定位、介入范围和内容,同时从法律、实践和价值等三个层面上梳理了提前介入的正当性基础。检察机关提前介入工作的规范化开展,需要遵循一定的流程要求,充分发挥程序规范的应有价值。总的来说,对于提前介入在实践探索中发挥的积极有效作用我们需要充分地予以肯定,但是必须清楚的是,这一工作机制无论是在法理基础还是实践运行方面,都存在值得反思的问题或困境。为针对性解决遇到的这些法律和实践问题,需要在提前介入启动方式、工作方式、介入时间、法规依据等多方面积极努力探索,从而不断完善这一机制。笔者最后想强调的是,提前介入工

---

① 陈卫东:《职务犯罪监察调查程序若干问题研究》,《政治与法律》2018年第1期。
② 马迪、李晓娟:《监察体制改革背景下检察机关开展职务犯罪检察工作的实证研究——以北京市朝阳区人民检察院职务犯罪检察工作为研究对象》,《中国检察官》2018年第9期。

作的开展,既需要检察机关在找准定位的前提下发挥好协助调查、准备公诉的职能,也需要监察机关在不丧失主导地位的基础上予以充分的支持,在相互配合、相互制约的关系下不断拓展新思路,以积极的双向互促共同推进此机制的进一步发展。

# 第五章

# 案件移送起诉机制

"国家监察调查与刑事司法的衔接，实质上就是监察机关与检察机关在案件移送起诉制度过程中的衔接问题，并体现为监察调查工作与刑事司法工作中的互动问题"[1]。《监察法》第四十五条第一款第四项规定：对涉嫌职务犯罪的，经调查认为犯罪事实清楚，证据确实、充分的，应当移送人民检察院依法审查、提起公诉。因此，案件移送起诉机制，既是实现监察调查与刑事审判衔接的关键环节，也是实现《监察法》与《刑事诉讼法》"法法衔接"的重要桥梁。

本章主要对监察机关移送前准备、案件移送与受理、强制措施变更、检察机关审查起诉等方面程序规范进行分析，并探讨当前检察机关案件移送起诉机制中存在的问题及其相应完善对策。

## 第一节 案件移送起诉机制概述

### 一 案件移送起诉的含义

案件移送起诉，是指监察机关根据监督调查结果，认为被调查人涉嫌职务犯罪，且犯罪事实清楚、证据确实充分的，应当将案件移送至人民检察院审查起诉，进入刑事诉讼程序。

首先，案件移送起诉的主体是具有管辖权的监察机关，包括接受指定管辖的监察机关；其次，案件移送起诉的对象是涉嫌职务犯罪的被调

---

[1] 龙宗智：《监察与司法协调衔接的法规范分析》，《政治与法律》2018 年第 1 期。

查人,同时,起诉意见书、案卷材料、证据也应当一并移送至人民检察院;再次,案件移送起诉的前提条件是犯罪事实清楚,证据确实、充分,只有经过监察机关充分调查,区分违纪违法,确认涉嫌职务犯罪的,才应当移送至检察机关;最后,接受移送的主体是具有管辖权的人民检察院。

根据《监察法》及《人民检察院刑事诉讼规则》(以下简称"刑事诉讼规则")规定,监察机关调查终结的案件,应当依法移送至检察机关审查起诉。移送至人民检察院后,检察机关应当依据《刑事诉讼法》的相关规定,审查移送案件的犯罪事实、情节、证据、犯罪性质、罪名等事项是否符合起诉的条件。"检察机关认为符合起诉条件的,应当依法作出起诉决定,提起公诉;认为不符合起诉条件的,可以退回监察机关补充调查或自行补充侦查,同时,也可以依法作出不起诉决定。"[1]

在监察与检察衔接过程中,案件移送起诉是一个重要的标志性节点,因为"只有当监察机关将调查终结的职务犯罪案件移送至检察机关审查起诉开始,监察调查案件才真正'汇入'刑事诉讼程序,适用《刑事诉讼法》的相关规则"[2]。一般来说,案件移送起诉机制包括监察机关移送案件和检察机关审查起诉两个部分,监察机关移送案件包括移送前准备、向检察机关移送案件等工作程序,检察机关审查起诉包括案件受理、审查、强制措施变更、作出决定等工作程序,具体内容在此不再赘述,笔者将在下文详细阐述。

## 二 案件移送起诉的任务和意义

在我国,审查起诉是人民检察院的法定职权之一,是《刑事诉讼法》规定的必经程序,任何违法犯罪都必须经过人民检察院的审查才能依法提起公诉。国家监察体制改革后,由监察机关对职务犯罪案件进行调查,但对于职务犯罪的审查起诉权,仍然由检察机关行使。案件移送起诉的

---

[1] 朱福惠:《论检察机关对监察机关职务犯罪调查的制约》,《法学评论》2018年第3期。

[2] 王玄玮:《监检衔接中检察职责的尺度——刑事诉讼中"制约"与"监督"辨析》,《云南师范大学学报》(哲学社会科学版)2021年第1期。

任务在于,通过享有起诉权的人民检察院依据犯罪事实和法律规定向具有管辖权的人民法院提出请求,并提供相关证据证明,支持其诉讼请求,从而追究涉嫌职务犯罪的被调查人的刑事法律责任。在我国现代监察体制改革中,由监察机关行使职务犯罪调查权并向检察机关移送案件起诉主要具有以下几点意义:

第一,对监察机关调查工作的审查。在监察机关案件移送起诉过程中,人民检察院对监察机关调查阶段查明的犯罪事实和搜集的证据进行全面审查,既是对监察机关调查工作的检查和验收,同时也是对调查工作的深入和发展。

第二,应充分发挥检察机关的主导作用。案件移送起诉机制在职务犯罪案件中处于承上启下的关键位置,一方面需要连接监察机关的调查工作,另一方面需要连接检察机关的审查起诉工作,为移送审判作准备。在我国当前以审判为中心的司法体制改革中,检察机关在公诉案件中必然起到主导作用。因此,赋予检察机关对职务犯罪案件的审查起诉权,有权决定是否提起公诉并对犯罪事实、证据进行审查。同时,"检察机关可以适用非法证据排除规则,体现了'以审判为中心'的证据审查实质化"①。必然能够发挥检察机关的主导作用。

第三,实现监察调查与审查起诉在价值层面的统一。对涉嫌职务犯罪的被调查人,在调查终结完毕后应当移送至检察机关审查起诉。在这一过程中,其证据、目的都是为了提起诉讼追究被告人刑事责任。因此,"监察调查不仅应当符合《监察法》,还应当遵守《刑事诉讼法》的证据规则和价值导向"②。《监察法》第三十三条规定:"监察机关在收集、固定、审查、运用证据时,应当与刑事审判关于证据的要求和标准相一致",其目的就在于使监察调查符合刑事诉讼要求,实现监察调查与刑事诉讼的内在价值相统一。

---

① 刘艳红:《职务犯罪案件非法证据的审查与排除——以〈监察法〉与〈刑事诉讼法〉之衔接为背景》,《法学评论》2019年第1期。

② 朱福惠:《检察机关对监察机关移送起诉案件的合法性审查——〈人民检察院刑事诉讼规则〉解读》,《武汉大学学报》2020年第5期。

## 第二节　案件移送起诉机制的法理分析

### 一　检察职能调整的必然选择

国家监察体制改革是我国全面依法治国的重要内容之一。2016年年底我国开展了国家监察体制的试点活动，2018年年初便全面推进监察体制改革。国家各级监察机关迅速建立起来，人员快速到位，职能也很快明确。尽管国家监察体制改革发展势头良好，理论和实践中仍然还存在很多问题，需要进一步充实和解决。

从职能定位来看，监察机关独有的监察调查职能是具有中国特色的打击腐败方式。监察调查综合了纪检监察、违法犯罪打击等诸多职能，和党内监督互相衔接，形成权威高效的权力制约和国家监督体系。纪检监察机关不仅要查处追究违纪行为，同时还要调查处置违法犯罪行为，承担了原来纪检机关和检察机关的双重职能。监察机关要想实现这两项职能的彻底融合，必须对两项职能进行调整和改变，经历长期的磨合过程。从执法主体来看，新的监察执法队伍由原纪检人员和转来的检察人员组成。原来的纪检人员对于刑事侦查活动较为陌生，原来的检察人员对党纪检查不够熟悉。纪检监察队伍想要充分发挥国家监察的力量，也必须进行学习和磨合。[①]

从与监察机关的衔接来看，检察机关的主要职能与之前存在巨大差别，主要的三大职能之一——职务犯罪的侦查职能绝大部分被转移给监察机关，检察机关为此必须积极作出调整，配合职能的变更。2018年《刑事诉讼法》虽然剥离了检察机关的几乎全部侦查权，但仍然保留了检察机关进行法律监督时的部分侦查权。检察机关法律监督时部分侦查权的保留主要是因为检察机关的法律监督职能依然保留。检察机关作为刑事诉讼的参与主体，在履行法律监督职责的过程中更容易发现司法人员职务犯罪行为，能够更加专业地判断其他司法人员是否侵犯了公民权利、损害了司法公正。保留检察机关部分侦查权是监察全面覆盖的重要补充，

---

[①] 《监察与司法有效衔接》，中国方正出版社2020年版。

同时也是支持检察机关开展同步法律监督的必要手段。职能改变之后，检察机关在处理职务犯罪问题时，需要做好与监察机关的有效衔接。从国家追诉的意义上看，职务犯罪调查、移送审查起诉都是为了确保检察机关的求刑权。国家监察体制改革前，对于职务犯罪行为，检察机关可以同时行使自侦权和公诉权，自侦自诉，在衔接上具有内部性和一体性。国家监察体制改革后，职务犯罪调查和公诉分别由监察机关和检察机关行使，该类案件便和由公安机关侦查的案件一样涉及机关衔接问题。比如检察机关审查逮捕、审查公诉是由同一个内设机构负责还是由不同机构负责，检察机关如何与监察机关对接以及检察机关如何实现对监察权制约等问题。改革前后，检察机关法律监督职能保持不变。检察机关可以通过审查是否可以起诉对监察机关的行为进行审查和过滤，在一定程度上可以规范监察调查行为。所以，检察机关在衔接机制中如何起到监督制约作用，也是国家监察体制改革需要重点关注的问题。

因此，监察机关需要从职能定位和人员调整上进行磨合，检察机关也需要主动适应职能转变。当前属于国家监察体制改革的深化时期，能否实现这一时期的良性过渡，影响国家监察体制改革的质量和反腐败工作的成效，这就需要我们构建合理有效的监察机关与检察机关的衔接机制。

## 二　证据标准一致的必然要求

《监察法》第三十三条[1]规定表明，调查与侦查的目的均为收集、固定和审查、运用证据。从证据标准上看，二者都坚持以审判为中心，与刑事审判关于证据的要求和标准也是一致的。尽管调查比侦查的内涵更为丰富和复杂，但监察调查和刑事侦查活动的功能定位和证据标准是相同的。

然而，在程序规范上监察调查与刑事侦查有所不同。主要体现在：

---

[1] 《中华人民共和国监察法》第三十三条："监察机关依照本法规定收集的物证、书证、证人证言、被调查人供述和辩解、视听资料、电子数据等证据材料，在刑事诉讼中可以作为证据使用。监察机关在收集、固定、审查、运用证据时，应当与刑事审判关于证据的要求和标准相一致。"

第一，法律规范不同。监察活动由《监察法》规范，监察法具备组织法和程序法的双重内容，主要立足于授权，对调查手段的规定较为笼统；刑事侦查主要由《刑事诉讼法》来规制，授权与规制兼顾，在经历多次《刑事诉讼法》的修改后形成了对侦查程序更为精细的设计。第二，启动条件不同。监察调查的启动对象是违法犯罪行为，在被调查人涉嫌违法时就可以启动立案调查，条件较低；刑事侦查仅针对犯罪行为，必须要具备一定的证据后，才能对于涉嫌刑事犯罪的行为进行立案，门槛较高。第三，过滤机制不同。监察调查具有一定的政治色彩，监察调查后，案件有多种处理可能，并不必然进入刑事诉讼程序。只有案件审理部门审理认为涉嫌职务犯罪的，案件才移送检察机关审查起诉，进入刑事诉讼程序的调整范围。而在我国，刑事诉讼程序是从刑事追诉起算的，包括刑事立案、刑事侦查、审查起诉、提起公诉、审判、执行诸环节。刑事侦查指向涉嫌犯罪的行为，必须经刑事立案的审查才能进入侦查程序，其后通过撤销案件、移送审查起诉、审查起诉等程序过滤，决定是否提起国家公诉。

监察调查与刑事侦查在调整规范和程序机制方面的差异，同监察机关收集的证据材料与刑事证据在标准上要求一致性之间存在着一定的张力，是衔接机制必须解决的问题。

### 三 反腐败法治化的价值取向

监察机关和检察机关有着共同的目标引领，所以，监察调查和检察追诉存在有效配合和衔接的可能性与必要性。从微观的目标来看，衔接的目标是监察机关调查的职务犯罪案件能够顺利得到检察机关的认可并提起公诉，打击腐败行为；从宏观的目标来看，应当是双方协作，以法治思维和法治方式反对腐败。

习近平总书记在党的十八届中纪委二次会议上提出，"要善于运用法治思维和法治方式反对腐败，加强反腐败国家立法，加强反腐倡廉党内法规制度建设"。"以法治思维和法治方式反对腐败"是习近平新时代中国特色社会主义思想的重要组成部分，是新时代反腐的战略选择。国家监察体制改革是该战略的先行部分，初衷就是促进反腐败工作法治化。

监察程序与司法程序、党内程序与国家程序相衔接的机制，是由政治反腐到司法反腐的过程。反腐过程应当受到法律规制，实现权力规制和权利保障。

监察机关与检察机关的衔接看似仅仅是程序在衔接，但是衔接中的每一个小问题都反映了背后的价值理念的碰撞。在衔接的节点，每一个选择都体现着是否依法用权、是否遵循程序正义等价值选择。在短期目标——诉讼效率与打击腐败的诱惑下，能否坚持法治，是选择肆意妄为还是规范有序，是基本的理论问题。这些价值理念如果不能达成共识，衔接程序的设计很难协调一致。

### 四 协作配合与规范制约双重功能的实现路径

监察机关和检察机关衔接机制首要的功能是相互配合，主要体现在监察机关和检察机关在相互分工的基础上，配合完成追究刑事责任的任务。检察机关介入案件调查和审查，提出建议；监察机关按照法律规定程序收集、固定证据，将案件相关材料一并移送人民检察院，检察机关专门部门予以对接并对案件材料进行审查。

监察机关和检察机关衔接机制还有规范和制约的功能。我国检察机关拥有公诉机关和诉讼监督机关双重地位。监察机关虽然不同于传统的侦查机关，依据《监察法》等法律及相关的党内法规进行政治监督，对涉嫌职务犯罪的公职人员进行监察调查，《宪法》《监察法》都明确规定监察机关与检察机关相互配合、相互制约，尽管我国目前的法律尚未对检察机关是否有权监督监察机关作出规定，但前述法律关于二者之间相互制约的规定彰显了权力机关之间权力分工与相互制约的现代法治理念，必然意味着在诉讼的程序中，监察机关的权力应当受到检察机关公诉权的制约，同时监察机关也对检察机关的公诉权力形成制约。因此，移送起诉的过程不仅仅是监察调查结束后对涉嫌职务犯罪的监察处理的法定程序，更是监察机关与检察机关在监察调查程序中彼此之间进行相互配合、相互制约关系的体现。

## 第三节　案件移送起诉机制的监察程序规范

在办理公职人员职务违法和职务犯罪案件的具体实践中，监察机关在调查终结时，会同时形成职务违纪和职务违法两份调查报告，并根据不同的监督、调查结果采取不同的处置措施。《监察法》规定，监察机关根据监督、调查结果，依法履行处置职责共有六种方式，但仅有涉嫌职务犯罪事实清楚，证据确实、充分的才需移送至检察机关。在移送之前，监察机关还需完成诸如证据材料清单制作、涉案财务移交、从宽处罚建议等一系列准备工作。

### 一　案件调查终结

对于涉嫌职务违法犯罪的案件，案件调查终结的前提是被调查人涉嫌职务犯罪事实清楚，证据确凿，需要依法追究刑事责任。并非所有涉嫌职务违法犯罪的行为都需要移送至检察机关，而是只有需要追究刑事责任的才需要移送。

对于需要追究刑事责任的职务违法案件，案件调查终结需要达到三个事实条件，即：（1）职务犯罪事实清楚；（2）证据确实、充分；（3）能够对案件作出准确结论。

首先，监察机关应当查清职务犯罪事实，包括犯有何种职务犯罪、犯罪事实及情节轻重。具体应当包括犯罪时间、地点、手段、目的、过程，以及作为量刑情节考虑的被调查人身份、职务、前科情况、认罪态度和是否有从轻、减轻、免除处罚的情节等；

其次，被调查人职务犯罪的证据应当达到确实、充分的程度。《监察法》第四十条规定，职务犯罪案件调查应当收集证据，查明事实，形成证据链，同时，严禁以非法方式收集证据。监察机关进行调查的最终目的是向检察机关移送案件，追究被调查人的刑事责任，实现反腐败职能，因此，监察机关在案件调查时，所取得的证据必须确实、充分并且形成相互印证、完整稳定的证据链，才能经得起检察机关的审查和人民群众的监督。"确实、充分"是指单个证据来源合法、真实、与案件存在关联

（即真实性、合法性、关联性），全案证据之间能够相互印证，能够形成完整的证明体系，足以排除案件中的各种疑点和矛盾，能够确认被调查人的犯罪事实及犯罪情节。

最后，依据犯罪事实及证据，能够对案件作出准确结论。在职务犯罪案件调查终结后，监察机关应当形成调查报告，同时，移送起诉时需出具《起诉意见书》，因此，监察机关在案件调查终结后，应当得出准确结论，能够对被调查人作出是否有罪、犯何种罪的认定，能够提出是否移送起诉、是否提出从宽处罚的意见等。

## 二 案件移送前准备工作

案件移送前准备工作，是指在监察机关调查终结后、案件移送前需要完成的准备工作，主要包括涉嫌职务犯罪的案卷材料装订、监察机关自审、作出党纪、政务处分等。

### （一）监察机关调查部门案卷材料装订

调查报告，是监察机关案件调查部门对职务违纪违法事实进行调查的整体反映，也是监察机关案件审理部门对职务违法案件进行实质性审查、决定是否移送起诉的重要依据。如前文所述，"在监察机关案件终结调查后，会形成职务违纪调查和职务违法调查两份报告"[1]，但需要随案移送的只有关于职务违法的调查报告。调查报告应载明调查情况、犯罪事实、被调查人的态度和认识、涉案款物情况、调查部门意见、法律依据以及是否移送检察机关依法提起公诉等内容。根据《中华人民共和国监察法实施条例》（以下简称《实施条例》）规定，调查报告还应当包括"案件来源、到案经过，自动投案、如实供述、立功等量刑情节，认罪悔罪态度、退赃、避免和减少损害结果发生等方面的情况说明及相关材料"。

《起诉建议书》，是监察机关案件调查部门对涉嫌职务违法犯罪的法律认定，是案件审理部门提出起诉意见的重要参考。《起诉建议书》除了应当载明调查报告的基本情况外，最重要的是要载明案件调查部门提出

---

[1] 李兵、赵艳群：《北京探索执纪执法"一程序两报告"》，《中国纪检监察报》2018年3月25日第2版。

的对被调查人起诉的依据及理由,建议起诉的罪名,以及是否应当采取强制措施等建议。《实施条例》规定,《起诉建议书》应当载明被调查人基本情况,调查简况,认罪认罚情况,采取留置措施的时间,涉嫌职务犯罪事实以及证据,对被调查人从重、从轻、减轻或者免除处罚等情节,提出对被调查人移送起诉的理由和法律依据,采取强制措施的建议,并注明移送案卷数及涉案财物等内容。

案件移送起诉的目的,是使监察机关调查的职务违法犯罪行为进入刑事诉讼程序,使被调查人依法被追究刑事责任。因此,监察机关应当在区分涉嫌职务违纪和涉嫌职务违法犯罪事实的基础上,按照《刑事诉讼法》的要求将被调查人涉嫌职务违法犯罪的全部案卷材料装订成卷,为了避免程序回流和重复调查,应当将案卷材料分别组卷。根据规定,案卷材料一般应包括全部证据、法律手续和文书等材料,主要有:证据材料。包括主体身份材料,被调查人陈述,证人证言及其他证据材料等。法律手续和文书。包括立案决定书、留置决定书、留置通知书、查封、扣押、限制出境等相关文书。被调查人到案经过等材料。

(二)监察机关案件审理室"自审"

在监察机关调查部门调查终结并完成案卷材料装订后,并非直接将涉嫌职务犯罪案件移送至检察机关,而是需要先由监察机关案件审理部门进行审查后符合移送起诉条件的再进行移送。其理由在于:"人民检察院对移送起诉案件的合法性审查主要是审查案件证据、事实和材料是否符合《刑事诉讼法》的要求"[1],因此,在调查终结后,应当由案件审理部门对案卷材料进行全面"自审",符合刑事诉讼要求后再移送至检察机关。

案件审理室收到调查部门移送的报告及全部案卷材料后,经审查符合条件的,应当按程序报批后受理;经审核不符合要求的,按程序报批后,可暂缓受理或不予受理,并通知调查部门及时补充、更正。根据《实施条例》的规定,案件审理部门对拟移送起诉的案件审理主要包括:材料是否

---

[1] 朱福惠:《检察机关对监察机关移送起诉案件的合法性审查——〈人民检察院刑事诉讼规则〉解读》,《武汉大学学报》2020年第5期。

齐全、手续是否完备、是否符合职务犯罪案件立案要求、是否在调查报告中单独表述已查明的涉嫌犯罪问题，是否形成《起诉建议书》。

受理案件后，应当成立由二人以上组成的审理组对案卷材料进行审查，按照事实清楚、证据充分、定性无误、手续完整、程序合法的要求，提出审理意见。同时，可以与被调查人进行谈话，核实违纪和违法犯罪事实，听取陈述，了解有关情况。《实施条例》规定，具有下列情形之一的，一般应当与被调查人谈话：（1）对被调查人采取留置措施，拟移送起诉的；（2）可能存在以非法方法收集证据情形的；（3）被调查人对涉嫌违法犯罪事实材料签署不同意见或者拒不签署意见的；（4）被调查人要求向案件审理人员当面陈述的；（5）其他有必要与被调查人进行谈话的情形。同时，与被调查人谈话时，案件审理人员不得少于二人，可见《实施条例》在被调查人合法权利的保障方面具有明显的进步，更加符合现代监察调查的内涵精神。

"自审"过程中，如果在犯罪事实及证据方面存在问题的，按程序报批后，由案件审理室退回调查部门重新调查。对基本事实清楚，但需要补充证据的，按程序报批后由案件审理室退回补充调查。从《实施条例》来看，重新调查的情形为主要违法犯罪事实不清、证据不足；退回补充调查的情形为：（1）部分事实不清、证据不足的；（2）遗漏违法犯罪事实的；（3）其他需要进一步查清案件事实的情形。重新调查或者补充调查结束后，调查部门应及时将补证情况报告及相关材料移送案件审理室。符合条件、案件审理部门决定移送起诉的，应当及时将案件移交至监督管理部门。

（三）移送前的其他准备工作

在案件移送起诉之前，监察机关应当对被调查人作出相应的处分决定。若被调查人是人大代表，需要终止其资格的，应当提请有关机关终止。对其他职务违法的公职人员需要进行处分的，可以参照相关规定进行处分。对违法的公职人员依法需要给予政务处分的，应当根据情节轻重作出警告、记过、记大过、降级、撤职、开除的政务处分决定，制作政务处分决定书，并一个月以内送达被处分人和被处分人所在机关、单位，并依法履行宣布、书面告知程序。

若被调查人已经被采取留置措施的,在正式移送起诉前监察机关应当提前以书面的方式告知检察机关相关的移送事宜。书面通知内容一般应当包括拟正式移送起诉的事件、移送起诉案件的简要案情、被调查人的基本情况、是否采取留置措施及留置措施的地点、建议采取强制措施的情况等。

### 三 向检察机关移送案件

向检察机关移送案件,是指监察机关在调查终结、"自审"符合移送案件要求、完成案件移送前各项准备工作后,正式向检察机关移送案件的过程,在这一过程中,监察机关的主要工作包括:移送被调查人、全部案卷材料、涉案财物,以及提出从宽处罚的建议等。

(一)移送被调查人

被调查人应当由监察机关调查部门负责移送。已采取留置措施的,检察机关应当先行拘留,留置措施自动解除。先行拘留后,检察机关应当在十日内作出决定是否逮捕、取保候审或者监视居住。对于未采取留置措施的,检察机关可以在受理后依照相关规则采取强制措施。《刑事诉讼规则》明确了被调查人被先行拘留后,留置措施自动解除,而不必另行办理解除手续,"既提高了移送起诉的工作效率,又避免了占用监察机关的法定留置期间或者检察机关的法定审查起诉期间的问题,能够更加有效地实现法法衔接"[1]。同时,《实施条例》还规定了对于已采取留置措施的案件,发现被调查人因身体等原因存在不适宜羁押等可能影响刑事强制措施执行情形的,应当通报人民检察院。

(二)移送案卷材料

监察机关决定移送案件的,应当在正式移送当天一并移送各项案卷材料、文书,包括:移送函、《起诉意见书》、全部案卷材料等。

移送函由监察机关案件监督管理室出具。

---

[1] 付威杰:《如何理解关于纪检监察机关对涉嫌职务犯罪案件移送审查起诉,移送后对审查调查部门的工作要求,以及审理工作完成后对其他问题线索处置的规定?》,《中国纪检监察》2019年第5期。

全部案卷材料的主要内容为前文"案卷材料装订"部分所述的：(1) 证据材料；(2) 法律手续和文书；(3) 被调查人到案经过等材料。

（三）移送涉案财物

《监察法》第四十六条规定，案件移送起诉时，应当将涉案的财物一并移送至检察机关，其目的是保证检察机关能够顺利开展审查起诉工作。对涉案财务进行移送前，应当提前与检察机关就移送范围、运送方式、保管条件等沟通联系，以便检察机关接收涉案财物。对于一并移送的涉案财物，监察机关应当进行相应登记。监检双方办理交接手续时，应当对涉案财物进行核查，确保与相对应的犯罪事实正确无误。对于涉案财物的移送，《实施条例》第二百零八条作出了详细的规定："对查封、扣押、冻结的涉嫌职务犯罪所得财物及孳息应当妥善保管，并制作《移送司法机关涉案财物清单》随案移送人民检察院。对作为证据使用的实物应当随案移送；对不宜移送的，应当将清单、照片和其他证明文件随案移送。"

（四）提出从宽处罚建议

《监察法》第三十一条规定，被调查人主动认罪认罚且且符合从宽处罚情形的，可以在案件移送审查起诉时向检察机关提出从宽处罚建议，符合从宽处罚的情形包括：(1) 自动投案；(2) 积极配合调查工作；(3) 积极退赃；(4) 具有重大立功等情形。对于从宽处罚建议的提出，应当结合被调查人案发前的一贯表现、违法犯罪行为的情节、后果和影响等因素，经监察机关综合研判和集体审议，并报上一级监察机关批准。

提出从宽处罚建议的目的在于：一方面，鼓励被调查人积极配合监察机关调查工作，节省资源，提高监察调查的工作效率；另一方面，由于职务犯罪案件被调查人身份具有特殊性，具有较强的政治性，认罪认罚从宽有助于被调查人改过自新，能够体现我国反腐败工作"惩前毖后、治病救人"的精神。

## 第四节 案件移送起诉的检察程序规范

在案件移送起诉制度中，检察机关的主要职责包括：对监察机关移送案件的受理、强制措施的变更、移送案件的审查、决定起诉或不起诉、退回补充调查及其他法律规定的检察机关职责。

**一 移送案件的受理**

移送案件的受理,是指检察机关案件管理部门在接收监察机关移送的案件后,经过初步的程序性审查移送案件是否具备受理条件并作出相应的处理。检察机关对于移送起诉案件的受理,作为监察调查程序与司法程序衔接的直接纽带,其重要性不言自明。

1. 移送起诉案件的受理部门。根据《刑事诉讼规则》的规定,移送起诉、提请没收违法所得、对不起诉决定提请复议的案件,由检察机关负责案件管理的部门统一受理。因此,移送起诉案件的受理部门是各级人民检察院的案件管理部门。由统一的案件管理部门与监察机关对接案件移送起诉工作,有利于检察机关提高工作效率,节约司法成本。相比之下,监察机关则需要由案件监督管理室出具移送函和《起诉意见书》、由案件调查部门负责移送被调查人及其他材料等,同一案件移送起诉需要不同的监察机关工作部门同时与检察机关对接,带来了一定的繁琐和不便,衔接改进亟待思考。

2. 案件受理的审查内容。对于监察机关移送的案件,检察机关案件管理部门接收案卷材料后应当立即审查下列内容:(1)是否属于本院管辖;(2)案卷材料是否齐备、规范;(3)移送的涉案财物与移送清单是否相符;(4)被调查人采取强制措施的情况。

3. 案件受理的审查结果。案件受理后,检察机关负责案件管理的部门应当根据对接收的案卷材料的不同审查结果作出不同的处理决定:(1)经审查,具备受理条件的,应当及时登记,并立即将相关材料移送办案部门;(2)经审查,认为案卷材料不符合规定的,应当及时要求监察机关补送相关材料或重新装订后移送。(3)经审查,认为不属于本院管辖的,由案件管理部门移送有管辖权的人民检察院。

一般认为,在案件受理过程中,只对监察机关移送的案件材料是否符合受理的相关规定要求进行审查;对于证据、材料合法性等全面实质性审查,则是在受理后的审查起诉阶段进行。

## 二　强制措施的变更

强制措施的变更，是指在案件受理后，检察机关根据调查阶段采取留置措施情况的不同，对被调查人采取相应的强制措施。

为贯彻落实党的十九大精神，《监察法》用留置措施取代"两规"措施，并对留置措施与强制措施之间的程序衔接作了严格的规定，使我国反腐败工作进一步在法治的轨道上开展。留置措施和强制措施在适用的阶段、目的、方式等方面各有不同，在案件移送起诉过程中，监察机关的留置措施如何转化为检察机关的强制措施，是监察调查与刑事诉讼相互衔接的重要环节。

《刑事诉讼规则》第一百四十二条对已采取留置措施的案件作出了规定[1]，根据此条规定：1. 人民检察院作出先行拘留的条件为监察机关移送起诉的案件已采取留置措施；2. 先行拘留的执行机关为公安机关；3. 先行拘留执行后，留置措施自动解除，无须再办理解除手续。同时，第一百四十三条还规定了："人民检察院应当在执行拘留后十日以内，作出是否逮捕、取保候审或者监视居住的决定。"

对于未采取留置措施的案件，检察机关可以在审查起诉过程中依据案件的具体情况，按照《刑事诉讼规则》的相关规定决定是否采取逮捕、取保候审或者监视居住措施。在办理职务犯罪案件的实践中，未采取留置措施的往往是监察机关根据案件的实际情况认为一般不具有留置的必要性或不满足留置的条件。因此，"进入刑事诉讼程序后，通常也不具备羁押的必要性，检察机关一般无需采取强制措施"[2]。在审查起诉过程中，若检察机关根据案件情况认为有采取强制措施必要性的，也可以采取相应的强制措施。

在变更强制措施时，检察机关应当充分衡量羁押的必要性，同时，

---

[1] 《人民检察院刑事诉讼规则》第一百四十二条："对于监察机关移送起诉的已采取留置措施的案件，人民检察院应当在受理案件后，及时对犯罪嫌疑人作出拘留决定，交公安机关执行。执行拘留后，留置措施自动解除。"

[2] 郭竹梅：《完善监察机关移送案件强制措施衔接机制》，《检察日报》2020年1月20日第3版。

应当听取监察机关意见，并向监察机关反馈执行后相关情况。除此之外，检察机关还应当在采取强制措施后及时告知犯罪嫌疑人的家属，并告知犯罪嫌疑人相应的权利。

### 三 移送案件的审查

移送案件的审查，是指检察机关依法对监察机关移送起诉的案件进行审查，审查内容包括调查机关认定的犯罪事实、犯罪证据以及所适用的法律等，该审查以合法性为主进行全面审查，并依据审查结果作出起诉决定或不起诉决定。监察机关在监察调查阶段中取得的有关证据，可以在刑事诉讼中使用，但其合法性应当受到检察机关进行审查。"检察机关对于监察调查证据的合法性审查主要以监察机关所取得证据的证据资格、取证规范、适用非法证据排除规则为主要内容"[1]。

对于监察机关移送案件的审查起诉，审查的方法主要包括：审阅案卷材料、讯问被调查人以及听取其辩护人的意见。案卷材料既是检察机关受理移送起诉案件后接触的第一手材料，也是记载案件事实和证据的直接载体，因此，对于监察机关移送案件的审查起诉，主要以审阅案卷材料为主。

审查起诉的内容主要围绕监察证据、案件事实和案件材料三个方面，具体内容可参考《刑事诉讼规则》第三百三十条。"对此三方面的审查充分体现了检察机关对认定事实的准确性、证据的真实性与合法性、案件材料的规范性的关切，其基本内核是监察调查认定的事实和收集的证据是否符合《刑事诉讼法》的要求与标准，以此来决定是否提起公诉、是否退回补充调查、是否要求补充相关材料"[2]。

检察机关审查起诉除了审阅案件材料外，《刑事诉讼法》《刑事诉讼规则》还规定了应当讯问犯罪嫌疑人、听取辩护人意见。《刑事诉讼法》第170条规定及《刑事诉讼规则》第三百三十一条规定均规定了检察机

---

[1] 方明：《职务犯罪监察调查与刑事诉讼的衔接》，《法学杂志》2019年第4期。
[2] 朱福惠：《检察机关对监察机关移送起诉案件的合法性审查——〈人民检察院刑事诉讼规则〉解读》，《武汉大学学报》2020年第5期。

关在审查起诉时，应当讯问犯罪嫌疑人，并听取辩护人意见。在《实施条例》中，还规定了检察机关可以在审查起诉中以书面的形式向监察机关提出以下要求：（1）认为可能存在以非法方法收集证据情形，要求监察机关对证据收集的合法性作出说明或者提供相关证明材料的；（2）排除非法证据后，要求监察机关另行指派调查人员重新取证的；（3）对物证、书证、视听资料、电子数据及勘验检查、辨认、调查实验等笔录存在疑问，要求调查人员提供获取、制作的有关情况的；（4）要求监察机关对案件中某些专门性问题进行鉴定，或者对勘验检查进行复验、复查的；（5）认为主要犯罪事实已经查清，仍有部分证据需要补充完善，要求监察机关补充提供证据的；（6）人民检察院依法提出的其他工作要求。

检察机关对于移送起诉案件的审查，主要体现在对案件事实的真实性和证据的合法性上，其目的主要在于保证移送的职务犯罪案件符合《刑事诉讼法》的要求和标准，强化监察证据刑事化，保证犯罪嫌疑人能够被依法追究刑事责任。

### 四　决定起诉或不起诉

决定起诉或不起诉，是指人民检察院对移送的案件进行全面的实质性审查后，依据审查结果，依法作出起诉或不起诉决定，是检察机关的法定职权。国家监察体制改革以来，在职务犯罪案件移送起诉的办案实践中，检察机关往往作出的是起诉决定，而作出不起诉决定的概率往往较低，从而忽略了不起诉决定的重要性。不起诉决定，是使无罪的犯罪嫌疑人免受错误追究刑事责任的重要制度保障，也是我国宽严相济刑事诉讼制度的重要制度设计。

决定起诉，是指依据审查结果，应当依法追究刑事责任的，检察机关代表国家将犯罪嫌疑人提交人民法院，要求人民法院通过刑事审判追究其刑事责任。根《监察法》第四十七条规定："人民检察院经审查，认为犯罪事实已经查清，证据确实、充分，依法应当追究刑事责任的，应当作出起诉决定。"检察机关在审查移送起诉的案件后，满足下列条件的应当作出起诉决定：（1）犯罪事实已经查清；（2）证据确实、充分；（3）依法应当追究刑事责任。

决定不起诉,是指依据审查结果,认为不符合起诉条件或无起诉必要性的,可以经上级检察机关批准依法作出不起诉决定。《监察法》第四十七条规定,符合不起诉情形的,经上级检察机关批准,可以作出不起诉决定。不起诉决定要报上级检察机关批准,其原因在于职务犯罪案件性质特殊,作出不起诉决定应当谨慎。根据我国《刑事诉讼法》规定,不起诉分为法定不起诉和酌定不起诉。具体不起诉的情形可参考《刑事诉讼法》第十六条的规定。

监察机关认为不起诉决定错误的,可以向检察机关负责案件管理的部门提请复议。值得注意的是,在办理职务犯罪案件实践中,检察机关拟作出不起诉决定前,应当主动与移送案件的监察机关或上一级监察机关进行沟通,征求其意见,确保职务犯罪案件顺利办理。

### 五 退回补充调查或自行补充侦查

退回补充调查或自行补充侦查,是指检察机关在进行全面审查后,认为犯罪事实不清、证据不足、需要补充核实的,将案件退回监察机关补充调查;必要时,可以由检察机关自行补充侦查。在实践中,退回监察机关补充调查与检察机关自行补充侦查是有先后顺序的,在国家反腐败和监察体制改革的大背景下,职务犯罪案件具有政治性强、敏感度高的特点。因此,检察机关认为需要重新查明案件事实、补充证据的,一般应当先退回监察机关进行补充调查,必要时再由检察机关自行补充侦查[①]。

(一)退回补充调查

2019年12月,《刑事诉讼规则》在修订时对检察机关退回补充调查时需要出具的文书、强制措施的衔接、自行补充侦查的情形等作出规定,但并未规定应当退回补充调查的情形。一般认为,补充调查适用于下列情形:(1)主要犯罪事实不清楚的;(2)证据不足、存在非法证据的;(3)存在漏罪、漏犯的。在《监察法》及《刑事诉讼规则》中,仅对退

---

① 中共中央纪律检查委员会、中华人民共和国国家监察委员会法规室编:《〈中华人民共和国监察法〉释义》,中国方正出版社2018年版,第40页。

回补充调查作了概括性规定，并未明确规定监察机关应当如何进行补充调查，《实施条例》的详细规定弥补了这一空白，对于检察机关退回补充调查的案件，监察机关应当作出下列处理：（1）认定犯罪事实的证据不够充分的，应当在补充证据后，制作补充调查报告书，连同相关材料一并移送人民检察院审查，对无法补充完善的证据，应当作出书面情况说明，并加盖监察机关或者承办部门公章；（2）在补充调查中发现新的同案犯或者增加、变更犯罪事实，需要追究刑事责任的，应当重新提出处理意见，移送人民检察院审查；（3）犯罪事实的认定出现重大变化，认为不应当追究被调查人刑事责任的，应当重新提出处理意见，将处理结果书面通知人民检察院并说明理由；（4）认为移送起诉的犯罪事实清楚，证据确实、充分的，应当说明理由，移送人民检察院依法审查。

需要退回补充调查的案件，检察机关应当出具补充调查决定书、补充调查提纲，写明补充调查的事项、理由、调查方向、需补充收集的证据及其证明作用等，连同案卷材料一并送交监察机关；犯罪嫌疑人已被采取强制措施的，应当将退回补充调查情况书面通知强制措施执行机关。监察机关需要讯问的，人民检察院应当予以配合。

（二）自行补充侦查

一般而言，检察机关认为案件事实、证据需要补充核实的，应当先退回监察机关补充调查，只有在自行补充侦查更为适宜时，才可以依法自行开展侦查工作。2020年3月27日，最高人民检察院联合公安部印发了《关于加强和规范补充侦查工作的指导意见》，其中，第十一条对可以由检察机关自行补充侦查的情形作出了详细的规定。

检察机关自行补充侦查时，应当注意与监察机关之间的相互配合，听取监察机关意见，并将相关证据材料入卷，同时抄送监察机关。

## 六 检察机关其他职责

（一）没收违法所得

党的十九大报告指出，贪污腐败是当前社会中人民群众最痛恨的，如果职务犯罪被调查人的违法所得不被没收，会严重影响到人民群众对反腐败工作的评价以及党和国家的形象，因此，《监察法》特别规定了被调查人逃匿、死亡案件的违法所得没收程序，保障国家利益受到的损失尽量减少。

《监察法》第四十八条对没收违法所得程序作出了明确的规定。由该规定可知，没收违法所得程序的前提是涉嫌贪污职务犯罪案件中被调查人逃匿或者死亡；没收违法所得的启动程序为由监察机关提请检察机关依照法定程序审查，检察机关审查后向人民法院提出申请。监察机关在移送没收违法所得意见书之前，应当与人民检察院、人民法院协商相关事宜。

（二）相关权利的保障

在办理职务犯罪案件的过程中，人权保障是重要的一个方面，因此，《刑事诉讼法》和《刑事诉讼规则》均规定了对犯罪嫌疑人的权利保障。检察机关自收到移送起诉的案件材料之日起三日内，应当及时告知犯罪嫌疑人有权委托辩护人；对已经采取留置措施的，应当在执行拘留时告知。检察机关应当在执行拘留、逮捕后二十四小时内，通知犯罪嫌疑人的家属。检察机关在办理审查起诉案件时应当讯问犯罪嫌疑人，同时，听取辩护人、受害人及其诉讼代理人的意见。

（三）对人大代表的强制措施

在职务违法犯罪案件中，往往会遇到犯罪嫌疑人是人大代表的情形，由于人大代表身份特殊，政治性较强，因此决定对人大代表采取强制措施的，应当先报请相关的人大主席团或常务委员许可。《刑事诉讼规则》第一百四十八条对在不同情形下对人大代表采取强制措施时的程序作出了详细的规定。

（四）职务违法犯罪线索移送

《监察法》第三十四条规定了检察机关在审查起诉工作中发现违法犯罪线索时应当移送至监察机关。规定犯罪线索移送制度，有利于监察机关及时发现职务违法犯罪行为，发挥相互协同配合的积极作用，确保能够及时查处各种职务违法犯罪行为[1]。由于监察机关是调查职务违法犯罪

---

[1] 中共中央纪律检查委员会、中华人民共和国国家监察委员会法规室编：《〈中华人民共和国监察法〉释义》，中国方正出版社2018年版，第30页。

行为的法定机关，因此，检察机关如果在审查起诉过程中发现其他职务违法犯罪线索的，应当及时移送至监察机关，并且应当以监察机关监察调查为主，积极予以协助。

## 第五节　案件移送起诉中的认罪认罚制度与从宽处罚建议

对于职务违法犯罪案件，对认罪认罚的被调查人出具从宽处罚建议有助于鼓励被调查人改过自新、功过相抵，积极配合监察调查工作，同时，也有助于监察机关顺利开展职务违法犯罪调查工作，节省监察调查的运行成本，提高监察机关反腐败的工作效率。

### 一　认罪认罚制度

认罪认罚制度，是指被调查人或犯罪嫌疑人自愿供述或承认自己的犯罪事实，认可自己的犯罪性质，并表示愿意接受相应刑事处罚，从而获取从宽处理的制度。认罪认罚制度既存在于监察机关案件移送起诉程序中，也存在于刑事诉讼程序中，但是二者并不完全相同，"一方面，二者在使用的前提方面具有迥异行，另一方面，在监察调查程序中适用认罪认罚从宽制度，除了进行认罪认罚外，还需具备《监察法》规定的四种情形之一"[1]。根据《监察法》的规定，适用认罪认罚从宽制度的，除了主动认罪认罚外，还应当具备下列四个条件：（1）自动投案；（2）积极配合调查工作；（3）积极退赃；（4）具有重大立功表现等。

认罪认罚表现为被调查人主动如实供述自己的犯罪事实，对自己的犯罪行为表示悔过，但在这一过程中，应当保护被调查人正当的辩解权利，同时，对于确实无法正确陈述部分犯罪情节的，也不能否认其认罪认罚的表现。同理，如果被调查人心存侥幸，有所隐瞒的，也不能将其认定为认罪认罚。对于自动投案、积极配合调查工作、积极退赃、具有

---

[1] 林艺芳、张云霄：《监察法与刑事诉讼法衔接视角下认罪认罚从宽的制度整合》，《甘肃社会科学》2020年第2期。

重大立功表现四种条件，《实施条例》第二百一十四条、第二百一十五条、第二百一十六条、第二百一十七条对其各种情形都作出了详细的规定，进一步完善了职务犯罪案件调查中的从宽处罚建议制度。

值得一提的是，在监察机关移送起诉之前的认罪认罚，仅指对监察调查阶段认定的犯罪事实及犯罪性质进行认罪认罚，至于后续刑事诉讼审查起诉阶段由检察机关认定的犯罪性质、可能接受的刑事诉讼处置是否认罪认罚，仍有待商榷。

**二 从宽处罚建议**

在国家监察体制改革的背景下，监察机关依法提出监察建议是践行监察权的重要体现。在案件移送起诉机制中，监察机关使用的监察建议主要是依据《监察法》第三十一条提出的从宽处罚建议。

首先，从宽处罚建议的提出，其前提是被调查人主动认罪认罚，且具有上述四种情形之一。与《刑事诉讼法》中的认罪认罚不同，监察调查中的从宽处罚建议除了认罪认罚外，还需要自动投案、积极配合调查工作、积极退赃、具有重大立功表现四种情形之一，其原因在于，职务违法犯罪案件政治性强、敏感度高，反腐败工作受到全国人民的关注，积极配合调查工作、退赃有利于监察机关开展工作，提高反腐败效率，同时，还能减少国家、集体和公民的合法权益。

其次，监察机关提出从宽处罚建议的，需要通过集体研究讨论，并报上级批准。监察机关拟对被调查人提出从宽处罚建议的，应当以法律为依据，以事实为准绳，结合被调查人的犯罪事实、犯罪情节、犯罪性质和认罪认罚表现综合作出从宽处罚建议。这是为了确保从宽处罚建议准确无误，符合案件事实，同时减小受到外界机关和个人影响的可能性，防止从宽处罚建议被随意滥用。

最后，监察机关提出从宽处罚建议的，应当在向检察机关移送案件的时候同时移送。从宽处罚建议，包括从轻、减轻和免除处罚。监察机关提出的从宽处罚建议，检察机关应当认真审查和考虑，无正当理由的，应当采纳从宽处罚建议，并将采纳建议的情况通报给监察机关。根据

《监察法》第六十二条的规定，无正当理由拒不采纳监察建议的，有关单位及人员应当依法承担责任。

## 第六节　案件移送起诉机制的完善

"深化国家监察体制改革，是推进国家治理体系和治理能力现代化的一项重要内容"[①]。监察体制改革后，监察调查对象实现对所有行使公权力公职人员范围全覆盖，监察机关完成监察调查后，应当移送至人民检察院审查起诉，由此引出了在办理职务犯罪案件中监察机关如何与检察机关做好衔接工作的问题[②]。

2018年，第十三届全国人大通过了《监察法》，标志着我国监察体制改革步入了全新的时代，随后，《衔接办法》《刑事诉讼规则》等相继出台，进一步完善了我国的监察体制。尽管如此，在办理职务犯罪案件的过程中，"监—检"衔接仍然存在一定的问题，主要集中体现在案件移送起诉机制的各个方面。

### 一　监察机关衔接部门的完善

探索内部机构改革、创新组织制度，是监察体制机制改革的重要方面。"建立权责明晰、运转高效的组织制度和工作机制，是强化监察机关内部监督，促进监察机关依法履行职责的重要途径"[③]。

监察机关内部主要部门包括：

1. 案件调查部门。主要负责对职务违反犯罪案件事实进行调查、收集证据、留置被调查人、将案卷材料装订成卷、根据调查结果形成调查报告、制作《起诉建议书》和移送审理的请示。除此之外，还要负责向检察机关移送决定移送起诉案件的被调查人、全部案卷材料、涉案款

---

① 习近平：《在新的起点上深化国家监察体制改革》，《求是》2019年第5期。
② 林淼、金琳：《检察机关办理监察委移送案件难点问题探究——以检察机关与监察委办案衔接为视角》，《时代法学》2020年第5期。
③ 陈国庆主编：《职务犯罪监察调查与审查起诉衔接工作指引》，中国检察出版社2019年版，第72页。

物等。

2. 案件审理部门。主要负责审理案件调查部门移送的报告及全部案卷材料，成立2人以上组成的审理组后全面审查案卷材料，提出审理意见。审理工作结束后，形成审理报告及《起诉意见书》。

3. 案件监督管理部门。主要负责在案件审理部门审理完成后，出具移送函，并将《起诉意见书》一并移送至最高人民检察院。

由上述各部门职责可得知，在案件移送起诉机制中，与检察机关负责案件管理的部门进行衔接工作的监察机关部门主要为案件监督管理部门及案件调查部门，在衔接工作中，案件监督管理部门负责出具移送函及移送《起诉意见书》，案件调查部门负责移送被调查人、案卷材料、涉案财物等。这就导致了一个问题：在案件移送起诉机制的衔接过程中，检察机关的案件管理部门需要同时与监察机关的两个部门进行对接。在办理职务犯罪案件实务中，常常会出现各个部门就不同事项分别对接检察机关，导致案件移交不够顺畅的情况。特别是在监察机关案件监督管理部门与调查部门沟通不充分或者意见不统一的情况下，可能出现两个部门各自移交甚至不同时移交的情况，这种衔接机制必然会为检察机关受理移送起诉的职务犯罪案件带来一定的繁琐性和不必要性，同时在一定意义上也不利于司法运行成本的节约。

因此，为了进一步完善职务违法犯罪案件的移送起诉机制，保障移送程序的顺畅进行，可以考虑调整移送案件阶段监察机关各内部机构的职能，以案件监督管理部门为统一出口，统一向检察机关出具移送函、移送《起诉意见书》、被调查人、全部案卷材料、涉案款物等，以此提高移送起诉过程中监察机关与检察机关衔接的流畅性，进一步提高职务违法犯罪案件的办理效率。

## 二 检察机关合法性审查的完善

监察机关在监察调查完成后，应当将职务犯罪案件移送至检察机关审查起诉，因此，"监察调查在符合《监察法》规定的同时，还须符合《刑事诉讼法》相关的规定，这是因为所有的刑事案件都应当适用《刑事诉讼法》的规定，具有唯一性，职务犯罪案件也同样应当适用"①。

《刑事诉讼规则》第二百五十六条规定，检察机关可以对侦查活动合法性进行监督，那么，监察调查活动是否等同于侦查活动，可以直接进行合法性审查呢？著者认为，监察调查活动不属于刑事侦查活动，其原因在于"监察调查活动是党和国家对公职人员履行职务全覆盖监督的特别形式"②，具有较强的政治性，因此不适合直接对监察机关调查活动进行合法性审查。虽然检察机关不能直接审查监察机关调查活动的合法性，但是可以对移送起诉案件的证据进行合法性审查。

总的来说，在检察机关不能直接审查监察调查活动的前提下，可以通过以下途径进行合法性审查：

1. 审查证据的合法性、客观性、真实性。如上文所述，监察机关的监察调查活动必须同时符合《监察法》和《刑事诉讼法》的规定。对于监察机关所取得的证据，应当依法进行非法证据排除。在保证了监察机关取得证据合法性的前提下，还应当对证据的证明标准进行审查，全面审查监察调查证据的客观性、真实性。这是实现对监察调查进行监督制的重要方式。

2. 审查案卷材料的规范性和完整性。案卷材料具有规范性和完整性，是监察机关移送案件的基本要求，也是案件合法性、客观性、真实性的直接体现。在检察机关审查起诉过程，对移送起诉案件的审查方式主要是以审阅案卷材料为主。因此，检察机关还应当对案卷材料的规范性和完整性进行审查，以此保证移送起诉的案件符合刑事诉讼的要求和标准。

3. 对非法取证行为进行调查核实。检察机关认为存在非法取证行为的，除了审阅案卷材料外，还可以通过沟通协商，要求监察机关对取证行为的合法性作出说明。

正确理解合法性审查对监察调查权的制约具有重要意义，虽然检察机关不能直接对监察调查活动进行合法性审查，但是可以通过对监察调

---

① 朱福惠：《检察机关对监察机关移送起诉案件的合法性审查——〈人民检察院刑事诉讼规则〉解读》，《武汉大学学报》2020年第5期。

② 徐汉明、赵清：《检察机关对职务犯罪案件依法审查的三个运行向度》，《中南民族大学学报》2021年第1期。

查取得的证据进行合法性审查，间接实现对监察调查的合法性审查，进一步促进监察调查活动的规范性和合法性，使职务违法犯罪案件移送起诉顺利进入刑事诉讼程序。

### 三 决定不起诉制度的完善

正如前文所述，检察机关对职务违法犯罪案件依法审查后，应当根据审查结果决定起诉或不起诉，这是检察机关审查起诉的法定职权，也是对监察机关进行制约监督的重要方式。然而，在实践中对移送的职务违法犯罪案件依法审查起诉后决定不起诉的概率比例过低，不起诉制度的意义并未在案件移送起诉机制中得到体现。

著者认为，导致决定不起诉案件比例过低，无法充分发挥其价值的原因主要有以下几点：

1. 一直以来在检察机关审查起诉的实践中，"可诉可不诉的以诉为原则"的传统观念导致检察机关在审查监察机关移送起诉的案件时忽略了决定不起诉权的重要性。

2. 当前大部分检察机关仍在盲目追求起诉率，对于监察机关移送的案件即使存在可以不起诉的情形，检察机关为了追求起诉率也不愿意在审查起诉阶段作出终局性处理决定，决定不起诉该案件。

3. 在国家监察体制改革和高压反腐的社会背景下，职务违法犯罪案件具有较强的政治属性，容易受到来自社会舆论及其他机关的压力，这也导致检察机关在审查起诉时不敢轻易决定不起诉。

4. "监察机关相较于其他国家机关性质特殊，是一种特殊的政治机关，监察权也是一种特殊的权力"[①]。《监察法》第十五条的规定，监察机关依法对所有公职人员行使监察权，这其中就包括了检察机关。因此，检察机关工作人员也处于监察范围内，使得检察机关相较于监察机关较为弱势，这也是检察机关甚少决定不起诉的原因之一。

综上所述，导致检察机关对决定不起诉权轻视的原因是多方面的，

---

[①] 董斌、林小龙：《对监察机关移送案件适用不起诉的问题与对策分析》，《中国检察官》2020年第19期。

因此，在办理职务违法犯罪案件的移送起诉过程中，有必要对决定不起诉制度加以完善。一方面，要转变检察机关观念，树立正确的决定不起诉观念，将传统的"可诉可不诉的以诉为原则"转变为"可诉可不诉的以不诉为原则"，解放检察思想。另一方面，要完善监督体系，既要防止检察机关过分追求起诉率而忽视不起诉权，又要防止滥用不起诉权，以免不起诉程序成为犯罪嫌疑人的脱罪工具。

### 四　认罪认罚从宽制度的完善

2014年10月，党的十八届四中全会对刑事诉讼领域进行了重大改革，其中一项措施就是认罪认罚从宽制度；2016年11月16日，《认罪认罚从宽试点办法》颁布，以规范性文件的形式率先确立认罪认罚从宽制度；2018年3月，第十三届全国人大通过了《监察法》，其中第三十一条规定与《试点办法》作了衔接。由此可见，监察机关的从宽处罚建议与认罪认罚从宽制度具有密切的联系。

如上文所述，认罪认罚从宽既存在于监察机关的监察调查过程中，也存在于审查起诉过程中，但二者并不完全相同，因此，这也导致了在职务违法犯罪案件移送起诉过程中，监察调查的从宽处罚建议与审查起诉的认罪认罚从宽存在一定的问题。结合我国监察体制改革的监察实践来看，主要有以下几方面问题：

1. 监察机关的从宽处罚建议在审查起诉过程中的适用方式不明确。在实践中，对于监察机关的从宽处罚建议主要有两种适用方式，一是直接适用，即直接将监察机关出具的从宽处罚建议和认罪认罚材料在提起公诉时转交给人民法院；二是转化适用，即"检察机关收到从宽处罚建议后并不直接适用，而是重新以刑事诉讼的方式再次对认罪认罚从宽进行适用"[1]。这样的后果就是对于监察机关的从宽处罚建议没有统一的适用方式，若采用直接适用，则监察机关的从宽处罚建议就跨越到了审判阶段，在审查起诉阶段出现了断裂；若采用转化适用，但二者认罪认罚

---

[1] 林艺芳、张云霄：《监察法与刑事诉讼法衔接视角下认罪认罚从宽的制度整合》，《甘肃社会科学》2020年第2期。

从宽的标准并不相同（监察机关从宽处罚建议除认罪认罚外还需要满足其他四项条件之一）。

2. 监察机关的从宽处罚建议法律效力不明确。"监察机关向检察机关出具从宽处罚建议时，往往采用'函'的形式"[1]。监察机关出具从宽处罚建议时，需要经过上级监察机关批准，这使得从宽处罚建议无形之中带有了上级监察机关的意志。因此，"检察机关在处理从宽处罚建议时往往谨慎处理，从而出现了直接适用的情形，由此导致了监察机关从宽处罚建议的效力超越了监察调查，延伸至刑事诉讼程序"[2]。除此之外，当监察机关与检察机关的认定意见发生冲突时如何处理也尚未明确。

3. 监察机关认罪认罚从宽中的律师辩护权有待完善。《刑事诉讼法》第一百七十四条规定，犯罪嫌疑人自愿认罪认罚的，应当有辩护律师在场。认罪认罚从宽制度会事关犯罪嫌疑人的切身利益，因此，必须通过律师辩护权保护其人权，"辩护律师应参与控辩协商的过程"[3]。然而，监察调查中，《监察法》并未规定被调查人享有律师辩护权，其认罪认罚的真实性、自愿性存在一定风险。因此，对于监察机关监察调查中的认罪认罚从宽，被调查人的律师辩护权也有待完善。

针对上述问题，笔者认为可以考虑以下几种完善路径：

1. 明确监察机关从宽处罚建议的法律效力。在公安机关侦查案件过程中，对于认罪认罚的犯罪嫌疑人并不能直接提出从宽处罚建议，而是只能将认罪认罚情况记录在案，但由于职务违法犯罪案件较为特殊，政治色彩厚重，因此笔者认为，首先，在作出从宽处罚建议时，应当将被调查人的认罪认罚情况如实记录，一并移送；其次，在提出从宽处罚建议时，只能提出概括性建议，即从轻、减轻、免除处罚意见，因为从学理上来说定罪量刑建议属于检察机关职责，因此，监察机关应当提出概括性建议，具体的定罪量刑建议由检察机关结合监察机关记录的认罪认

---

[1] 詹建红：《认罪认罚从宽制度在职务犯罪案件中的适用困境及其化解》，《四川大学学报》2019年第2期。

[2] 詹建红：《认罪认罚从宽制度在职务犯罪案件中的适用困境及其化解》，《四川大学学报》2019年第2期。

[3] 陈瑞华：《认罪认罚从宽制度的若干争议问题》，《中国法学》2017年第1期。

罚情况酌情处理。

2. 完善监察调查认罪认罚从宽中的制度规定。现行的《监察法》仅规定了认罪认罚从宽的条件，而对于其程序、结果、权利保障等均未规定。尽管《实施条例》对监察机关从宽处罚建议中的自动投案、积极配合调查工作、积极退赃、具有重大立功表现的情形作出了明确且详细的规定，并补充规定了即使不符合《监察法》规定中的提出从宽处罚建议条件时也应当将被调查人的自愿认罪认罚情况记录在《起诉意见书》中，但对于监察机关从宽处罚建议的适用、效力等仍未明确说明。因此，在后续的监察体制改革中，应当更进一步完善监察调查中认罪认罚从宽制度的相关规定，如统一从宽处罚建议的使用方式、明确从宽处罚建议适用或不适用的后果、完善被调查人在认罪认罚时的权利保障等。

## 本章小结

《刑事诉讼法》的修订和《刑事诉讼规则》的颁布，进一步完善了以案件移送起诉机制为核心的"法法衔接"，标志着我国反腐败法治体系建设和职务违法犯罪案件办理能力进入了新的阶段。案件移送起诉机制，作为"法法衔接"的核心环节，上承监察机关监察调查活动，下启检察机关审查起诉活动，是使监察调查顺利进入刑事诉讼程序的重要保障。

本章主要介绍了案件移送起诉机制的法理背景，以及监察机关和检察机关的主要职责。同时，在反思总结当前案件移送起诉机制存在的问题后，提出了相对应的完善路径。如何进一步完善案件移送起诉机制过程中"法法衔接"的规范性和可操作性仍然是一项艰巨的任务。但是，随着我国监察体制改革、反腐败法治体系建设和社会主义现代化法治国家建设的不断推进，案件移送起诉机制终将会日臻完善，成为一项成熟的制度。

# 第 六 章

# 调查措施与刑事强制措施的衔接机制

我国监察体制改革后,监察机关就职务犯罪等案件有权采取调查措施,案件经移送进入司法程序之后,检察机关有权对犯罪嫌疑人采取受《刑事诉讼法》规制的刑事强制措施,就调查措施与刑事强制措施而言,二者在适用的目的、阶段以及路径等方面都存在较大的差异。在调查措施中,留置措施是其中最为重要的一种,监察机关在调查案件中,对被调查人或采取留置措施,或不采取留置措施,相应的案件在进入司法程序后,衔接机制也存在区别。案件在移送至检察机关后,检察机关须对案件审查并决定采取刑事强制措施。在特定情况下,案件存在进入退回补充调查程序的可能,此时监察机关再次介入案件调查,强制措施的变更及衔接问题则需谨慎对待;案件在进入自行补充侦查程序后,强制措施的变更问题亦应受到重视。因此,在监察程序与刑事司法程序的衔接中,厘清监察调查措施与刑事强制措施的衔接问题,是监察有效衔接司法的重要环节。

## 第一节 调查措施与刑事强制措施概述

### 一 调查措施与刑事强制措施的内涵分析

(一)调查措施的内涵

为了保障对涉嫌违反党纪、政纪及职务违法犯罪的被调查人的调查活动的顺利进行，监察机关有权依据《监察法》等相关法律对前述案件进行调查。我国监察机关根据《监察法》的规定所能采取的调查措施包括谈话、讯问、询问、留置、查询、冻结、搜查、调取、查封、扣押、勘验检查、鉴定、技术调查、通缉、限制出境，即"12＋3"项措施。

从调查措施的起源分析，在监察体制改革之前，上述部分调查措施由行政监察部门、纪检部门实施，检察机关办理职务犯罪案件依据《刑事诉讼法》的规定采取的是刑事侦查措施。这些措施与改革后监察机关行使的调查措施存在一定的联系及区别。其中纪检部门的初核及审查措施体现在监察机关的调查措施中为谈话、查询、冻结、调取、技术调查、限制出境；监察体制改革前的检察机关办理职务犯罪案件的侦查措施在监委的监察调查中的体现则为讯问、询问、留置、冻结、查封、扣押、搜查、勘验检查、鉴定、技术侦查、通缉、限制出境。"这些均说明监察机关采取的调查措施与刑事侦查措施之间的联系密切"[①]。

从调查措施的性质分析，勘验、检查、鉴定属于一般调查权，这几项措施未影响到被调查人的人身自由，仅针对案情的事实情况；搜查、查封、扣押及技术性调查属于强制性的调查权，涉及被调查人的财产权及隐私权；通缉、限制出境及留置属于剥夺人身自由的调查权，关涉对被调查人人身自由的限制。

通过法律规定监察机关有权对被调查人采取调查措施，保障监察机关有充足的权力对职务犯罪案件进行调查，确保相关案件得到有效依法处理。本节主要针对限制人身自由的留置措施与刑事强制措施如逮捕等进行比较分析，探讨其不同的内涵，探寻调查措施与强制措施实现有效衔接的法律路径。

（二）具有强制限制人身自由属性的调查措施——留置措施的内涵

留置是《监察法》规定监察机关有权实施的一种调查措施，学界普遍认为其是对"双规"措施的取代。在监察体制改革的过程中，对留置内涵和性质的认定一直有多种意见。作为监察体制改革的试点地区之一

---

[①] 杨宇冠：《监察法与刑事诉讼法衔接问题研究》，中国政法大学出版社2018年版，第81页。

北京,其《北京市调查措施适用规范》对留置的概念表述为:"为了避免涉嫌职务犯罪的人员采取一定行为妨碍调查措施,监察机关工作人员有权将被调查人员带到相应的地点,并调查案件涉及的情况。"① 尽管在其他部门法律体系中也有关于"留置"或"留置权"的规定,但在《监察法》颁布之后,对监察留置措施有了明确规定,同时,国家监察委员会通过颁布监察规章等方式,对留置措施的适用进行了细化,确保留置措施的适用权在法治的轨道上运行。

从留置措施的法律规范上进行分析,《监察法》在第二十二条、第四十三条、第四十四条分别从留置措施的适用条件、适用程序、工作要求上作出了明确规定。在适用条件上,《监察法》第二十二条规定涉嫌职务违法犯罪的被调查人,在存在涉及案情重大、复杂的;可能逃跑、自杀的;可能串供或者伪造、隐匿、毁灭证据的;可能有其他妨碍调查行为的情形之一时,经监察机关依法审批,可以将其留置在特定场所。就留置场所的设置及管理,《监察法》没有明确规定,仅规定按照国家相关规定执行。在适用程序上,采取留置措施的决定为集体研究作出;在采取留置措施后,应当经实施机关的上级机关批准;省级监察机关采取留置措施,无须批准,但需向国家监察委员会备案;通过留置,监察机关对被调查人进行隔离审查,限制其人身自由;在留置期限上,留置最长时间不得超过六个月,经上级监察机关批准,才能申请延长留置时间;监察机关采取留置措施需要公安机关的协助,这也是《监察法》与执法部门相互配合原则的体现。在工作要求上,监察机关在采取留置措施后,正常情况下,应当在二十四小时内通知被留置人员的家属;被留置人员的安全由监察机关负责;如被留置人员在刑事诉讼程序中被判处刑罚,留置的期限与拘役、有期徒刑折抵一致,为管制的两倍。

《监察法》将具有剥夺人身自由性质的留置措施与讯问、询问等取证措施统一归为监委的调查措施,但是《监察法》对留置场所仅规定为"特定地点",未明确具体场所,对适用留置措施采取内部审批的模式,

---

① 马密:《留置与刑事强制措施的兼容》,《大连海事大学学报》(社会科学版)2018 年第 3 期。

程序规范仍有待进一步明确。

就留置的目的来看，留置措施的适用是为了防止被调查人可能存在逃跑、串供或者自杀，以及出现对证据调查进行妨碍等情况，及时采取留置措施才能约束被调查人，推进调查的程序并提高效率。因此，不能出现"一留了之""留而不查"等情形，这样才能保证"双规"被留置替代后，该措施的合法化和规范化。

从留置措施的性质分析，基于留置措施对人身自由具有严厉的限制性，可视其为一种最严厉强制性的调查措施，因此有必要将留置措施与刑事强制措施予以区分。将留置措施与刑事强制措施进行比较，第一，留置措施由《监察法》规范，刑事强制措施由《刑事诉讼法》规范，二者法律依据不同。第二，留置措施与刑事强制措施的实施主体不同，犯罪嫌疑人或者被调查人被限制人身自由的场所不同。第三，刑事强制措施是为了保障犯罪嫌疑人及时到案，推动诉讼程序的开展；而留置并不是程序性措施，属于对案情的调查方式，被调查人在被留置的过程中，相关调查取证工作一般同时进行。第四，在犯罪嫌疑人或者被调查人的权利保障上，二者存在差异。如在诉讼权利上，二者享有的权利有所不同，律师会见权的适用具有差异性。根据《刑事诉讼法》的规定，需要通过侦查机关的允许，嫌疑人才能够会见律师的犯罪类型为恐怖主义犯罪和国家安全犯罪，而其他类型案件的犯罪嫌疑人均可会见律师。除此之外，按照《刑事诉讼法》的规定，自犯罪嫌疑人被采取刑事强制措施时起，其有权获得律师的帮助，可以说律师的帮助贯穿于刑事诉讼程序的始终。但是在存在留置措施的案件中，在被监察机关留置期间，《监察法》未规定被留置人有权获得律师的帮助。因此从这一角度看，在权利保障上，留置措施的权利保障程度是低于刑事强制措施的。

（三）刑事强制措施的内涵

就刑事强制措施的法定分类，我国《刑事诉讼法》规定了如下五种刑事强制措施：拘留、逮捕、拘传、监视居住与取保候审。刑事诉讼中的强制性措施包括两个方面，首先是对犯罪嫌疑人人身自由的暂时性限制，其次是对其财产的限制措施。我国在刑事诉讼中使用了强制措施的概念，在实践中强制措施针对的对象仅限于限制人身自由。即便是犯罪嫌疑人和被告人也不是都必须逮捕和拘留的，只是对其中有逮捕、拘留必要的才采取限制人身自由的强制措施。

设置刑事强制措施的目的在于通过对犯罪嫌疑人的人身自由进行限制，保证其及时到案，进而确保证据的收集以及保全程序的顺利进行，提高刑事诉讼程序的稳定性、保障刑事诉讼的顺利进行。同时需要注意，刑事诉讼中的强制措施既不是刑罚处罚，也不是行政措施，采取强制措施本身不说明对象有罪，被采取强制措施的对象应当与已被判决有罪的人区分开来。刑事强制措施是在刑事诉讼程序中适用于特定对象的暂时性、预防性措施，能够防止犯罪嫌疑人、被告人逃避侦查、起诉和审判，防止继续发生社会危险和人身危险，因此需要切实保障犯罪嫌疑人的人身权利和其他合法利益，在采取刑事强制措施的同时，需要考虑犯罪嫌疑人、被告人的个人情况，如身体健康状况等，以确定是否对其采取刑事强制措施及采取何种刑事强制措施。

## 二 侦办职务犯罪案件——从刑事侦查到监察调查

根据《监察法》的规定，监察机关有权就其管辖的案件采取调查措施，包括对职务犯罪行为的调查。在监察机关调查完毕后，根据调查的结果采取不同的处理方式，涉嫌职务犯罪应该移送检察机关审查起诉的，一般应该根据法律的规定程序进行移送。监察机关的对涉嫌职务犯罪的监察调查权其来源是在监察体制改革前，由检察机关对职务犯罪采取的侦查措施权。随着"监察调查"概念的提出，为配合监察机关调查相关案件，避免监察调查与刑事侦查之间出现重合或者冲突，《刑事诉讼法》也对"侦查"进行了修改。

1979年出台的《刑事诉讼法》将"侦查"表述为"公安机关、人民检察院在办理案件的过程中，依照法律规定进行的专门的调查工作和有关的强制性措施"。该规定在后续对《刑事诉讼法》的修改中均无变动，而在监察体制改革后却进行了修改，说明其是为配合监察调查的引入所进行的调整。

就办理职务犯罪案件而言，监察体制改革将调查与侦查区别开来，由于监委并非司法机关，尽管执行《监察法》，但总体而言是较为特殊的政治机关。"监察调查不是侦查"的基调在监察体制改革伊始就已确定。通过引入"调查"的概念,一定程度上回避了《刑事诉讼法》对调查措施的规制,调查活动只能通过《监察法》予以规范。"因为调查权为监察机关专属行使,司法机关或其他国家机关均无法对调查活动进行常规的审查和监督,所以调查活动成为监察机关在办理职务违法犯罪案件中特定的办案方式。"①

在这种思想的指导下,如果不将监察调查与刑事侦查区别开来,那么就有可能出现根据《刑事诉讼法》规制监察调查的情况。在《刑事诉讼法》修改之前,刑事侦查涵盖了对案件的调查部分,在2018年的修订之后,《刑事诉讼法》对"侦查"的表述为"公安机关、人民检察院等机关对于刑事案件,依照法律进行的收集证据、查明案情的工作和有关的强制性措施。"与修改前相比,"侦查"的定义有如下变化。第一,在侦查的主体方面,之前的主体后加了"等"的表述。第二,就侦查适用的范围,由"案件"明确到"刑事案件"。第三,将"专门调查工作"修改为"收集证据、查明案情"。新的表述最重要的一点是彻底抹除了"侦查"定义中对"调查"这一术语的使用,从法律文本层面将调查与侦查相剥离。然而,侦查本就是一种广义上的调查活动,并且是一种特殊的调查活动,其由专门机关实施,有国家强制力做后盾,"其源于调查又严于调查"②。

就调查权与侦查权的属性而言,将刑事诉讼程序中的侦查活动与一般国家机关的调查活动相比,二者最大的区别就是侦查机关能够在侦查活动中采取强制性措施。但是根据《监察法》的规定,监察机关在调查工作中采取的调查措施中包括留置等具有强制性的措施,这些措施与侦查措施中的强制性措施均具有强制性。

从具体的程序上看,在监察体制改革之前,从刑事案件的办理流程观察,被告人接受审判之前应当经过侦查、起诉,这也是刑事诉讼程序的一般状态。我国在进行监察体制改革后,相关案件亦需要调查程序,

---

① 杜磊:《监察自治理论及其适用界限研究》,《政法学刊》2019年第3期。
② 卞建林:《监察机关办案程序初探》,《法律科学》2017年第6期。

之后才能移送至检察机关审查起诉。但是监察调查不属于刑事诉讼程序，监察机关在将案件移送至检察机关后，在满足起诉的情形时，犯罪嫌疑人经过审查起诉即进入审判阶段。因此在职务犯罪案件的办理中，可以将监察调查视为刑事侦查程序的替代程序。

综上所述，在职务犯罪案件查办方面，"侦查手段被监察调查所替代，监察机关的作用替代了检察机关。"[①] 但是将监察调查等同于刑事侦查并不可取，最根本的原因在于监察调查并不受《刑事诉讼法》的规制，其与刑事侦查在主体、适用等方面都受不同部门法的规制。同时，将"调查"作为上位概念用于定义"侦查"并无不妥之处，是符合逻辑的。将调查与侦查一分为二的做法是现实中办理职务犯罪案件的需要，这在理论上也留下了探讨的空间。

### 小　结

就职务犯罪案件而言，其在审判之前的程序需要经过监察机关的调查程序，这与侦查机关对普通犯罪行使侦查权所发挥的作用在实质上是相同的，其均为通过相应的强制性措施去查明、收集犯罪嫌疑人或者被调查人实施犯罪的行为以及相关证据，从而实现查明案件真实情况的目的。基于刑事侦查措施与监察调查措施均具有相同的调查目的性以及强制性，这也就表明监察调查在一定程度上具有刑事侦查的性质，所以监察机关在采取调查措施的过程中，与侦查机关采取侦查措施所遵循的原则是类似的。但是需要表明的是，职务犯罪嫌疑人不是监察机关进行调查活动的唯一对象，监察机关与侦查机关的性质不同，不能将监察调查与刑事侦查等同看待。

## 第二节　留置措施与刑事强制措施的衔接机制

监察机关通过留置措施保障其对职务犯罪案件的调查顺利进行，这

---

[①] 杨宇冠、高童非：《职务犯罪调查人员出庭问题探讨》，《社会科学论坛》2018年第6期。

是我国监察体制改革及监察制度的重要内容之一，该强制性措施在形式以及性质上均具有特殊性。在党的十九大报告中，有关留置的概念被表述为：我国通过《监察法》赋予了监察机关相应权限以及调查方式，将传统的"两规"由留置替代。这种替代改变了传统"两规"无法律依据的局面，使留置措施的适用具有合法性。留置措施与刑事强制措施的衔接问题，是被调查人强制性措施变更问题的集中体现，也是案件由监察程序进入刑事司法程序的首要转换环节。在留置案件与未留置案件中，二者进入司法程序后的衔接机制存在区别。留置措施能够在较长一段时间内限制被调查人的人身自由，其严厉性与逮捕类似，因此被留置对象的权利应受到正当保护，所以应以《监察法》为基础，从羁押地点、律师会见等角度对其权利保护进行研究。

### 一 留置案件中留置与刑事强制措施的衔接机制

我国在颁布《监察法》前，在部分地区进行了监察体制试点改革。根据实践经验总结，《监察法》规定监察机关在移送留置案件后，检察机关在审查时，通过先行拘留的程序自动解除留置措施，之后检察机关通过审查再决定采取何种刑事强制措施。从目前职务犯罪办理的具体实践看，在留置案件中，留置措施与刑事强制措施的衔接是检察机关通过"自动"衔接的方式实现的。

（一）留置措施转换为刑事强制措施

2018年对《刑事诉讼法》进行修改后，其与《监察法》衔接最为重要的内容之一就是刑事强制措施的衔接机制。之所以需要进行刑事强制措施的衔接，也是基于"监察调查不是刑事侦查"的基本论断。

在普通刑事案件中，公安机关和检察机关采取的强制措施类型是相同的，并且是否采取逮捕措施应当由检察机关审查批准，所以案件在进入审查起诉阶段后，检察机关无须进行转换，可以沿用原公安机关已采取的强制措施。然而监察机关唯一可采取对人身自由进行限制的强制性措施是留置措施，监察机关无权采取逮捕、取保候审、监视居住等刑事强制措施。同样，留置措施也是监察机关专属的措施，检察机关不能采取该措施。因此检察机关在收到移送的案件之后，进行审查起诉，如果被追诉人处于留置状态,检察机关不得沿用留置措施,而必须转换为《刑事诉讼法》规定的刑事强制措施。《中华人民共和国监察法实施条例》(以下简称《实施条例》)第一百零二条第四款规定,案件依法移送人民检察院审查起诉的,留置措施自犯罪嫌疑人被执行拘留时自动解除,不再办理解除法律手续。可见,当职务犯罪案件依法进行移送起诉时,对被调查人的留置措施自动转换为刑事强制措施。

检察机关对是否采取逮捕等强制措施应当进行审查,所以需要给予其一定的时间依照法定程序审查后作出决定。在这一时间段内,犯罪嫌疑人被限制人身自由的状态为留置,还是刑事强制措施,需要予以说明。只有在解决该问题的情况下,才能实现留置措施和刑事强制措施的无缝对接。

(二)留置措施与刑事强制措施的衔接点——先行拘留的适用

监察机关调查程序与司法程序的对接是监察体制改革的重要一环,具体来讲,就是监察机关调查终结的职务犯罪案件如何移送给检察机关,在移送过程中,监察机关采取的留置措施如何转换为刑事强制措施。

对此,《监察法》第四十七条第一款规定:"对监察机关移送的案件,人民检察院依照《中华人民共和国刑事诉讼法》对被调查人采取强制措施"。为了做好与此规定的衔接,即关于留置与强制措施的衔接问题,《刑事诉讼法》第一百七十条规定了先行拘留,对于监察机关移送起诉的已采取留置措施的案件,人民检察院应当对犯罪嫌疑人先行拘留,留置措施自动解除。"此规定没有依照原先试点实践中颇受学者赞许的做法,让监察机关提前预留出十天左右时间提供给检察机关提前审查。"[1] 法律最终给出的方案是检察机关对于已留置的案件一律先行拘留,在十日先行拘留的期间内,检察机关应当作出如下决定,首先是采取刑事强制措施与否,其次在采取刑事强制措施的情况下,适用哪一种刑事强制措施。与此对应的是,《刑事诉讼法》与《监察法》就有关留置与刑事强制措施衔接的规定相对简单,因为刑事强制措施与留置措施之间的衔接除了要

---

[1] 陈卫东:《〈刑事诉讼法〉最新修改的相关问题》,《上海政法学院学报》2019年第4期。

保障刑事诉讼程序的展开，同时也要有效保障被采取强制措施对象在不同程序中的合法权利，所以先行拘留的规定存在进一步细致规范的空间。

就先行拘留问题，《人民检察院刑事诉讼规则》第一百四十二条规定：对于监察机关移送起诉的已采取留置措施的案件，人民检察院应当在受理案件后，及时对犯罪嫌疑人作出拘留决定，交公安机关执行。执行拘留之后，留置措施自动解除。

根据《刑事诉讼法》的规定，公安机关是拘留的执行主体，所以检察机关接收监察机关移送的采取留置措施的案件后，内部需要办理拘留手续，对外需要协调公安机关执行。该规定强调执行拘留后，犯罪嫌疑人从留置场所转押至看守所，留置措施才可以解除。由此可以看出，"在案件进入到审查起诉的阶段时，作为自行衔接方式的先行拘留是处理衔接问题的解决途径。"[①]

在先行拘留如何适用上，根据《刑事诉讼法》的规定，公安机关是执行拘留措施的主体，因此在监察机关将案件移送至检察机关之后，检察机关需就拘留程序的执行与公安机关进行协调。因此，《人民检察院刑事诉讼规则》第一百四十二条规定检察机关对犯罪嫌疑人采取先行拘留的措施，执行单位为公安机关。

除此之外，检察机关对监察机关移送的留置案件进行先行拘留，与《刑事诉讼法》第八十二条的规定的先行拘留存在区别。八十二条规定的对象是犯罪行为在预备过程或者实行过程等现行犯，以及重大犯罪嫌疑人，公安机关采取先行拘留措施。移送职务犯罪案件中的先行拘留指的是已经被采取留置措施的嫌疑人，被监察机关移送，此时检察机关是适用先行拘留的主体。它们在适用的条件和主体上存在差异。

然而，检察机关对被留置人采取先行拘留措施时，并不需要对羁押必要性等事项进行审查。就采取先行拘留而言，自行决定权是否应当由检察机关行使并不重要，只要犯罪嫌疑人处于留置状态就必须予以先行拘留。所以此类先行拘留措施的效力实际上是监察留置措施的延续。尽

---

[①] 游紫薇：《〈监察法〉与〈刑事诉讼法〉衔接若干问题研究》，《兰州教育学院学报》2018年第7期。

管《实施条例》规定，对于已采取留置措施的案件，发现被调查人因身体等原因存在不适宜羁押等可能影响刑事强制措施执行情形的，应当通报人民检察院。但追根溯源，被追诉人是否符合先行拘留适用条件的审查工作在一定程度上包含于监察机关在调查阶段对留置措施的审查过程中。另外，即使先行拘留措施采取不当也难以得到有效救济的机会，因为它虽由检察机关批准，公安机关执行，但作出错误决定的却是监察机关，所以犯罪嫌疑人也难以获得程序救济或事后的赔偿。

因此，此类先行拘留措施虽为刑事强制措施，但却带有浓厚的监察措施的色彩，"属于监察调查程序与刑事诉讼程序衔接中的过渡性和临时性措施"。[1]

(三) 衔接程序的完成——检察机关决定采取刑事强制措施

检察机关在对嫌疑人采取先行拘留措施之后，进一步采取刑事强制措施的程序应当为何。对此，《人民检察院刑事诉讼规则》第一百四十三条的规范为，在拘留措施被执行十日之内，检察机关应当作出是否采取强制措施的决定，如逮捕、取保候审或者监视居住等。决定的时限根据实际情况可以延长一天到四天。审查起诉的时限不包括作出决定的期间。就逮捕、监视居住或者取保候审，监察机关作出决定时可以择一而行，同样也能够决定不采取任何一种刑事强制措施。在决定适用刑事强制措施后，具体程序依据《刑事诉讼法》确定。

该规定通过细化，明确检察机关决定采取强制措施的期限不计入审查起诉期限，强调以"执行拘留"作为期限的起算点，也是因为只有犯罪嫌疑人从留置场所转押到看守所后，检察机关才能够接触到犯罪嫌疑人，了解有关情况，并根据实际情况决定采取何种强制措施。

检察机关决定采取刑事强制措施需要注意的问题如下。一是审查决定采取强制措施的期限问题。检察机关一般应在拘留十日内作出是否逮捕、取保候审或者监视居住的决定，特殊情况下，可以延长一日至四日。也就是说最长有十四天的审查决定强制措施的时间，该期限不计入审查

---

[1] 高童非：《监检衔接中先行拘留措施的法教义学反思》，《地方立法研究》2020年第2期。

起诉期限。需要说明的是，检察机关受理监察机关移送起诉的案件后，即意味着案件由调查阶段进入审查起诉阶段，只是上述决定强制措施的时间不计入审查起诉期限。二是决定采取何种强制措施的问题。检察机关可以根据案情实际情况，决定采取"逮捕、取保候审或者监视居住"强制措施中的一种，也可以不采取强制措施。适用逮捕、取保候审、监视居住的依据和条件，与侦查部门移送的案件相同，也即适用《刑事诉讼法》的相关规定。同时，监察机关在向检察机关移送案件时，一般随案移送采取强制措施的建议、说明情况等，并说明有无社会危险性、羁押必要性的理由，这也是检察机关决定采取何种强制措施的重要依据和理由。

检察机关决定变更强制措施是案件移送审查起诉后，检察机关因为案件情况变化和适用法律的变化，改变对犯罪嫌疑人已经采取的留置措施为《刑事诉讼法》规定的刑事强制措施的活动。这一活动涉及监察机关、公安机关和检察机关的工作衔接。案件一旦由检察机关受理，即进入刑事诉讼阶段，被调查人的身份转化为犯罪嫌疑人和被告人。《监察法》没有规定对于检察机关不逮捕的决定，监察机关是否可以复议复核，基本上是将强制措施作为检察机关的自主选择。这并不意味着检察机关可以随意采取强制措施，除了法律规定强制措施的法定条件外，为了衔接顺畅，对采取留置强制措施的被调查人，检察机关一般在监察机关出具社会危险性证明材料的基础上考虑采取逮捕强制措施，对不宜采取逮捕强制措施的，应与监察机关充分沟通，确保诉讼程序能够顺利进行。

（四）监察调查措施与刑事强制措施衔接机制的存在的问题及完善路径

自2018年监察体制改革以来，通过出台一系列的《监察法》规定及对《刑事诉讼法》等的修改，在监察调查措施与刑事强制措施的有机衔接方面，从形式上看，已经基本解决了二者之间的程序衔接问题。但从法理及刑事诉讼原理视角进行观察，目前二者程序衔接方面尚存在一些问题，需从立法方面进行完善。

首先，"先行拘留"应当以刑事立案为前提。

我国现行的《刑事诉讼法》规定：对于监察机关移送的案件，被调查人被留置的,检察机关应当对被调查人"先行拘留"。从实践上看,检察机关一般也按照该规定对被调查人进行刑事拘留。但从刑事诉讼原理上分析,检察机关的"先行拘留"行为有违刑事诉讼制度。因为,刑事拘留应该以刑事立案为前提,换句话说,如果没有进行刑事立案,公安机关、检察机关均没有采取刑事强制措施的权力。目前具体做法是:监察机关将案件移送到检察院后,检察机关的案件管理部门进行登记,即完成了移送程序。但检察机关的对案件的登记程序与刑事立案程序明显存在差异,登记不能等同于立案,也就是说,在监察机关将案件移送给检察机关后,检察机关从形式上完成了对案件的受理,但该受理行为并非立案行为,尽管现实做法是等同于立案。因此,在缺乏刑事立案的前提下,检察机关对被调查人进行"先行拘留"行为从刑事程序上看是存在缺陷的,即检察机关的"先行拘留"缺乏程序的合法性。

针对目前检察机关"先行拘留"存在程序的缺陷问题,解决的路径是通过法律或法律解释明确规定检察机关对监察机关移送案件的"受理"程序就是刑事案件的立案程序,检察机关一旦完成了对监察机关移送案件的各种材料进行形式的审查,录入了电脑,就完成了刑事立案的程序。对移送案件的刑事立案程序的确认,解决了检察机关对被调查人"先行拘留"的前置程序问题,解决了"先行拘留"程序的合法性问题,使该环节上的监察机关的留置措施与检察机关的刑事强制措施得以实现衔接。

其次,完善"不当拘留"的权利救济途径。

按照目前法律的规定,检察机关受理监察机关移送的案件后,应该对被留置人"先行拘留",从而使"先行拘留"成为检察机关受理案件后对被留置人的必经程序,这种"一刀切"的做法可能造成对被拘留人的权利的侵害。在被留置人被采取刑事拘留后,有可能存在对被调查人二次退查后仍存在不起诉的情形,那么被调查人的在被拘留期间所受到侵害的权利可能得不到法律的有效救济。因为,在案件被检察机关受理后,只要检察机关对于被留置人相关材料进行了刑事审查,确定了被调查人处于被留置的状态,就完成了其法律上审查的义务,即可对被调查人采取拘留措施。即使存在刑事拘留错误的情形,检察机关也不是非法拘留的主体;而此时的监察机关已经完成了对案件的移送,对可能存在的错误拘留当然也不应承担法律责任。这就造成了对被调查人错误的拘留无人承当责任的客观情形，客观上造成对被调查人被侵害的权利没有救济的通道情形的发生。

针对前述可能存在的困境，解决的路径是：通过修改《刑事诉讼法》或进行司法解释明确规定赋予检察机关在"先行拘留"上有独立的审查权，检察机关根据案情的实际情况独立决定是否对被调查人采取拘留措施。通过这样的规定，打破现在的一刀切式一律先行拘留的做法。这样既可以保障被调查人的人身权利，也可以防止因错误的拘留而导致无人承担责任的问题。

最后，由监察机关并案处理而产生的调查措施与强制措施衔接的问题。

在实务中会发生先由公安机关立案的案件，在审查中发现该案应属于监察委员会管辖。在将案件移送给监察机关之前，公安机关已经采取了相应的刑事强制措施，这就产生了公安机关的刑事强制措施与监察机关的调查措施之间的转换与衔接问题。

针对前述的问题，解决的路径是：通过修改《刑事诉讼法》或以司法解释的方式明确规定：对于应该移送给监察机关管辖的案件，公安机关已经采取强制措施的，在移送给监察机关的同时，解除相关的强制措施，由监察机关对案件进行审核，根据案件的实际情形由监察机关决定是否采取留置措施，并明确规定监察机关与公安机关之间办理二者之间有关措施转换的具体程序、各自责任，确保两种措施之间的转换顺利实现。

《监察法》在第四条中明确了互相配合、制约的原则，其针对的对象包括监察机关、检察机关以及公安机关。

第一，相关机关需要相互配合。首先，检察机关在调查阶段提前介入，可以利用其作为审查批捕机关的职能优势，提供留置措施适用和后续衔接的意见，以此提高留置适用的规范性和后续衔接的顺畅性，实现留置措施与刑事强制措施之间的无缝对接。其次，在处理相关犯罪案件的过程中，如果监察机关认定需要采取留置措施，那么公安机关依据其提请应当进行配合。如果被调查人已经被采取留置措施，在其被移送审查时，检察机关采取先行拘留解除留置措施。在这种情况下，监察机关应将案件及时进行移送，保障检察机关管辖权的实现，进而推动案件程序的开展，提高案件办理效率。

第二，相关机关需要相互制约。对于被采取留置措施的被调查人，检察机关在接收案件之后，需要在十日到十四日内作出是否采取、采取何种刑事强制措施的决定，或者将案件退回补充调查、或者自行补充侦查。在退回补充调查阶段，检察机关在监察机关进行调查的过程中，在给予协助的同时对监察机关调查活动的最终结果进行再次审查。在自行补充侦查阶段，监察机关同样对检察机关的侦查行为提出建议。

## 二 未留置案件中刑事强制措施的衔接机制

对于被调查人已被采取留置措施的案件，其在移送后基本的衔接程序已由《刑事诉讼法》及《人民检察院刑事诉讼规则》及《监察法实施条例》进行规范，但是对于没有被采取留置措施的案件，在案件被移送检察机关后二者之间针对被调查人所采取的措施应当如何进行衔接则缺乏法律的细致规定。根据《刑事诉讼规则》第一百四十六条规定，对于未采取留置措施的案件，由人民检察院依据案件审理情况自行决定是否采取刑事强制措施。同时，《实施条例》还规定了在此过程中，监察机关可以根据案件具体情况向检察机关提出采取刑事强制措施的建议。在实务中，在监察机关移送之前，被调查人没有被采取留置措施，检察机关仍可决定对犯罪嫌疑人是否采取拘留措施，且作出决定的最长时效为十四日。然而对于这种直接适用留置案件衔接办法的做法，其合法性有待论证。

因为《刑事诉讼法》没有规定未被采取留置措施的案件在被移送至检察机关之后，应当如何处理，所以应遵循法律规定，视检察机关没有权限进行先行拘留，相应的决定时限当为十日至十四日也值得商榷。检察机关在接收被移送的案件之后，程序上即进入审查起诉阶段。被调查人没有被留置，这是由监察机关依据案情决定的。因此其在进入审查起诉阶段之后，在检察机关掌握的案情没有发生变化时，说明犯罪嫌疑人不符合被采取羁押的条件。如案件不存在嫌疑人应当被拘留的情形，检察机关则不能对其作出拘留的强制措施。但是在司法实践中，在审查起诉的程序开始后，并不排除犯罪嫌疑人存在被采取刑事强制措施的情形，如果存在必要，则检察机关有权对其作出逮捕、监视居住或者取保候审的决定。

就是否采取上述刑事强制措施，《人民检察院刑事诉讼规则》第一百四十六条规定，检察机关在受理监察机关移送的案件后，如果案件未采取留置措施，在审查起诉阶段，检察机关应当依据规则对案件进行审查，决定是否采取刑事强制措施以及采取何种强制措施。

检察机关审查未留置案件，决定采取强制措施的类型包括逮捕、监视居住、取保候审。其中就适用逮捕措施完成衔接的情形，可从以下角度分析。

就存在一般逮捕条件的情况下，依照《刑事诉讼法》的规定，在犯罪嫌疑人存在证据已经证明其具有犯罪事实，其罪行存在可能被判处有期徒刑的情况下，如果对其进行取保候审，其社会危险仍不能完全消除，那么应当予以逮捕。根据职务犯罪的特点，被调查人接受调查后再犯新罪的可能性很小，检察机关在审查并决定是否适用逮捕的时候，应当参考普通刑事案件社会危险性条件的审查标准，进而审查嫌疑人的社会危险性，尤其对职务犯罪案件多发的妨碍取证、自杀逃跑两种社会危险类型进行重点防范。在审查逮捕过程中，除了要审查逮捕条件与涉案的嫌疑人之间是否吻合外，还要审查其是否"患有严重疾病"。尽管目前我国立法尚未对影响羁押的疾病范围和认定程序作出明确的规定，但从年龄角度来看，涉嫌职务犯罪案件的嫌疑人相对弱势，在被调查期间情绪波动大，尤其是被限制人身自由以后，心脏、血压、血糖等都容易出现不稳定的情况，检察人员在审查逮捕时应当重点对犯罪嫌疑人的健康风险进行评估。就存在径行逮捕条件案件的审查而言，依照我国《刑事诉讼法》的规范，对于存在下列情形的犯罪嫌疑人，应当对其进行逮捕：如其犯罪事实有可能被判处的徒刑达到十年以上的、存在不明确的身份或在之前存在故意犯罪等情况。需要说明的是，职务犯罪主体是特殊主体，在身份不明确或者之前有过故意犯罪的情形并不常见。这里主要将可能判处十年有期徒刑以上刑罚作为犯罪社会危害性的衡量标准。

就采取监视居住或者取保候审的情形，与适用逮捕措施的分析路径相同，依据《刑事诉讼法》及《人民检察院刑事诉讼规则》的规定对案件进行审查。

综上所述，就监察机关未采取留置措施的案件，检察机关在审查后决定采取何种强制措施的依据为《刑事诉讼法》与《人民检察院刑事诉讼规则》规定的强制措施的适用范围。在程序上，直接视检察机关有权对未留置案件中的嫌疑人进行先行拘留的程序性规定值得商榷。

### 三 留置期间被调查人权利保障问题

根据《监察法》的规定，在实施留置措施中，监察委员会对被调查人的人身自由予以剥夺、并将其留置在专门的羁押场所，其本质上与刑事强制措施中的拘留、逮捕相似，但留置并不属于刑事强制措施。这意味着，刑事强制措施下对犯罪嫌疑人的权利保障措施，能否适用于对留置期间的被调查人保护需要理论证成。刑事诉讼法律制度中，犯罪嫌疑人权利保护是一项重要原则，且法律通过确立犯罪嫌疑人刑事强制措施期间的委托辩护权、律师会见权等，保障犯罪嫌疑人的基本权利，并借助委托辩护制度推动刑事诉讼程序形成闭环。综合可知，留置期间被调查人的权利保障问题不仅关涉被调查人的基本权利，还涉及留置措施与刑事强制措施的衔接问题。

从法律规范出发，《监察法》仅规定监察委员会在对被调查人留置后，保障其饮食、休息、安全以及提供医疗服务，对其程序性权利并无规定。尽管《实施条例》进一步丰富细化了关于被调查人留置期间的相关规定，如：讯问被调查人应当在留置场所进行且调查人员不得少于两人；应当尊重被留置人员的人格和民族习俗；留置场所应当建立健全安全工作责任制，制定紧急突发事件处置预案，采取安全防范措施。还进一步明确了不得采取留置措施的情形：（1）患有严重疾病、生活不能自理的；（2）怀孕或者正在哺乳自己婴儿的妇女；（3）系生活不能自理的人的唯一扶养人。但对于被留置人员的基本权利义务，仍然未有相关规范明确规定。在犯罪嫌疑人、被调查人权利保障基本原则指引下，通过规范解释、目的解释，实现留置期间被调查人的权利保障类推适用刑事诉讼法律规则具有合理性和可行性。基于此，应就实施逮捕、拘留刑事强制措施期间，犯罪嫌疑人的基本权利及其保障措施进行分析。

在刑事强制措施下，犯罪嫌疑人的人身自由受到限制，为充分保障犯罪嫌疑人的基本权利，刑事诉讼规则明确犯罪嫌疑人拥有获得法律帮助的权利。具体表现为，寻求法律辩护的知情权、委托辩护权、律师会见权。

犯罪嫌疑人寻求法律辩护的知情权依赖于公安机关、人民检察院的及时告知。《人民检察院刑事诉讼规则》第一百四十四条规定，除无法通知的以外，人民检察院应当在公安机关执行拘留、逮捕后二十四小时以内，通知犯罪嫌疑人的家属。该条款要求人民检察院应当及时告知犯罪嫌疑人家属对犯罪嫌疑人采取刑事强制措施之事实，进而为犯罪嫌疑人及其家属寻求法律服务奠定基础。我国《刑事诉讼法》第八十五条第二款、第九十三条第二款针对不同类型犯罪下，刑事强制措施的告知义务进行了具体细化规定。《人民检察院刑事诉讼规则》第一百四十五条规定，检察机关应当自收到移送起诉的案卷材料之日起三日以内告知犯罪嫌疑人有权委托辩护人。对已经采取留置措施的，应当在执行拘留时告知。本条是关于告知犯罪嫌疑人有权委托辩护人的规定，亦是对犯罪嫌疑人寻求法律辩护的知情权之保障。

告知辩护权直接关系到监察机关将案件移送到检察机关后，律师何时能会见在押的犯罪嫌疑人，即犯罪嫌疑人的律师会见权问题。案件由监察机关移送到检察机关后，即由监察调查阶段进入到刑事诉讼阶段，应与侦查机关移送的案件相同对待，充分保障犯罪嫌疑人的辩护权。根据该规定，一般情况下，检察机关均应在收到移送起诉的案卷材料后三日内告知其有权委托辩护人，并允许律师会见。但是，对已经采取留置措施的犯罪嫌疑人，考虑到犯罪嫌疑人未押解到看守所，检察机关无法告知，因此，应当在执行拘留时告知其有权委托辩护人。

留置期间的被调查人被限制人身自由，其在形式上与刑事诉讼程序中嫌疑人的情形类似，应当按照刑事规则保障被调查人的辩护权。具体而言，应当保障被调查人获得法律辩护的知情权、委托律师辩护及与律师的会见权，进而保障被调查人的基本权益。在《监察法》相关制度完善时，应当重视留置期间被调查人的权利保障问题，其一，明确细化采取留置措施的条件和情形；其二，保障被调查人获得法律辩护的权利。

明确留置期间被调查人的基本权利保障意义重大。首先，确保我国《监察法》在第四十五条第一款第四项中涉及的衔接问题得以完善，即监察机关将案件移送至检察机关，检察机关进一步采取刑事强制措施的部分。其次，将刑事强制措施的法律效力辐射到留置措施的范围，那么案件在监察调查的过程中，可以认定将留置措施代替刑事强制措施，保证留置措施的合法化和不可替代性。再次，在权利保障方面，在处理职务犯罪案件的过程中，应当保障被调查人及时获得与外界联系的权利，并且帮助律师及时介入案件程序。在办理职务犯罪案件时，无论是属性，还是职能，监察机关均具有双重性，因此需要对被留置对象进行区分，对需要委托律师、会见律师的被调查对象进行划分。如在职务违法案件中，被留置对象处于监察机关的办案地点内，但是其与刑事犯罪并无联系，那么其会见权利则无须满足。同时，对于涉嫌职务犯罪案件的当事人，其在受到留置措施的情况下，需保障其获得会见权利、通信权利等。

综上所述，留置期间被调查人基本权利保障具有现实意义和理论价值，是调查程序、司法程序完善的必然要求。

## 小 结

在监察体制改革中，法法衔接的一个关键内容就是实现留置措施和刑事强制措施的有效衔接。因此需要在不同程序法之间、实体法与程序法之间这两个方面上，去协调衔接问题的解决。在办理腐败案件的过程中，其中一个重要的手段就是留置措施的适用。《监察法》对其作出了明确的规定，这是我国监察体制改革的实际要求，但是在适用上不能简单地将其与刑事强制措施画等号。为此需要引入《刑事诉讼法》及《人民检察院刑事诉讼规则》的相关规定，并不断完善监察法律制度。二者的适用需要与惩治犯罪、维护国家安全、保障人权等方面相保持一致，进而保障建立廉洁政府的目的得以实现，推动诉讼制度的改革得以实现、推动法律监督更好地进行。

## 第三节　退回补充调查与自行补充侦查中强制措施的变更机制

检察机关在审查监察机关移送的职务犯罪案件时，如存在需要补充侦查的情形，具体方式包括两种，分别是自行补充侦查和退回补充调查。职务犯罪案件中自行补充侦查指检察机关经审查，认为本案定罪量刑的基本犯罪事实已经查清，具有法定情形的，为提高诉讼效率，在与监察机关协商后，可以自行补充侦查。退回补充调查发生在审查起诉的过程中，移送审查起诉的案件存在犯罪事实不清、证据不足的，检察机关应当退回监察机关补充调查。《监察法》第四十七条第二款规定人民检察院经审查，认为需要补充核实的，应当退回监察机关补充调查，在必要时可以自行补充侦查。根据此规定，说明退回补充调查与自行补充侦查之间具有顺位性。但是依据立法规则，案件在进入退回补充调查的情况下，并不说明检察机关就无须介入案件。在自行补充侦查、退回补充调查的条件满足的时候，监察机关或者检察机关对案件进行进一步的调查或侦查，对被调查人所采取的刑事强制措施是否需要变更及具体程序需要进一步的研究。

### 一　退回补充调查中强制措施的变更及路径选择

（一）退回补充调查的实施机制及实践困境

就监察机关移送的案件，检察机关经审查，认定犯罪事实不清、证据不足的，或者存在遗漏罪行、同案犯罪嫌疑人等情形的，应当退回监察机关补充调查。事实不清指的是指控犯罪嫌疑人的犯罪事实不清，或有关情节之间不相吻合需查证的。证据不足指的是说明犯罪嫌疑人涉嫌职务犯罪的证据没有达到确实、充分的标准。移送案件进入退回补充调查程序是审查起诉衔接机制的重要组成部分。在这一程序设置中，检察机关认为需要补充调查的，应当及时制作《退回补充调查决定书》，连同案卷材料一并退回监察机关补充调查。

就案件存在退回补充调查的情形时，检察机关依据法律应当将案件退回，由监察机关进行补充调查，如果犯罪嫌疑人已经被采取刑事强制措施，已被羁押，在案件退回补充调查期间，是否需要变更强制措施、更换羁押地点、就逮捕时限的计算是否重新进行。"退回补充调查阶段是否需要改变检察机关决定的强制措施，能否倒流至留置阶段"①？在实践中，"并不能够通过法律规定明确留置措施与刑事强制措施之间的转化是否可逆"②。若羁押于看守所，监察机关在提讯犯罪嫌疑人时，是否需要检察机关予以协助，如果协助、如何协助，这些都有待明确规定。在这些情况下，案件的程序衔接易出现问题，进而影响诉讼效率。

（二）退回补充调查中变更强制措施的路径选择

对于需要补充调查的案件的被调查人，是否应当对其进行重新留置，针对这一问题，有学者认为，"监察机关对被调查人仅有留置权而无逮捕权，且留置措施在性质上具有羁押性，与检察机关对嫌疑人采取的强制措施本质上不存在冲突。因此应当对其采取重新留置的强制措施，以此与其所处的补充调查阶段相适应。"③ 上述观点认为我国刑事诉讼一直遵循的是"人案合一、人随案走"的模式，所以前述衔接模式在实践上具有正当性。也有学者认为，"在进行退回补充调查的过程中，尽管案件退回，但是犯罪嫌疑人不应当随之退回"④，犯罪嫌疑人不再被采取留置措施，仍由检察机关控制而非交还监察委员会羁押。对于这一问题，"亦有观点认为在监察案件移送审查起诉阶段前后，监察部门应当与检察机关提前进行相关案件的联系和沟通，并且应当给予监察部门足够的时间进行相关文书的办理审查"⑤。

诚然，"案退人不退"并不是我国刑事诉讼通常采取的模式，但监察机关移送的案件具有特殊性，如果坚持"人随案走"的模式将使得强制

---

① 王戬：《检察机关审查起诉与监察委调查案件的程序对接问题》，《国家检察官学院学报》2018年第6期。
② 陈国庆：《刑事诉讼法修改与刑事检察工作的新发展》，《国家检察官学院学报》2019年第1期。
③ 朱福惠：《论检察机关对监察机关职务犯罪调查的制约》，《法学评论》2018年第3期。
④ 卞建林：《配合与制约：监察调查与刑事诉讼的衔接》，《法商研究》2019年第1期。
⑤ 方明：《职务犯罪监察调查与刑事诉讼的衔接》，《法学杂志》2019年第4期。

措施衔接程序极为复杂。目前监察和司法实践中通常采取两种衔接方案：第一种是检察机关为监察机关办理换押证，第二种是由检察机关向执行机关出具通知。就这两种衔接方案的分析如下：

在补充调查的过程中，证据在充分补足的情况下，如果当事人的人身危险性无须按照之前的刑事强制措施进行处理，那么监察机关可以据此建议，由检察机关决定是否变更强制措施。在退回补充调查期间，监察机关对案件的调查是对检察机关审查起诉工作的配合，只能对案件的事实和证据进行补充，不能另行决定采取留置措施。虽然退回补充调查的主体是监察机关，但案件仍然处于审查起诉阶段，只是退回补充调查的时间应当按照法律规定执行，并不占据检察机关的审查起诉时间。依照现行法律的规定，监察机关无权在看守所办理换押等手续，所以《人民检察院刑事诉讼规则》第三百四十三条采用"检察机关通知"的方式，在肯定"人案分离"模式的同时，要求检察机关在此期间配合监察机关在看守所内进行讯问。相较而言，由检察机关通知的办法更加适宜。因此，在退回补充调查的时候，检察机关在审查后作出的刑事强制措施决定仍然限制犯罪嫌疑人，并且案件补充核实结束移送检察机关后，检察机关不需要对犯罪嫌疑人重新进行拘留，即不需要再次审查强制措施。

对退回补充调查的调查对象是否需要变更强制措施是问题的中心，其直接影响到案件的时限计算以及犯罪嫌疑人的会见权等方面。就对该问题的回答，可从以下角度分析。

第一，明确当监察机关将案件移交检察机关之后，案件即进入刑事诉讼程序，犯罪嫌疑人就不应当回到留置状态。如果检察机关没有撤案，对象的身份就是刑事诉讼中的犯罪嫌疑人，应当根据《刑事诉讼法》的规定决定是否采取限制人身自由的强制措施。如果检察机关将案件退回监察机关补充调查，同时将相关人员重新回到留置状态，这就形成了程序倒流，会导致手续繁琐、效率低下。如果此阶段将嫌疑人留置在监察机关办案场所，频繁转移羁押场所更是会耗费大量时间和经济成本，还会产生安全隐患，也有可能出现违反《监察法》关于留置期间不超过六个月规定的情形。

第二，在补充调查的时限方面，根据《人民检察院刑事诉讼规则》

的规定，调查部门应当在一个月内补充调查完毕并形成相关文书，经案件审理部门审核后履行相关审批手续。补充调查以二次为限。补充调查结束后需要移送起诉的，应当重新移送检察机关审查起诉。审查起诉期限重新计算。

第三，在退回补充调查期间，是否允许律师会见的问题，也是争议焦点。为保障案件程序的稳定性，应当统一嫌疑人在案件程序中的地位，即认定退回补充调查程序属于刑事诉讼阶段，其会见权应保持一致，在退回补充调查期间仍能会见律师。

综上所述，补充调查阶段应当遵循只退案不退人的原则，即无须改变被调查人的强制措施。已经羁押在看守所的嫌疑人没有必要再回到留置场所，检察人员也可以进入看守所对在押人员进行补充讯问，监察机关补充调查结束后无须再次履行移送审查起诉的手续。"犯罪嫌疑人被逮捕的，检察机关应当将退回补充调查情况书面通知看守所"①，监察机关在退回补充调查过程中需要讯问犯罪嫌疑人的，检察机关应当予以配合。因此建议对于退回补充调查的犯罪嫌疑人不再退回监察机关重新采取留置措施，而是由检察机关决定是否采取强制措施，以及采取何种强制措施，这样能够有效提高补充调查的效率。

## 二 自行补充侦查中强制措施的实施机制

《监察法》第四十七条规定人民检察院在必要时可以自行补充侦查。在刑事诉讼中，补充侦查是指公安机关或者人民检察院依照法定程序，在原有侦查工作的基础上，就案件的部分事实、情节继续进行侦查的诉讼活动。②

在自行补充侦查的适用条件及实施机制方面，《人民检察院刑事诉讼规则》第三百四十四条规定监察机关移送起诉的案件，人民检察院可以自行补充侦查的情形包括以下内容，首先是证人证言、犯罪嫌疑人供述

---

① 龙宗智：《监察体制改革中的职务犯罪调查制度完善》，《政治与法律》2018年第1期。
② 陈光中：《刑事诉讼法》（第五版），北京大学出版社、高等教育出版社2013年版，第310页。

和辩解、被害人陈述的内容主要情节一致，个别情节不一致的；其次是物证、书证等证据材料需要补充鉴定的；最后是其他由检察院查证更为便利、更有效率、更有利于查清案件事实的情形。同时规定自行补充侦查完毕后，检察机关应将相关证据材料入卷，同时抄送监察机关。"人民检察院自行补充侦查的，可以商请监察机关提供协助。"① 自行补充侦查的案件，应当在审查起诉期间补充侦查完毕。检察机关在自行补充侦查期间发现新的职务犯罪线索的，应当及时移送监察机关办理。

就对自行补充侦查规定的理解问题，可从以下方面展开。

第一，《监察法》就自行补充侦查的表述为在必要时可以自行补充侦查，因此应当明确其定位，认定其为退回补充调查程序的补充方式。在司法实践中，因为检察机关在人员的配置上存在限制，就大多案件而言，应当由其进行提出侦查意见并退回侦查。但是基于职务犯罪案件的特殊性以及案件需要再次调查的必要性，检察机关在法定情形下可以对案件采取自行补充侦查。

第二，需就检察机关自行补充侦查的条件进行明确规定。适用检察机关自行补充侦查的程序，首先应当是具备自行侦查的条件，其次为自行侦查是可行的，最后存在不宜退回监察机关补充调查的条件。

第三，检察机关在进行自行补充侦查的活动中，侦查方式受《刑事诉讼法》的规范。在司法实践中，检察机关在审查案件的过程中，有权依法自行补充侦查，刑事诉讼程序法中的侦查措施都在可选择的范围之内。就自行补充侦查中可能出现的强制措施变更问题，在排除适用留置措施的情况下，检察机关可商请监察机关的协助，在刑事诉讼程序法及其权责范围内变更强制措施。

第四，需要保证自行补充侦查的程序合法。自行补充侦查的主体为检察机关工作人员，且检察机关工作人员应当不低于两人。在自行补充侦查的程序中，检察机关可以商请监察机关协助。除此之外，需要就《人民检察院刑事诉讼规则》第三百四十八条进行说明，在作出自行补充

---

① 中共中央纪律检查委员会、中华人民共和国国家监察委员会法规室编：《〈中华人民共和国监察法〉释义》，中国方正出版社 2018 年版，第 125 页。

# 第六章 调查措施与刑事强制措施的衔接机制  ◇  159

侦查的决定之后，该程序应当结束在审查起诉期限之内。

## 本章小结

在完善纪检监察与刑事司法的程序衔接机制中，调查措施与刑事强制措施的衔接是案件由监察调查程序进入刑事诉讼程序首要面对的问题。为解决该问题，首先，厘清监察调查措施与刑事强制措施之间的关系，这是二者有序衔接的理论基础；其次，衔接的重点在于调查措施中与刑事强制措施直接联系的类型——留置措施，本文通过分析留置案件与未留置案件中强制性措施衔接的路径，以权利保障及《监察法》的基本原则为出发点，尝试解决衔接中存在的问题；最后，案件在进入审查起诉阶段后，与监察调查再次联系的情形为退回补充调查，强制措施在该阶段的变更需依照相关法律及其精神为基准进行，才能避免出现危害当事人合法权利的情况。综上所述，就关于调查措施与刑事强制措施的衔接部分，监察制度与刑事诉讼程序应当在保证自身规范体系的一致性和融贯性的基础上，就二者之间存在的协调、衔接问题进行规范与创新，凸显其在反腐败治理及人权保障上的价值追求。

# 第七章

# 纪检监察与刑事司法证据衔接机制

作为依法治国的纲领性文件,《中共中央关于全面推进依法治国若干重大问题的决定》强调:"推进以审判为中心的诉讼制度改革,确保侦查、审查起诉的案件事实证据经得起法律的检验。"[①] 应该说,无论是在纪律审查、监察调查还是在刑事司法程序中,证据都具有至关重要的作用,直接影响甚至决定违法违纪行为的定性、定责和定罪、定刑。本章围绕纪检监察和刑事司法程序证据的衔接,从证据属性的法理分析切入,比较纪检监察证据与刑事司法证据的异同,具体阐述纪委监委收集证据的操作规范,同时聚焦非法证据的排除,探寻监察与司法二机关证据衔接机制的完善问题。

## 第一节 证据属性的法理分析

证据是证明的依据。有学者把证据的含义解构为三个层面:一是将其作为客观存在,基于犯罪行为产生,能够证明犯罪事实,表现形式包括物品、痕迹和现象;二是将其作为逻辑支撑,从客观存在走向主观思维,成为司法工作人员进行案情有关逻辑推理的基础;三是将其作为裁

---

[①] 《中共中央关于全面推进依法治国若干重大问题的决定》,人民出版社2014年版,第23页。

判根据，法院定案量刑的标准所在①。这个论述实际上回答了三个问题，即"证据从何而来""证据如何使用""证据有何作用"。应该说作为能够还原真相、认定事实的基础材料，证据在职务犯罪案件"调查——公诉——审判"的链条中，始终处于核心地位。因此，有必要首先从证据属性入手，在法理层面厘清证据的基本含义。

### 一 证据的概念和种类

关于证据的概念，学者们存在着不同的理解，学术界也形成了不同学说，其中包括原因说、方法说、结果说、反映说、统一说、信息说、事实说、根据说、材料说九种，目前被普遍接受和采用的是材料说。现行的刑事法律规范中，只有《刑事诉讼法》第五十条对于证据作出了定义，该法条中的定义采用的就是材料说，明确证据就是"材料"，同时明确通过"材料"的作用形成定义，即"用于证明案件事实"。采取逻辑学上外延定义的形式，可以最大限度地扩大证据的范围，尽可能多地把承载和反映犯罪行为的信息资料都纳入证据的范畴，有利于形成完整的证据链。但同时考虑到规范的要求，第五十条第二款又对证据的种类进行了适当的限缩，其中属于言词证据的包括：证言，被告人供述和辩解，鉴定意见以及被害人陈述4类；属于实物证据的包括：物证，书证，视听资料以及电子数据以及勘查笔录4类。这种限缩，有利于强调证据的形式要求，形成规范统一的证据标准。同时应该看到的是关于证据的种类，《刑事诉讼法》是处于相对固定、动态调整的状态。比如，2018年《刑事诉讼法》与2012年《刑事诉讼法》关于证据种类的表述完全相同；但是2012年《刑事诉讼法》与1996年《刑事诉讼法》相比：一是把物证、书证分列成两类证据，二是在新的第七类证据中增加了辨认、侦查实验等笔录，三是在新的第八类证据中增加了电子数据。

### 二 证据的"三性"

关联性、客观性和合法性是证据的主要属性，这是学界对于证据

---

① 张斌：《证据概念的学科分析》，《四川大学学报》（哲学社会科学版）2013年第1期。

"三性"的通说。同时，这种说法也在司法实践中得到认可，如最高人民法院审判员于同志在《刑事证据审查运用的基本思路》中就提出"要重点审查证据的关联性、合法性和客观性"，并详细阐述了如何对证据的"三性"进行全面审查。由此，证据的"三性"就可以认为是证据的表现属性。

"关联性"是指证据材料与案件事实必须具有联系同时能够产生证明作用。"关联性"是证据的首要属性，这是可以理解的：首先，从《刑事诉讼法》的定义就可以得出，不能证明案件事实的材料也就不是证据；其次，与案件没有联系的材料必然不能对案件事实产生证明作用。就"关联性"的判定或审查，应从以下几个方面来看：一是证据同案件事实具有客观联系，不因犯罪嫌疑人或者办案人员的意志而转移；二是证据同案件事实的客观联系具有一定的紧密性，虽不要求必然是直接联系，但也不能有介入因素的阻断；三是证据的证明作用主要体现在有罪无罪、罪轻罪重等方面。

"客观性"是指证据材料必须客观存在，使用客观视角，反映客观事实。从"客观性"来看：首先，证据必须是真实材料，能够经感官所感知；其次，证据不能掺杂个人主观臆断或者假想推测；最后，证据还需与客观事实相联系，而非是杜撰捏造甚至是虚假伪造的。"客观性"要求反映到证据的收集上主要包括以下几点：一是询问和讯问时应当原话记录，不能断章取义，不能诱导陈述，必要时可以通过录音录像反映陈述人的表情、语气等；二是证据不能改变原有面貌或者特性，比如书证不能涂改，物证必须使用原物等；三是证人证言等必须是自己所见所闻，不能是道听途说，或者是主观揣测。

"合法性"目前学界还没有统一的认识，有的学者从正面肯定的角度加以定义，把证据的合法性归为"三合法一属实"，即"运用主体、来源程序、证据形式都要合法，证据本身还必须经过法定程序查证属实"[1]。有的学者从负面否定的角度加以定义，认为"如果侦查行为违法，那么衍生而来的证据就违背了合法性要求，侦查行为违法涵盖主体、程序、

---

[1] 樊崇义：《证据法学》（第3版），法律出版社2003年版，第35页。

方法、期限、救济方法等诸多方面"①。有的学者以"取证手段是否合法作为判断证据是否合法的标准"②。实践中，主要从以下几个方面对"合法性"进行评价：一是取证主体必须合法，即由法定人员取证；二是取证方式合法，即按法定程序取证；三是证据种类合法，即必须限于《刑事诉讼法》规定的8类；四是证据形式合法，即必须符合法定的表现形式，具备法定的必要元素；五是证据来源合法，即不能通过非法渠道或途径获取。

应该来说，证据的"三性"中，受到最多关注也是最为容易产生争议的是"合法性"。本章论述纪检监察与刑事司法程序证据衔接的机制，更多也是出于确保证据"合法性"的考虑，探讨纪检监察证据向刑事司法证据的正确转化，以及在刑事司法程序中的正确适用。关于这些内容，后节中将逐次展开。

### 三 证据的"二力"

随着刑事司法理论的不断演进，目前学界越来越关注证据的"二力"，即证据能力和证明力。"证据能力"是证据的法律属性，指材料作为定案依据的资格和能力，也就是说材料能否被法律许可作为证据使用；"证明力"是证据的自然属性，指材料在作为证据的前提下与案件事实的关系，也就是说证据材料是否能够证明案件事实以及能够多大程度证明案件事实，这种"证明力"取决于证据材料与案件事实的内在逻辑关系，单个证据的"证明力"取决于自身包含的信息量多少，但形成证据链后"证明力"则取决于证据链的完整程度和证据间的印证程度。比较"三性"和"二力"，应该说"关联性"和"合法性"构成了"证据能力"，"客观性"则构成了"证明力"，其中个别要求也有交叉和重合。证据的"二力"相较于"三性"更为简洁明了，可以简单地归结为"能不能用""有多大用"。对于"二力"在纪检监察与刑事司法程序证据衔接上具体

---

① 陈瑞华：《论侦查中心主义》，《政法论坛》2017年第2期。
② 万毅：《解读"非法证据"——兼评"两个〈证据规定〉"》，《清华法学》2011年第2期。

表现和实践要求,本章以后的章节也将有所涉及。

### 小 结

证据是重现案件事实的关键,是据以定罪量刑的根本。无论是从"三性"还是"二力"的角度出发,探讨证据的属性问题核心依然是更好地通过证明来查明案件的事实真相。但是随着法治观念的升华,原先"重结果轻过程"的思维逐步得到扭转,"程序正义"作为"看得见的正义"也被摆在与"结果正义"同等重要的位置上。如此背景下,剖析证据的属性问题,也有利于实现"程序正义"和"结果正义"的平衡和统一。

## 第二节 纪检监察与刑事司法证据的异同

《监察法》实施以后,我国的犯罪调查模式进入"二元化"阶段:对于普通犯罪和部分职务犯罪而言,依然是侦查到公诉的刑事司法程序的一贯制模式;而对于监察机关管辖的职务犯罪而言,则是调查到公诉的监察调查程序和刑事司法程序相衔接的模式。关于监察机关管辖的职务犯罪案件,国家监委通过出台管辖规定进行了明确,主要包括贪污贿赂犯罪、滥用职权犯罪、重大责任事故犯罪等 101 个具体罪名。如此情况下,学界和实践中就都面临着新的问题,即纪检监察证据与刑事司法证据该如何衔接或者贯通。从立法层面来看,2018 年 3 月 20 日通过并公布施行的《监察法》第三十三条赋予了纪检监察证据在刑事诉讼中的"使用资格",包括 2 种言词证据,即证人证言、被调查人供述和辩解和 3 种实物证据,即物证、书证、视听资料、电子数据,这里采取《刑事诉讼法》的概念,把视听资料和电子数据归为一种证据类型,同时规定证据的收集主体是监察机关、证据的收集要求是依照《监察法》规定收集;但是 2018 年 10 月 26 日修正的《刑事诉讼法》就此并没有明确规定,对于在刑事诉讼中能否以及如何使用纪检监察证据几乎是没有涉及;2019 年 12 月 30 日最高人民检察院发布了新的刑事诉讼规则(本章后文简称《刑诉规则》),其中第六十五条原文转述《监察法》第三十三条第一款,这样检察机关的司法活动中就正式认可了纪检监察证据的法律地位；2021年1月26日最高人民法院发布了新的《刑事诉讼法》适用解释（本章后文简称《刑诉解释》），其中第七十六条第一款明确监察证据在刑事诉讼中的可使用性，同时规定证据的收集主体是监察机关，证据的收集要求是依法收集。2021年7月20日，国家监察委员会审议通过了《中华人民共和国监察法实施条例》（本章后文简称《实施条例》），其中第五十九条第三款明确规定了经审查符合法定要求的，监察机关收集的证据材料可以在刑事诉讼中作为证据使用。至此，纪检监察证据在刑事司法活动中就取得了全部的法律地位。但是，也要看到，纪检监察证据并不等同于刑事司法证据，二者既有相同点，也有差异性。

### 一 纪检监察证据与刑事司法证据具有差异性

纪检监察证据是纪律审查或者监察调查中由特定人员收集的证据材料，而刑事司法证据则是在刑事司法活动中使用的证据材料。具体到某个证据，其无论是作为纪检监察证据采集、使用时，或者是作为刑事司法证据审查、使用时，其存在和表现形式可能并无任何差异，但是对于证据这个概念来说，二者则存在明显的差异性。

首先，二者的表现形式存在差异。对比《监察法》第三十三条第一款和《刑事诉讼法》第五十条第二款，就会发现纪检监察证据的种类中缺少了被害人陈述、鉴定意见，同时也缺少了勘验、检查、辨认、侦查实验等笔录。《监察法》第三十三条第一款在列举证据种类结束时使用了"等"，这里的"等"也存在"等内等"和"等外等"的争论。从严格的法治原则角度出发，为了避免无端争议，有关法律或者司法解释中应该明确相关证据种类在刑事诉讼中的使用问题。但《实施条例》的出台缩小了这一差异性，其第五十九条规定除了《监察法》中的物证、书证、证人证言、被调查人供述和辩解、视听资料、电子数据外，可以用于证明案件事实的被害人陈述、鉴定意见、勘验检查、辨认、调查实验等笔录材料也可以作为证据使用。

其次，二者的使用目的存在差异。纪检监察机关调查的范围较大，其中既包括情节轻微的职务违法行为，也包括危害较大的职务犯罪行为，收集的证据可以用作对违法公职人员政务处分的依据,也可以用作对涉嫌职务犯罪的公职人员定案追责的依据;而刑事司法证据的作用就是定案量刑。在《实施条例》中,第六十二条和第六十三条分别规定了职务违法案件和职务犯罪案件中对于证据材料的要求条件,且二者对于证据的严格程度显然不同,可见纪检监察证据使用目的更为多元,在作为政务处分依据时,并非必须要达到作为刑事司法证据的要求和标准,特别是形式上的要求可能更为宽泛。

最后,二者所处时期存在差异。纪检监察证据存在于纪检监察机关调查的过程中,由此根据前文所述情形,纪检监察证据就会出现是否继续演变或者发展的问题。纪检监察机关调查完成以后,纪检监察证据首先要作为是否进行政务处分以及采取何种政务处分的依据,此时纪检监察证据的性质依然没有改变;如果被调查人员涉及职务犯罪,那么纪检监察机关将调查结果移送检察机关依法审查、提起公诉以后,纪检监察证据就面临着转化的问题,即要通过法定程序完成向刑事司法证据的转化,并最终有可能作为定案的根据。这种差异就引出了"是否需要转换""何时进行转换""如何完成转换"的问题。这些问题下文中将进行阐述。

## 二 纪检监察证据与刑事司法证据具有统一性

作为证据,纪检监察证据和刑事司法证据基本属性是一致的,同时二者的证明作用也是一致的,都是证明违法犯罪事实,证明被调查人行为是否涉及违法犯罪以及情节和结果的轻重程度,因此二者的要求和标准也应该是一致的,根据《监察法》第三十三条第二款的规定,纪检监察程序适用的证据要求和标准与刑事审判程序是一致的,其中既包括收集证据,也包括固定、审查和运用证据;根据《最高人民法院关于适用〈中华人民共和国刑事诉讼法〉的解释》第六十七条第二款的规定,在审查纪检监察证据时,对照适用刑事审判的要求和标准;法院、检察审查和认定监察机关收集、调取的证据材料,其依据包括《监察法》、《刑事诉讼法》、立法解释、监察法规、司法解释等。既然二者具有统一性,那么回到上文差异性提出的问题上来,二者"是否需要转换""何时进行转换""如何完成转换"。在当前的职务犯罪案件办理模式下,可以把整个流程分为三个部分"纪检监察机关调查——检察机关审查公诉——审判机关审理判决",对于证据的审查就出现了"三元主体、一个标准",即纪检监察机关、检察机关、审判机关逐次审查,对照刑事审判的证据标准,这里也将检察机关审查结束作为时间点,结束前是纪检监察证据,结束后则转化为刑事司法证据。应该看到的是,为了强化纪检监察证据作为刑事司法证据的合法性,中纪委和国家监委在 2018 年 6 月出台了专门规定,规范监督检查审查调查相关措施的使用,同时也进一步严格办理程序、落实监管办法,要求对于证据环节,无论是采取相关措施还是收集、固定、审查、运用证据,都要依照法律规定进行,特别是要符合有关证据标准,进一步明确证据收集和审查的标准,这些都为纪检监察证据的转化提供了有力支撑。

### 小　结

从以审判为中心的角度来看,纪检监察与刑事司法的证据是在职务犯罪案件不同办理环节中的不同存在和表现形式,二者既有区别也有联系,同时二者的基本属性、证明作用并无二致,因此在使用上二者的要求和标准应该是一致的,由此倒逼二者在收集上也应该有相同的要求和标准。目前随着纪检监察体制改革向纵深推进,纪检监察与刑事司法的证据也逐步走向统一。

### 第三节　纪委监委收集证据的操作规范

从纪检监察和刑事司法程序二元、证据一体的角度出发,纪委监委在收集证据时既要严格遵守纪检监察机关关于监督检查审查调查措施使用规定的要求,也要全面适用《刑事诉讼法》及其司法解释的要求尤其是关于证据的审查标准。本节中对纪委监委收集证据的操作规范,对照相关法律法规进行梳理和归纳。

#### 一　主体要求

职务犯罪案件的调查由监察机关的工作人员进行,同时根据《监察法》第四十一条规定，采取调查措施收集证据时应至少由 2 名调查人员进行，事先应当出示工作证件，调查完成后形成笔录、报告等材料，以上书面材料真实记录和反映案件情况，需要有调查人、被调查人等相关人员的签名或盖章确认。对于重要的取证工作，特别是讯问，还应当录音录像，录音录像要做到全过程，并要留存以备核查。《监察法实施条例》进一步规定，开展讯问、搜查、查封、扣押以及重要的谈话、询问等调查取证工作，应当全程同步录音录像；并且当人民检察院、人民法院需要调取录音录像时，监察机关应当予以配合。

## 二　不同种类证据的形式要求

前文提到《监察法》明确的证据种类与《刑事诉讼法》存在差异，被调查人涉嫌职务犯罪案卷材料中的证据材料包括主体身份材料，同时除了《监察法》中明确的 5 种证据以外，还包括鉴定意见以及勘查笔录。

物证、书证的形式要求：（1）应当为原物、原件，如果是在勘验、检查、搜查等取证行为中提取、扣押的，还需要附有证明其来源的笔录或清单；（2）原物不便搬运、不易保存、依法应当返还或者依法应当由专门部门保管、处理的，可以由 2 人以上制作原物的照片、录像、复制品，以文字形式对制作情况和原物存放地点作出说明，说明应有制作人的签字确认，同时照片、录像、复制品要充分展现原物的外在形貌和特别表征，并注明与原物核对相符；（3）不能获取原件的，可以由 2 人以上制作副本、复制件，以文字形式对制作情况和原件存放地点作出说明，说明应有制作人的签字确认，同时副本、复制件要全面真实展现原件的内容，并注明与原件核对相符；（4）物证、书证在收集、保管、鉴定过程中的受损或者改变需说明情况。

被调查人供述和辩解的形式要求：（1）讯问笔录需填写讯问的起止时间、地点，讯问人的身份、人数以及讯问方式；（2）对于首次讯问的笔录，权利义务及法律责任的告知情况也要真实反映；（3）讯问笔录需经被调查人核对确认。

证人证言的形式要求：（1）询问证人需制作笔录，填写的内容包括询问人、记录人以及起止时间和地点，如果证人是未成年人的，还要填写其法定代理人的姓名；（2）询问笔录需记录证人是否处于明显醉酒、中毒或者麻醉等状态，并综合实际情况确认证人是否具有正常人的感知能力和表达能力；（3）对于首次询问的笔录，权利义务及法律责任的告知情况也要真实反映；（4）书面证言需经证人核对确认。

视听资料的形式要求：（1）需有提取过程的说明；（2）需为原件，如果是复制件的，还要附有说明，内容包括为何不能取得原件、如何制作复制件和何处存放原件，说明还需有制作人员和原持有人的签字确认。

电子数据的形式要求：（1）需为原始存储介质，如果存在不能封存、不便移动的情况，还要附有说明，内容包括为何不能封存或者不便移动、如何进行收集和提取、原始存储介质存放于何处或者电子数据来自何处等；（2）收集、提取过程的调查人员不能少于2名，同时要制作笔录和清单随附，需要提供签名或盖章的人员包括调查人、提供人（持有人）、见证人；（3）注明名称、类别、格式。

勘验、检查、搜查笔录的形式要求：（1）需记录提起勘查的事由，勘查的时间、地点，在场的人员、现场的方位、周围的环境等，现场物品等的位置情况，以及勘查的过程；（2）笔录需有勘查人员和见证人的签名或者盖章；（3）补充进行勘查的，笔录需记录再次勘查的缘由。

鉴定意见的形式要求：（1）需注明提起鉴定的事由和鉴定委托人、机构、要求、过程、方法、日期等；（2）需有鉴定机构的签章和鉴定人的签名；（3）需注明鉴定机构的基本情况，包括法定资质、业务范围、技术条件等和鉴定人的基本情况。

### 三　不同调查措施的形式要求

根据《监察法》第四十一条的规定，纪检监察机关在调查中可以采取的措施包括：讯问、询问、留置、搜查、调取、查封、扣押、勘验检查等。本节将对相关调查措施可能对证据产生影响的要求逐一阐述。

讯问措施的采取要求：（1）调查人员2人以上；（2）在出示工作证件后进行；（3）被讯问人是女性的，调查人员中至少要有1名女性工作人员；（4）应当分别进行；（5）应当全程同步录音录像；（6）应当现场制作笔录，笔录内容包括：被讯问人的基本情况（包括姓名、性别、出生年月日、籍贯、身份证号码、民族、职业、政治面貌、文化程度、工作单位及职务、住所、联系方式、家庭情况、社会经历、是否担任党代表、党委委员、人大代表、政协委员、是否受过纪律处分、是否受过刑事处罚等）、身体状况，以及权利义务告知情况，所陈述事实的五要素（时间、地点、情节、经过、结果），其他与案件有关的事实等；（7）笔录制作完成后，应该交被讯问人核对，并逐页签名、捺指印，最后一页署名日期，被讯问人拒绝的，调查人员应当在笔录上注明；（8）调查人员应当在笔录上签名；（9）被讯问人可以自行书写情况说明，签名要求同讯问笔录；（10）讯问应在留置场所进行，未采取留置措施的应当在指定场所一楼进行；（11）采取留置措施的，单次讯问不得超过6小时；（12）未采取留置措施的，结束时间不得迟于当天24点，其间应当保证被讯问人饮食和必要休息；（13）讯问结束时，全程同步录音录像的录制人员应制作录音录像相关说明，包括讯问的起止时间，参与讯问的调查人员、录制人员姓名及职务，被讯问人姓名及案由，讯问地点等。《监察法实施条例》还进一步明确了讯问应当在留置场所进行，且调查人员的提问应当与调查的案件相关；以及讯问的一般顺序，即核实被讯问人的基本情况；告知被讯问人如实供述自己罪行可以依法从宽处理和认罪认罚的法律规定；讯问被讯问人是否有犯罪行为，让其陈述有罪的事实或者无罪的辩解，应当允许其连贯陈述。

询问措施的采取要求：（1）调查人员2人以上；（2）在出示工作证件后进行；（3）被询问人是女性的，调查人员中至少要有1名女性工作人员；（4）被询问人是未成年人时，其法定代理人或者有关人员应当到场；（5）应当分别进行；（6）询问重要证人时，应当全程同步录音录像并告知证人；（7）应当现场制作笔录，笔录内容包括：被询问人的基本情况（同被讯问人的基本情况），身体状况，以及权利义务告知情况，所陈述事实发生的时间、地点、情节、经过、结果，其他与案件有关的事实等；（8）笔录制作完成后，应该交被询问人核对，并逐页签名、捺指印，最后一页署名日期，被询问人拒绝的，应当在笔录上注明；（9）调查人员应当在笔录上签名；（10）被询问人可以自行书写情况说明，签名要求同询问笔录；（11）询问的地点包括：调查现场、证人的单位和住处、办案场所，证人提出在其他地点进行的也可以；（12）在调查现场和办案场所以外进行询问的，应当出示监察委员会的证明文件；（13）结束时间不得迟于当天24点，其间应当保证被询问人饮食和必要休息；（14）首次询问时，被询问人人身自由未被限制的，应出具《询问通知书》，并由其在副本上签字确认；（15）询问结束后，未成年证人的法定代理人或者有关人员、翻译人员等应当在笔录上签名；（16）录音录像说明应当包括询问的地点、起止时间，参与询问的调查人员及录制人员姓名、职务等。在《监察法实施条例》中，还规定了对于被询问人员的权利保障措施，包括家属陪同询问、询问未成年人、询问聋哑人、对被询问人员采取保护措施等。

留置措施采取的要求：（1）时间不得超过3个月，自向被留置人员宣布之日起算，特殊情况可以延长一次，延长时间不得超过3个月；（2）应当保障被留置人员的人身权、财产权和申辩权等合法权益；（3）尊重被留置人员的人格和民族习俗；（4）严禁对被留置人员侮辱、打骂、虐待、体罚或者变相体罚；（5）保证被留置人员的饮食和必要休息时间。《监察法实施条例》进一步细化了关于被调查人留置期间的相关规定，如：讯问被调查人应当在留置场所进行且调查人员不得少于两人；留置场所应当建立健全安全工作责任制，制定紧急突发事件处置预案，采取安全防范措施。还进一步明确了不得采取留置措施的情形：（1）患有严重疾病、生活不能自理的；（2）怀孕或者正在哺乳自己婴儿的妇女；（3）系生活不能自理的人的唯一扶养人。

搜查措施采取的要求：（1）搜查应当在立案以后进行；（2）搜查对象包括被调查人的身体、物品、住所、工作地点、银行保管箱和其他有关的地方，也包括可能对被调查人或者犯罪证据提供藏匿的人的以上情形；（3）出示搜查证；（4）调查人员2人以上；（5）搜查时应当由被搜查人或者其家属、邻居或者其他见证人在场；（6）对女性身体采取搜查措施时，工作人员应为女性；（7）搜查过程应当全程录音录像；（8）应当现场制作笔录，调查人员在笔录上签名的同时，被搜查人也要签名，其家属、邻居等见证人签名也可以；（9）搜查应当避免未成年人或者其他不适宜在搜查现场的人在场；（10）搜查人员不得擅自变更搜查对象和扩大搜查范围。

调取、查封、扣押措施采取的要求：（1）调取应当出具《调取证据通知书》，应当调取原物、原件；（2）不能调取原物、原件的，应当附有书面说明，内容包括不能调取的原因、复制件的制作过程以及原物、原件存放于何处，调取人、提供人应当在调取的证据材料上签名或者盖章；（3）执行查封、扣押，须有2名以上调查人员，并现场制作笔录由调查人员、持有人、见证人签名，当场填写查封、扣押清单（一式四份），全程录音录像。

勘验检查措施采取的要求：（1）由调查人员进行，必要时可以委托公安机关或聘请具有专门知识的人进行，但须由调查人员主持；（2）勘查时有2名见证人在场，见证人不能与案件存在关联；（3）应当现场拍照、录像，制作相关笔录和现场图，由参加勘查的人员和见证人签名；（4）调查人员可以对被害人、被调查人的人身进行检查，必要时可以强制检查；（5）对被害人、被调查人的人身进行人身检查时，如果是女性，检查人员应是女性或者医师；（6）必要时可以进行调查实验，制作笔录由参加实验的人签名或盖章。

## 四　内容要求

证据要全面、详细地反映案件的事实。《监察法》对于证据链的要求是相互印证并且完整稳定。《刑事诉讼法》对于证据确实、充分的条件表述如下：定罪量刑的事实都有证据证明；据以定案的证据均经法定程序查证属实；综合全案证据，对所认定事实已排除合理怀疑。职务犯罪案件因其特殊性，证据最重要的就是证实，内容有其独特的要求。

首先，要证实犯罪主体的身份，即是否属于依法履行公职的人员，包括：公务员，主要分布在各级党政机关、人大机关、政协机关、监委、法院、检察院、民主党派和工商联机关；参照公务员法管理的人员；从事公务的人员，主要分布在管理公共事务的组织中，此类组织需要有法律、法规的授权或者国家机关依照法律、法规进行委托；从事管理的人员，主要分布在国有企业、公办的科教文卫体等单位、基层群众性自治组织等，这类企业、单位、组织履行的是管理国有资产、提供公共服务、开展社会治理等职能；其他依法履行公职的人员。这里的主体身份证据主要依赖于书证，包括：组织机构代码证、法人登记证书、工商营业执照复印件；被调查人的任职履历表、任命文件等。其中有两类单位或者组织中从事管理的人员主体身份证据材料较为复杂：一是公办的科教文卫体等单位；二是基层群众性自治组织。对于这两类人员除了以上的书证材料外，还需要调取更加详细的会议记录、分工文件等明确其从事管理的书证材料，同时也需要通过被调查人供述和证人证言进行补充。

其次，要证实犯罪的主观方面。犯罪的主观方面主要是犯罪嫌疑人的心理活动或者状态，这种心理活动或者状态都会通过犯罪嫌疑人的行为表现出来，从而达到主客观相统一的结果。证实犯罪的主观方面，主要通过以下被调查人的供述和辩解来证实，包括被调查人是否认识到自己公职人员的身份、是否认识到自己利用了职务便利、是否认识到收受物品的价值、是否认识到自己作为或者不作为的后果等等。

再次，要证实犯罪的客观方面。这里需要证实一般包括四个方面的内容：一是行为，即被调查人有没有实施某种特定的行为，比如受贿罪，被调查人有没有收受财物的行为，可以使用的证据包括被调查人收受财物监控视频记录、银行账户往来流水等视听资料、电子数据；比如挪用公款罪，被调查人有没有实施挪用的行为，可以使用的证据包括被调查人银行账户往来流水等电子数据。二是对象，即被调查人对特定对象实施犯罪行为，比如贪污罪，被调查人非法占有的财物是否为公共财物或者国有财物，可以使用的证据包括对相关财物来源、性质等进行说明的书证等；比如故意泄露国家秘密罪，被调查人传输、传播的是否为国家秘密，可以使用的证据包括标有密级的文件资料等物证。三是后果，即被调查人实施的行为造成的危害结果，比如破坏选举罪，被调查人的暴力破坏选举场所或者选举设备有没有产生致使选举无法正常进行的结果，可以使用的证据包括选举无法正常进行后的延期公告等书证；比如环境监管失职罪，有没有产生公私财产遭受重大损失的结果，可以使用的证据包括环境主管部门出具的造成生态环境严重损害的鉴定意见。四是数量，即被调查人的犯罪行为达到何种程度，比如贪污罪、受贿罪的金额，可以使用的证据包括证人证言、对贪污或者收受财物价值的鉴定意见、贪污或者收受财物的物证等；比如重大责任事故罪中造成伤亡的人数，可以使用的证据包括主管部门调查报告等书证。

最后，还要证实影响量刑的情节。主要包括四种情况的证据材料：一是自首，包括监察机关调查前已掌握被调查人涉嫌职务犯罪情况、线索、来源、初步核实情况、立案调查时间，被调查人到案具体时间、到案方式、到案后主动交代情况及查证情况等；二是坦白，包括被调查人对案件情况的如实供述，相关部门或人员出具的证实调查人认罪态度的情况说明；三是立功，证明立功情节的主要证据材料有被调查人检举揭发材料和监察机关的调查核实材料，其他可以起到辅助证明作用的证据材料还包括被调查人检举揭发线索的来源证明材料、被检举揭发人的供述等以及涉及被检举揭发案件和被检举揭发人的有关法律文书；四是酌定情节，包括被调查人的供述和辩解或要求家属帮助退赔的亲笔信函、家属为被调查人退赔的证言、有关部门出具的被调查人退赔是否积极的证明材料和扣押物品清单等相关书证。在《监察法实施条例》中，第二百一十四条至二百一十七条明确规定了关于自动投案、真诚悔罪悔过；积极配合调查工作、如实供述监察机关还未掌握的违法犯罪行为；积极退赃、减少损失；具有重大立功表现的各种情形。

## 五 移交和互调要求

在案件调查过程中以及完成后，可能涉及证据材料的移交和互调，这里的移交和互调也要严格遵守相关法律法规的要求。具体可以分为以下几种情况：一是调查完成后的证据移交。调查工作结束以后，对于决定移送检察机关的案件，需要移送的文件材料包括移送函、《起诉建议书》、全部案卷材料。其中案卷材料最重要的部分就是证据材料。二是调查期间发现无管辖权的证据移交。监察机关或者检察机关、公安机关中无管辖权的一方应向有管辖权的一方移交证据，并履行手续，有管辖权的机关对于移交的证据可以审查，符合法定要求的可以使用，同时也可以对现有证据进行补充完善或者收集、调取新的证据材料。三是互涉案件的证据互调。对于互涉案件，有关机关应当依照职能管辖规定分别收集、调取证据材料，必要时可以为其他管辖机关收集、调取证据材料，也可以从其他管辖机关调取已经收集的证据材料。其中从其他管辖机关调取的现有证据材料需要加盖对方公章。

### 小　结

证据的收集是证据审查、运用的起点，正所谓"差之毫厘，谬之千里"，随着监察体制改革的深化，纪委监委在总结违纪案件调查经验的基础上，充分吸收刑事司法程序关于证据收集的形式要求和内容要求，逐步形成了符合新形势下职务犯罪案件查办特点的证据收集规范，同时对于案件移送时的证据移交和互涉案件中的证据互调也逐步纳入规范化、法治化轨道，为案件审理时正确运用证据认定事实、定罪量刑打下了坚实的基础。

## 第四节　非法证据的排除

证据是实现司法公正的基石。近年来，诸如"佘祥林案""呼格吉勒图案""聂树斌案"等一批重大冤假错案都是因为非法证据而产生，也大都是因为非法证据被排除而获得纠正。应该看到的是，职务犯罪案件中非法证据的排除，对于规范监察调查手段、确保实现司法公正、提高惩治腐败的公信力和震慑力，都具有重要的现实意义和实践价值。本节在证据规则中重点探讨非法证据排除规则及其在实践中的适用，并以此为突破口找准纪检监察与刑事司法程序证据衔接的贯通渠道。

### 一　非法证据的概念

厘清"非法证据"的概念，首先要弄清楚什么是"合法证据"。对于"合法证据"，学界的主流观点是"三合法一属实"，即运用主体、来源程序、证据形式都要合法，证据本身还必须经过法定程序查证属实。[1] 由此，可以引申出一个新的概念"非合法证据"，其中包括四种不合法的情形：一是取证主体不合法，最典型的是取证主体不具有法定的取证资格；

---

[1] 樊崇义：《证据法学》（第3版），法律出版社2003年版。

二是取证形式不合法，如证人证言未经被询问人核对签名；三是取证程序不合法，如首次讯问没有告知被讯问人相关权利义务而取得的供述；四是取证手段不合法，如采取暴力、威胁手段取得的被调查人供述。应该说"非合法证据"与"合法证据"是相对的概念，那么是否"非法证据"与"合法证据"也是相对的概念，或者说"非法证据"与"非合法证据"就是相同的概念。对此，不论从理论上还是实践上来说都是否定的。

非法证据排除规则首先出现在英美法系中，其英文是"evidence illegally obtained"，直译为通过不合法的方式取得的证据，根据常规理解也就是取得相关证据的方式、手段或者其他行为损害了法律赋予被告人的权利。该规则最早出现在美国。作为权利法案的组成，美国宪法第四修正案禁止无理搜查和扣押。而非法证据排除规则就是要排除基于无理搜查和扣押而取得的证据，从而实现第四修正案禁止无理搜查和扣押的立法目的。随后，由该规则而来的被告人权利救济措施，逐步被延伸应用于保障美国宪法第五、第六和第十四修正案立法目的的实现。[1] 应该说，之所以设立非法证据排除规则，就是为了从根本上确立保障权益的原则，防止司法权力的滥用，确保司法公正的实现。我国理论学者对此的认识是："建立非法证据排除规则，旨在通过剥夺侦查人员'劳动成果'的方式，遏制他们非法取证的行为。"[2] 正是基于此，"非法证据"应该局限于取证手段不合法的证据。

正如上文所述，证据包括"合法证据"和"不合法证据"，而"非法证据"属于"不合法证据"，于是就在"非法证据"与"合法证据"间出现了一个灰色地带，也即是上文所说取证主体不合法的证据、取证形式不合法的证据、取证程序不合法的证据。这个证据的灰色地带，称之为"瑕疵证据"。对于瑕疵证据，在理论和实践中一般采取裁量排除规则，可以进行必要的补正或者合理的解释和说明，如果既不能补正也不

---

[1] 卞建林、杨宇冠主编：《非法证据排除规则实证研究》，中国政法大学出版社2012年版，第161—162页。

[2] 熊秋红：《刑事证据制度发展中的阶段性进步——刑事证据两个规定评析》，《证据科学》2010年第5期。

能进行合理的解释和说明,则将其排除在定案证据之外。回到"非法证据",在理论和实践中一律采取强制排除规则,证据一旦被认定为"非法证据"就立即失去证明能力,不再作为调查处置、提起公诉和作出判决的依据。

**二 非法证据排除的法律依据**

1.《监察法》依据。《监察法》第四条第二款明确了职务犯罪案件办理中监察机关和司法机关、执法部门的关系,也即"相互配合""相互制约"。这就为监察调查和刑事司法程序的证据衔接提供了基础机制,其中相互制约就是要求构建程序上的制约机制,如合法性审查、必要性审查等,防止错误的发生,并能够及时地发现和纠正错误,进而确保案件的质量,达到正确运用法律惩罚违法犯罪的目标,这里具体的制约机制就包括对证据的审查以及非法证据的排除。《监察法》第三十三条第三款对监察程序中非法证据排除作出了原则规定,这个原则规定中把非法证据定义为"以非法方法收集的证据",并且在排除的同时还明确了衍生后果,也就是在案件的处置中也不能作为定性定罪定刑的依据。由中纪委和国家监委法规室编写的《监察法释义》在详解此条款时,把"非法方式"分为两种类型:一是刑讯逼供;二是威胁、引诱、欺骗。对于"刑讯逼供"行为,理论和实践中都有较为明确而且统一的认识,首先是肉刑,如殴打、电击等;其次是变相肉刑,如饥饿、火烤、剥夺睡眠等;最后是兜底性的其他方法,这里的其他方法只要能在肉体上使人产生剧烈疼痛或者精神上使人产生强烈痛苦都可以视为刑讯逼供行为。关于"威胁、引诱、欺骗"行为,其中的"威胁"既可以是以暴力也可以是以恐吓等手段相威胁,这里的暴力手段应是尚未实施但是可能实施的,如果已经实施的则就归为了刑讯逼供行为;"引诱、欺骗"可以是许以好处,也可以是作出误导,根本在于使当事人在"作出供述是否有利于自己"的问题上,产生不符合自身真实意愿的错误认识。无论是"刑讯逼供"还是"威胁、引诱、欺骗"都是迫使或者诱使当事人违背自己的真实意愿作出供述,无论此供述是否真实。这也有悖于"禁止自证有罪"的原则。《监察法》第四十条第二款作出了"两个严禁"的规定,在证据的收集上，把威胁、引诱、欺骗等列入严禁范围；在对待被调查人和涉案人上，把侮辱、打骂、虐待、体罚以及变相体罚列入严禁范围。这就以半列举的形式再次强调防止非法证据的产生。在《实施条例》中，第六十四条至第六十六条对非法证据排除作出了严格的规定。其中，第六十四条规定严禁以非法方法收集证据；第六十五条规定对于非法方法收集的证据应当依法予以排除，并明确了"暴力的方法""威胁的方法"的概念；第六十六条明确了对监察调查中非法收集证据的监督核实。

2.《刑事诉讼法》及其司法解释依据。《刑事诉讼法》第五十二条对收集证据行为作出了强制性和禁止性规定，这也是认定非法证据的基础。该条款首先明确了证据收集的责任主体，即审判、检察、侦查人员；然后明确了证据收集的要求，即依照法定程度；随后明确了需要收集的证据内容，包括定罪和量刑，也就是罪行和情节。该条款最关键的是明确了"一个原则和一个严禁"，原则就是禁止自证有罪，严禁的是非法取证行为，包括刑讯逼供以及威胁、引诱、欺骗等行为。《刑事诉讼法》第五十六条是对非法证据排除的源头规定，同时也明确了非法证据排除的时期或者时点。该条款首先明确了非法证据排除的范围，即应当排除的非法证据是通过非法方法收集的，对于证人证言、被害人陈述而言非法方法主要是暴力、威胁等行为，对于犯罪嫌疑人、被告人供述而言非法方法主要是刑讯逼供。该条款还对瑕疵证据的排除与否作出规定，瑕疵证据主要是没有按照法定程序收集的，种类包括物证和书证，其存在和使用不利于司法公正的实现。对于瑕疵证据并非一概排除，而是可以通过两种方式进行"修复"：一是进行必要的补正，二是进行合理的解释或说明。如果不能"修复"的，则归为非法证据，进行排除。透过《刑事诉讼法》第五十六条，也可以得出非法证据排除的时点包括侦查、审查起诉和审判过程，也就是贯穿于刑事司法程序的全过程。《刑事诉讼法》第五十七条和五十八条第一款明确了非法证据排除的主体，第五十八条第二款明确了申请非法证据排除的权利主体，第五十九条明确了证据合法性的证明主体和证明方法，第六十条明确了非法证据排除的标准。最高人民法院《刑诉解释》在第四章证据中以一个整节共16个条目的内容全面规定了非法证据排除的范围、方法等。这也是刑事诉讼程序中非法证据排除的主要依据。

3. 其他依据。主要包括最高法、最高检、公安部、安全部、司法部2010年6月联合发布的《关于办理刑事案件排除非法证据若干问题的规定》《关于办理死刑案件审查判断证据若干问题的规定》（本章后文简称《刑案排非规定》《死刑证据规定》）和2017年6月联合出台的《关于办理刑事案件严格排除非法证据若干问题的规定》（本章后文简称《严格排非规定》），这些政策文件明晰了刑事司法程序如何认定以及排除非法证据的实践问题，建立健全了证据合法性审查机制。此外还包括国家监察委员会、最高人民检察院联合制定的《工作衔接办法》及《移送要求与材料清单》，这些政策性文件既涉及非法证据的范围，也规定非法证据的排除程序，对于监察体制改革后的职务犯罪案件办理具有很强的现实指导意义。此外，《刑诉规则》第五章第六十六至七十五条，也具体阐述了非法证据的囊括范围和排除程序，其中排除的范围与最高人民法院《刑诉解释》中的规定基本一致。

应该看到，无论是监察法律体系还是刑事法律体系，对于非法证据的排除都非常重视也呈现出愈加重视的趋势。当前，在"以审判为中心"的改革要求下、在"确保侦查、审查起诉的案件事实证据经得起法律的检验"的导向下、在"确保司法公正"的目标下，排除非法证据已经成为从侦查调查到审查公诉到审判裁决等各个环节的重点，也是监察机关和司法机关的共同责任。因此，尽管具体法律中纪检监察与刑事司法程序的排除非法证据规定还没有完全统一，但是从立法目的上来讲，非法证据的排除原则应该是"从严从新"，也就是说应该把所有现行法律的规定全部落实到位，做到"应排尽排"。对于监察机关而言，严格按照《监察法》和相关政策文件规定排除非法证据固然无错，但是从加强法衔接、确保司法公正的角度来说，也要依照《刑事诉讼法》及其司法解释和"两高三部"的相关规定要求，更加主动、更加严格地排除非法证据。

### 三　非法证据排除的重点对象及相关案例

根据《监察法》以及《刑事诉讼法》的有关条款，职务犯罪案件的线索来源主要有四种：报案、举报、犯罪嫌疑人自首和其他国家机关移送。相较于其他刑事犯罪,职务犯罪案件取得线索时大多就已经基本确定犯罪嫌疑人,调查取证方式主要是"由人查事",因此证据也具有其特点:首先,主要证据种类集中。职务犯罪案件具有很强的隐蔽性,比如受贿罪的行为大多是"一对一"进行,贪污罪的行为甚至是"一个人"进行,同时也由于缺少明确的受害人,很多案件就缺乏甚至没有证人证言、被害人陈述等。在实物证据方面,职务犯罪案件涉及最多的是财物,除了少数具有明显外在特征的特定财物,绝大多数的现金、转账等容易出现混同、消耗、隐匿等情形,很难提取书证、物证。此外,其他的证据包括鉴定意见、视听资料、勘查笔录、电子数据也并不能做到每案必有。总体上看,职务犯罪案件证据中被调查人供述占比最大,也是最能反映案件事实的证据。其次,直接证据数量匮乏。虽然直接证据具有最为直接的说明效力,证明力也优于间接证据,但是对于职务犯罪案件而言,除了被调查人供述之外,证人证言、被害人陈述等相对的直接证据较少,而且证人证言也很难反映"非法占有目的""牟取私利行为"等。最后,言词证据时而翻供。言词证据是口口相传的证据,来源是被调查人或者证人对于案件相关情况的复述,其中无论是"记忆事实"还是"判断意见",都难免经过陈述人的主观加工。[1] 因此言词证据具有很强的主观性,也呈现出较大的可变性。比如受到主观心理状态和客观环境条件的影响,甚至是出于主观上的脱罪思想,被调查人的供述极易出现反复,时而提供真实供述、时而提供虚假供述、时而避重就轻、时而顾左右而言他等各种翻供行为都可能出现,甚至不乏个别认罪认罚人员当庭翻供,这就使得一些职务案件的单个证据薄弱、整个证据链脆弱。针对以上特点,本节聚焦职务犯罪案件的言辞证据尤其是被调查人供述,通过梳理近年来选入指导案例的职务犯罪案件,详细阐述非法证据的认定和排除。

1. 刑讯逼供行为产生的非法证据。刑讯逼供是最典型的非法取证行为。比如在近期丹东市中院二审的一个案件中,因刑讯逼供一审获罪的两名民警上诉中称遭到疲劳审讯。应该看到,排除刑讯逼供取得的供述,

---

[1] 陈瑞华:《刑事证据法学》,北京大学出版社2014年版,第77页。

是现代法治国家的共识，这也是我国刑事司法体系"排非规则"的首要原则。前文详述了根据《监察法》释义的"刑讯逼供"行为的认定标准。根据最高人民法院《刑诉解释》，"刑讯逼供"被分为两种类型：一是暴力方法；二是变相肉刑。无论是《监察法》释义还是《刑事诉讼法》解释，对于"刑讯逼供"产生的后果和目的都是有着相同的阐述，即使被调查人遭受痛苦，这种痛苦的程度达到难以忍受的地步，然后为了免遭痛苦而违背自身真实意愿作出供述。这里把"刑讯逼供"再具体化到以下情形：①殴打被调查人；②捆绑被调查人，如果是为了防止被调查人因为自身原因意图自杀、自伤、自残或者防止被调查人攻击他人，采取的必要的行为限制措施包括捆绑的，不应视为刑讯逼供行为；③长时间遏制或者抑制被调查人的基本生理需要，比如禁食、禁饮、剥夺睡眠等；④长时间挑战或者突破被调查人的人体忍受极限，比如使用强光照射、置于烈日暴晒、通过寒冷冰冻等；⑤其他可以被认为是肉刑或者变相肉刑的手段。刑讯逼供中最难认定和把握的是"疲劳讯问"。"疲劳"是主观感受，对于身体健康、意志顽强的被调查人和体弱多病、意志薄弱的被调查人具有不同的实际意义。[①] 在《刑事审判参考》指导案例第1141号"吴毅、朱蓓娅贪污案"中，一审扬州市江都区人民法院通过审查讯问笔录和同步录音录像发现，办案单位对犯罪嫌疑人吴毅进行了30多个小时的连续讯问，采取的方式包括上下级机关"倒手""轮流审讯"等，在此过程中吴毅的必要休息时间也没有得到保证，认定这段讯问属于疲劳审讯，在此期间取得的吴毅4份有罪供述也都被作为非法证据予以排除，没有作为定案依据使用。本案中对于疲劳讯问的认定主要还是考虑连续讯问时长和是否保证必要休息时间。与本案不同的是2015年北京市第二中级人民法院审理的"刘军谊受贿案"，法院查明侦查人员于2014年8月19日、20日对刘军谊限制人身自由的调查询问时间约10个小时，审讯时间为2个小时至3个小时间之间，二者累计连续问话时间为13个多小时，但是认为审讯行为的违法程度还没有达到刑讯逼供的程度、过程中对于刘军谊的强迫程度也还没有达到足以使其违背自身意愿的程度，

---

① 龚举文：《论监察调查中的非法证据排除》，《法学评论》2020年第1期。

因此没有将其认定为《刑事诉讼法》规定的非法取证方式。就此,监委有关工作规则中也进行了预防性规范:讯问被调查人采取留置措施的,单次讯问不得超过 6 小时;未采取留置措施的,结束时间不得迟于当天 24 点,其间应当保证被讯问人饮食和必要休息。

2. 威胁、引诱、欺骗行为产生的非法证据。威胁和引诱、欺骗也是比较常见的非法取证行为,但是在实际认定上也存在较大难度。就威胁来看,其与合法的调查策略并非泾渭分明,比如"不说的话,你自己想想后果""你不老实交代,还想出去?""你不交代,家里人也跟着受罪"等等,这些语句在不同的语境、以不同的语气会产生循循善诱或恐吓胁迫等不同语义,难以一概而论。前文所述丹东市中院二审的案件中,涉案犯罪嫌疑人也称办案人员以威胁、引诱、欺骗等方法审讯,对其说,"如果不配合我们工作,我就让你没有工作。""如果承认刑讯逼供,就让你回家,保证对其工作没有影响。"对于引诱、欺骗,有人认为调查是一个双方对抗、相互博弈的过程,这次过程中难免会运用引诱甚至欺骗的方式。① 具体实践中,调查人员会使用一些讯问语言和行为,从气势上、心理上压倒、摧垮被调查人员的心理防线,这也是调查的策略,因此在认定时要更加谨慎。在《刑事审判参考》指导案例第 1040 号"尹某受贿案"中,法院在观看审讯期间同步录音录像时发现,尹某在进入办案地点之后产生较强的抗拒情绪,经过多天的思想教育其仍未交代犯罪事实。其中,在 27 日 17 时至 19 时,办案人员对尹某有言语辱骂,并以调查其家人相威胁,要求其作出供述、交代问题,这就给尹某造成了较大的心理压力,不能排除其因此被迫承认犯罪事实的可能性,法院认为侦查机关在此阶段的取证行为非法,取得的证据应予以排除。

3. 非法限制人身自由行为产生的非法证据。公民的人身自由是受《宪法》保护的基本权利。刑事司法体系和监察法律体系都将"通过非法限制人身自由的方式或者在非法限制人身自由期间收集的供述"纳入非法证据排除的范围。实践中,非法限制人身自由的行为包括超期羁押、未经法定程序非法限制公民行动等。对于非法限制人身自由行为产生的

---

① 龙宗智、何家宏:《"兵不厌诈"与"司法诚信"》,《证据法论坛》2003 年第 6 期。

非法证据，采取的是严格排除、绝对排除原则，即无须考虑非法限制人身自由行为对被调查人人身和心理产生的影响，凡是认定非法限制人身自由，期间所有的供述一律排除。在《刑事审判参考》指导案例第 1165 号"黄金东受贿、陈玉军行贿案"，银川市某区法院查明：在 2013 年 1 月 13 日银川市人民检察院对黄金东宣布刑事拘留前，已经将其传唤到案，截至对其宣布刑事拘留时已经限制人身自由达 90 个小时，该做法明显违反法律对传唤期限的规定，超出法定传唤期间对黄金东的羁押属于非法限制人身自由，由此认为在此期间取得的供述属于非法证据，应当予以排除，不得作为定案的根据。防止因非法限制人身自由行为而产生非法证据，这也是《监察法》以留置取代两规措施的立法目的之一。

4. 重复供述。重复供述中最终的有罪供述虽然并非通过非法手段取得的，但此前被调查人员已经遭受刑讯逼供等非法方式并且被迫作出本质相同的有罪供述。根据人类的心理特点，被调查人在受到刑讯逼供后，或出于恐惧、或出于绝望、或出于放弃，此后自供的自愿性和内容的真实性都会受到较大影响。2017 年"两高三部"共同签发的《关于办理刑事案件严格排除非法证据若干问题的规定》中明确将重复供述列入非法证据的排除范围之内，并将重复供述中的非法取证方式限定为刑讯逼供。在《刑事审判参考》指导案例第 1140 号郑祖文贪污、受贿、滥用职权案中，法院就不仅排除了被告人在侦查人员威胁、引诱的情形下作出的承认收受贿款的有罪供述，同时也排除了被告人在侦查阶段对此的"重复供述"。但是对于重复供述并非一概排除，《严格排非规定》也设定了阻却情形：一是变更调查主体，二是变更办案阶段。同样在《刑事审判参考》指导案例第 1141 号"吴毅、朱蓓娅贪污案"中，一审扬州市江都区人民法院在排除吴毅到案初期的四份有罪供述时，也认为其后吴毅在江苏省人民检察院审查批捕人员提审时所做的认罪供述，因为讯问主体不同，最初的侦查人员并不在场，整个提审活动没有诱供逼供、疲劳审讯等情形，最初影响其自愿供述的因素已经不复存在，故该份证据具有可采性。

**小　结**

非法证据的取得手段是不合法的，有违法治基本原则。如果放任非法取证行为的存在和发展，将极大地损害被调查人的合法权利，也将不可避免地产生冤假错案，最终会对司法的公信力造成致命的、不可挽回的负面影响。从法治建设角度来看，排除非法证据是保障人权的必然要求；从个案来看，排除非法证据更是保证案件质量的重要举措。在职务犯罪新的调查模式下，纪检监察机关一开始就明确了"非法证据排除"规则，并根据职务犯罪案件的自身特点和调查的实际情况，逐步形成了监察调查和刑事司法在非法证据排除上的衔接机制。尽管其中依然存在着体制机制和操作层面的脱节，但是随着监察体制改革的深化，衔接要求越来越具体，衔接程度也越来越紧密。

## 第五节　监察机关与司法机关有关证据衔接机制的完善

在"以事实为依据"的基本原则要求下，作为反映事实的核心，证据环节不容有失。《监察法》实施以来，纪检监察机关积极对接刑事司法机关，全面加强纪检监察和刑事司法程序的衔接，在规范取证程序、强化证据合法性等方面积极探索，形成了很多行之有效的办法和做法，但是具体实践中还存在不少薄弱环节和空白地带亟待完善。

### 一　加快有关证据法律体系的衔接

规范证据取得和使用的具体法律规范制度，是实现证据合法性的前提和基础。作为监察领域的基本法，《监察法》更多呈现出混合属性，有的条款属于组织法的内容范畴，有的条款还具有行为法的性质，同时还涉及程序和救济方面[①]。即便是这样一部性质多元的法律，《监察法》也才有 68 条，其中有关证据的条文也只有 17 条不到 2000 字的内容，主要

---

① 姜明安：《国家监察法立法的若干问题探讨》，《法学杂志》2017 年第 3 期。

是原则要求，仅仅涵盖取证措施和证据审查，如此抽象的证据规则也大大降低了其的可操作性。

就目前来看，加快有关证据法律体系的衔接，首要的任务是，尽快落实《监察法实施条例》，针对实践中反映突出的问题和《监察法》中过于原则的问题，通过《监察法实施条例》中更加详细具体的相关规定，明确监察机关的权限边界，规范监察程序的具体流程，特别是在证据方面形成更加具有操作性和指导性的实施意见。其次要推动监察法律体系与刑事法律体系中的证据规则逐步统一，应该说这也符合"以审判为中心"的目标要求，可以考虑三个方法：一是具体引用，即在《监察法实施条例》以及其他政策文件中直接"引用"刑事法律体系中的具体证据规则；二是概括适用，即通过修改《监察法》增加"有关证据规范适用《刑事诉讼法》相关规定"来完成证据规则的衔接；三是加入，即在具体证据规则中，联合刑事司法部门制定出台相关司法解释，具体可以参考"两高三部"联合制定《刑案排非规定》《严格排非规定》的做法。最后还要加强对现有证据规则落实的督促检查，确保有关规定得到落实，减少人为因素的干扰。

## 二 明确初核阶段证据的法律地位和使用标准

监察体制改革前，《刑事诉讼法》并没有明确规定职务犯罪案件的初查机制，只是检察机关试行的《刑事诉讼规则》中以司法解释的形式作出规定，也就是对于认为需要初查的案件线索，报检察长或检察委员会决定。《监察法》出台后，职务犯罪案件立案调查前初步核实的机制才正式在法律层面上得以确立。对于案件的初核（监察体制改革前为"初查"），纪检监察部门非常重视，中纪委、国家监委网站理论板块的《案件初查方法刍议》文中就提到"初查是查办案件的必经过程，既是查案中的基础性工作，也是查案工作中十分重要的一环"。值得注意的是，在初核以后，不能成案或者违纪案件占了绝大多数。

学界对纪检监察部门初核阶段获得证据的效力存在不同的观点：纵博对于初核阶段获得证据的适用的观点是，在刑事诉讼程序中，是否可以直接适用取决于证据是否经过合法程序收集,而不取决于取证的时间①。陈光中、邵俊的观点是,如果言词证据是在初核阶段取得的,则在刑事诉讼程序中不能直接适用②。李勇认为要作为刑事诉讼证据,必须是立案之后取得的言词证据;在初核阶段中,如果证据是由技术调查取得的,则不能直接用于刑事诉讼,必须要进行转化,才能在刑事司法程序中使用③。

目前纪检监察部门的实际工作中,对于初核阶段获得证据的效力认定还存在模糊地带,这也在一定程度上影响了相关证据的适用和转化,不利于其在刑事案件审理中定罪量刑作用的发挥。应该说《监察法》规定关于初步核实期间的取证要求和标准是较低的,此时收集、调取的证据能否在刑事司法程序中使用,还必须经过审查和认定。因此,在完善衔接机制的过程中,也要通过相关的法律和政策文件进一步明确初核阶段证据的地位。具体来说,应该以"立案"为程序标志:立案前获取的证据尤其是被调查人供述一般不直接使用,立案后按照取证程序要求对立案前获取的证据进行全面审查或者重新取证,而对于立案后获取的证据一般就是直接使用。这也要求纪检监察机关高度重视立案环节,一旦立案就要立即按照程序规则开展相关调查工作。

### 三 完善同步录音录像制度

同步录音录像对于规范取证行为以及证据合法性的认定,都具有重要的现实意义。比如在《刑事审判参考》指导案例第823号"褚明剑受贿案"中,被告人褚明剑提出其有罪供述系被逼作出的,纪委调查过程中不但采取了刑讯逼供的方式,还有指供诱供的行为,更为甚者因为钉子所伤其臀部产生溃烂,因此有罪供述是非法取得的,应该予以排除。在根据被告人申请排除非法证据的过程中,法院的主要调查方式是观看讯问期间尤其是被告人提出存在刑讯逼供期间的同步录音录像。法院调

---

① 纵博:《监察体制改革中的证据制度问题探讨》,《法学》2018年第2期。
② 陈光中、邵俊:《我国监察体制改革若干问题思考》,《中国法学》2017年第4期。
③ 李勇:《〈监察法〉与〈刑事诉讼法〉衔接问题研究——"程序二元、证据一体"理论模型之提出》,《证据科学》2018年第5期。

看同步录音录像后，没有发现被告人提出的刑讯逼供行为，同时法院也没有发现让被告人坐在有钉子的凳子上的视频画面，也不存在臀部溃烂的情形，于是没有支持被告人提出的排除非法证据的意见，即纪委调查阶段并没有刑讯逼供的问题，被告人的口供系其出于自愿作出，可以作为证据采纳。这就为最终的定罪量刑提供了基础。

监察体制改革前，最高检就已制定出台了《人民检察院讯问职务犯罪嫌疑人实行全程同步录音录像的规定》，明确录音录像"全程、同步、不间断"的原则，并对录音录像的过程作出详细规定。监察体制改革后，《监察法》延续了讯问职务犯罪嫌疑人录音录像的规定，虽然同时把录音录像的范围扩大到搜查、查封、扣押等重要取证工作，但最后对于录音录像的使用也只是留存备查。对于"留存备查"，《监察法》释义中明确，调查过程中录音录像并不在随案移送检察机关的卷宗材料范围之内，对于检察机关的调取需要，限于与指控犯罪有关，同时也没有强制调取的权力，只能是沟通协商。与指控犯罪无关但是会产生重复供述的录音录像能否调取，沟通协商的结果如何，这些问题都没有得到明确。这样就降低了录音录像的可使用性。尽管在《实施条例》中，第五十六条规定"人民检察院、人民法院需要调取同步录音录像的，监察机关应当予以配合"，但这种"配合"仍然需要监察机关经审批后才能予以提供。就充分发挥录音录像在证明证据合法性中的作用而言，可以考虑建立录音录像随案移送制度的可能，即便不能随案移送，也应在相关规定中明确检察机关协商调取录音录像的程序，并将调取录音录像的主体扩展至法院。

### 四　健全证据审查体系

证据审查主要是确定证据的真实性和可靠性，从而为案件的最终定罪量刑奠定基础。监察体制改革以后，职务犯罪追诉的第一环节前移到监察机关的调查过程，同时根据《监察法》的规定，监察机关也负有证据审查的职责。那么，职务犯罪证据的审查机关就由原来的检察机关、审判机关"二元主体"拓展到监察机关、检察机关、审判机关"三元主体"。从制度设计层面，审查主体与审查流程的拓展，也就必然将降低非法证据的存在率、提高证据的适用性。但是，从实践来看，由于衔接机制的不够完善,"三元主体"审查权能并未能够形成齐头并进的格局,"三元审查"体系主体脱节的问题还亟待解决。

1. 要从监察机关内部监督入手,完善证据收集主体和审查主体相对分离机制。在目前的"三元主体"格局中,监察机关既承担收集证据的职能,又具有审查证据的权能,扮演着"运动员"和"裁判员"的双重角色。虽然根据《监察法》及纪委监委的有关规定,监察机关的调查权和处分权相对分离,但是实际上承担证据审查工作的案件审理部门也只是纪检监察机关的内设部门,对于审查同级部门收集的证据难免存在"偏袒盲从"或者"先入为主"的心理,特别是有的案件还是由分管领导主导调查,这种"平行自查"甚至是"降级自查"极易导致证据审查流于形式。因此,很有必要将纪检监察机关的案件审理部门独立设置,明确由主要领导直管或者分管领导专管,从而提高内部监督的"独立性",确保内部的证据审查落到实处。

2. 要强化外部监督。根据《监察法》第四条第二款规定,监察机关与刑事司法机关和其他执法机关的相互配合、相互制约也应体现在证据审查上。作为法律地位独立的司法机关,检察机关具有法律监督职责,审判机关更是在证据认定上具有终局裁决权能,二者的外部监督既能达到提高证据合法性、确保司法公正的目的,也能起到倒逼监察机关规范取证行为的作用。具体来说,可从以下几个方面进行:一是针对检察机关的提前介入,在目前主要是监察机关提出商请的基础上,考虑赋予检察机关更多的主动权,拟制重大复杂职务犯罪案件检察机关向监察机关主动商请介入的条款,同时明确检察机关提前介入后重点开展证据审查。二是试点推广在留置场所设立派驻检察室,对留置期间的讯问等取证行为开展监督,接受被留置人员对非法取证行为的申诉。三是明确检察机关、审判机关在证据合法性审查时监察机关的配合义务,即当发现证据形式不符合标准时,检察机关可以要求监察机关出具相关情况说明;当通过书面材料无法证明证据的合法性时,审判机关可以要求监察人员出庭作证。

3. 要明确律师帮助权的实现途径。律师介入制度是一种防御机制,对于保护被追诉人或者犯罪嫌疑人的辩护权和其他合法诉讼权利具有重要作用。《监察法》全文中都没有出现"律师"的字眼,我们可以认为《监察法》对律师介入职务犯罪调查没有规定,但是另一种观点也认为"根据《监察法》规定,调查阶段并没有律师介入的切口,也就没有介入的可能"[1]。由此,有人认为,"职务犯罪调查具有特殊性,特别是留置带来的长时间与外界隔绝,会让被调查人处于弱势甚至是不利状态,如果没有律师在法律上的帮助,非法取证的行为和结果极易产生。对于在此调查过程中收集的证据,公众不可避免地会有合法性上的质疑"[2]。应该说,律师为职务犯罪被追诉者在调查阶段提供帮助,有助于实现监委调查程序的公正,同时也能在一定程度上防止权力的滥用。当前迫切需要解决的是在监察调查环节明确律师可以参与的条件和情况,通过律师的在场有效监督监察机关的调查行为,防止被调查人的人身权利受到侵害,遏制不正当调查取证行为。

**五 扩大非法证据的排除范围**

根据《刑事诉讼法》第五十六条规定,列明的排除非法证据种类除了3种言词证据,即来自犯罪嫌疑人、被告人的供述,来自被害人的陈述和来自证人的证言,也就还有物证和书证。似乎并不包括其他证据种类。而《监察法》第三十三条第三款则规定应当排除的非法证据是"非法方法收集的证据"。从体系理解来看,这里的"证据"应包括第1款列出的各种证据类型,也就是在《刑事诉讼法》列明的种类中增加了视听资料、电子数据。应该说,《监察法》排除非法证据的种类更多、更全,相比之下刑事法律的排除非法证据的种类更为狭窄。基于排除非法证据规则具有保护被调查人合法权益的考虑,排除非法证据的种类应当覆盖所有证据类型。这个方面可以采取修改法律或者出台司法解释明确类推适用的方式加以完善。

此外,"毒树之果"规则也是当前我国法律体系在非法证据排除规则

---

[1] 龚珊珊、蒋铁初:《对〈监察法〉中律师介入缺失问题思考》,《湖南警察学院学报》2018年第5期。

[2] 杨彩虹:《监察程序中的律师帮助权问题研究》,《湖南广播电视大学学报》2019年第4期。

中尚未涉及的领域。"毒树之果"的概念也是最早出现于英美法系中的美国,"毒树之果"把非法取得的证据作为树,把以此为线索间接获得的证据作为果①。"毒树之果"规则可以看作是非法证据排除的深化和发展,目的是约束和规范调查取证行为,减少和遏制非法取证行为,更加全面和有力地保护被调查人员的人身权利。缺少"毒树之果"规则可能会带来的负面影响就包括,从某种程度上变相肯定甚至是引导非法取证,进而使得非法证据排除规则的根本目的无法实现②。不可否认的是,随着非法证据排除规则的趋于完善,非法取证行为得到了极大的控制,但现实中,因为缺乏"毒树之果"规则,通过非法手段先行突破案情、然后收集衍生证据、最后实现定案构罪的情况时有发生。如果在职务犯罪案件中率先探索具有中国反腐特色的"毒树之果"规则,那么将会成为监察体制改革中具有里程碑意义的重大创新,也将给其他刑事案件"毒树之果"规则的确立积累更多经验。

## 小 结

《监察法》的实施,为职务犯罪调查的新模式划定了基本框架。改革必然带来的是调整,其中既有思想理念上的调整,也有方法程序上的调整,因此推进法法衔接非常必要也十分紧迫。目前来看,纪检监察和刑事司法程序关于证据的衔接虽然逐步趋于完善,但是依然存在不少亟待解决的薄弱环节,尤其是在法律体系完善、审查机制健全、非法证据排除等重点领域还需加快探索步伐。

## 本章小结

加强纪检监察与刑事司法程序的证据衔接是"以审判为中心"原则的必要要求。在《监察法》实施的过程中,监察机关高度重视证据环节,

---

① 陈光中、徐静村:《刑事诉讼法学》,中国政法大学出版社2010年版,第190页。
② 刘煜潇:《我国刑事诉讼中"毒树之果"的适用问题研究》,《现代交际》2017年第18期。

相继出台了规范取证行为的政策文件,推动纪检监察与刑事司法程序在证据收集、审查、使用上的紧密衔接。但是由于职务犯罪案件的自身特点以及"调查权"的独立分设,纪检监察与刑事司法程序的证据衔接依然还要克服诸多的体制机制问题,距离"证据一体"的目标还存在一定差距。本章从证据属性入手,主要论证了监察证据与刑事司法证据的异同,阐述了纪委监委收集证据的操作规范,重点论述了非法证据的排除,提出了完善衔接机制的初步构想。总之,完善纪检监察与刑事司法程序的证据衔接机制,最重要的还是要坚持以下几个原则:第一,要坚持以习近平法治思想为指导。习近平法治思想是全面依法治国的根本遵循和行动指南,作为政治机关、执纪执法机关,纪检监察机关必须深刻理解习近平法治思想的精神实质,强化法治意识、法治思维、法治素养,有效贯通规纪法、衔接纪法。第二,要坚持"以审判为中心"的改革导向。认真贯彻落实总书记"要努力让人民群众在每一个司法案件中都能感受到公平正义"的要求,从实现司法公正的高度,加强纪检监察机关和检察机关、审判机关的相互配合、相互制约,形成职务犯罪案件调查的整体合力。第三,坚持在法制轨道上推进案件调查工作。严格落实《监察法》《刑事诉讼法》等法律法规关于证据的各项规定,严格按照权限、规则、程序开展调查工作,确保调查、起诉的案件事实证据经得起法律的检验。

# 第八章

# 退回补充调查和自行补充侦查的规范机制

一直以来，检察机关出于承担对涉嫌职务犯罪的侦查、逮捕、审查起诉、出庭公诉的众多职能而受到怀疑问难。在国家监察体制改革的大背景下，检察机关的反贪、反渎职、预防职务犯罪等相关职能划转至新成立的监察机关统一行使，人员转隶将影响补充侦查格局发生重大改变。对于人民检察院和监察委员会办理职务犯罪的衔接问题，有关法律作出了新规定，而检察工作和《监察法》两者怎样有效衔接则尤为重要。

在中国纪检监察体制改革的大背景下，在办理涉嫌职务犯罪案件中监察机关退回补充调查与检察机关自行补充侦查作为实现监检衔接的重要环节，既是国家监察机关审查起诉工作的职责所在，也是强化监检配合与制约的一项制度设计。相比较普通刑事案件中的退回补充侦查而言，普通刑事案件中的侦查起诉都归属刑事诉讼程序；而在涉嫌职务犯罪案件中，监察机关的立案调查阶段归属监察程序，检察机关审查起诉才归属刑事诉讼程序。

监察机关调查职务违法犯罪案件，将涉嫌职务犯罪的调查结果移送检察机关审查起诉的阶段，其有效对接对案件接下来的办理举足轻重。按照程序，犯罪嫌疑人案件已经移送到检察机关，检察机关将对监察机关移送的案卷材料进行审查，如果案件符合条件，则可以退回监察机关补充调查或自行补充侦查。检察机关自行补充侦查或者退补完毕后，再依法决定是否对犯罪嫌疑人提起公诉或者不起诉等。补充调查会涉及诸多问题：卷宗移送、换押、在案件所处程序阶段是否继续适用刑事强制措施、辩护人能否行使辩护权等。检察机关将案件退回补充调查，即诉讼程序回流。此时，犯罪嫌疑人将遇到办案期限延长的困境，面临监察机关与检察机关双重的审查风险，任何环节偏差都会直接影响到犯罪嫌疑人的权益。因此必须对检察机关审查起诉阶段补充侦查权现状进行分析并完善，从而使补充侦查权发挥出应有的作用，促进我国司法改革的向前发展。

## 第一节　制度与分析：退回补充调查和自行补充侦查制度

### 一　《监察法》出台前的补充侦查

《监察法》出台以前，《刑事诉讼法》第一百七十一条已经规定检察机关可以采取的补充侦查的形式、时限以及次数以及补侦后的处理。而《刑事诉讼规则》具体规定了检察机关公诉部门的退回补充侦查。检察机关公诉部门审查移送的案件后，认为出现需要补充侦查的情形例如犯罪事实不清楚、证据尚不充分或者遗漏罪行、同案犯罪嫌疑人等，应向侦查部门作出补充侦查的书面意见，连同案件卷宗一起退回侦查部门，必要时也可自行侦查，或者请求侦查部门协助。此外，《刑事诉讼规则》对退回检察机关补充侦查的形式作出了有关的规定。由此可见，《监察法》出台以前，涉嫌职务犯罪案件的退侦程序简易、操作方便、内容明确，并且侦查与公诉部门作为检察体系的两个内部机关，分管审查起诉阶段中的前后两个法定程序，在权力结构上两个部门较为平衡，虽然履行着不同的诉讼职能但是对需要程序回流的案件方便协商调整。

### 二　《监察法》出台后的退回补充调查和补充侦查

我国监察体制改革后，职务违法犯罪案件中的"侦查"变成了"调查"，所以相对应的，"退回补充侦查"变为"退回补充调查"。《刑事诉讼法》还相应地规定了适用退回补充调查和自行补充侦查的条件。《监察法》在先前的《刑事诉讼规则》基础上规定了退回补充调查的形式和内容，即检察机关经审查，认为存在需要核查的情形时，应退回补充调查，必要时可自行补充侦查。该条文对监察调查权和审查起诉权的基本关系作了界定。案件应当在一个月内结束补充调查。补充调查应当以二次为上限。从法条变动的角度看，退回补充侦查与退回补充调查几乎无差异。"补充调查"作为一项制度设计，初衷是帮助检察机关审查起诉环节充实证据，从目的的角度看，与自行补充侦查同样是为了查清犯罪事实，提高办案质量，避免和修正在调查过程中可能发生或已经发生的过失和纰漏，准确适用法律。另外，监察机关成立后"调查"作为新设的办案程序，经过检察机关审查案件之后，因补充核对而开启的补充调查程序对于监检衔接具有关键的意义。

但是《监察法释义》阐明：监察机关移送的案件具有政治性较强、相对敏感的特点。同时，《监察法实施条例》第二百二十六条规定：监察机关对于人民检察院依法退回补充调查的案件，应当向主要负责人报告，并积极开展补充调查工作。一般而言，检察机关首先应退回补充调查，必要时自行侦查，而且法律法规限制了检察机关自行补充侦查的范围，对于移送的案件只有已经查清定罪量刑的基本犯罪事实，符合特定情形的才由检察机关自行补充侦查。

### 三 自行补充侦查和退回补充调查的定性分析

建立完善调查和司法程序的有序高质量衔接机制，才能保障办理职务犯罪案件的及时有效，检察机关工作和监察机关工作的顺利衔接。在这样的要求下，应当先界定补充调查权和自行侦查权的性质。在职务犯罪侦查方面，法律明确规定监察机关办理职务犯罪案件的调查权衍生出来补充调查权，而检察机关刑事犯罪的起诉审查权衍生出来自行侦查权。《刑事诉讼法》修订后的补充侦查范畴有了扩大，其包含退回补充侦查与自行补充侦查，这是不争的事实，关键在于退回补充调查是否归属于补充侦查，这是一个值得研究和讨论的问题。补充侦查程序作为补救侦查程序的缺陷而启动的程序，体现了检察机关的起诉审查权。事实上，在监察程序和检察程序的衔接中，退回补充调查和自行补充侦查是两个完全不一样的定义，性质和包容关系也有所区别，不然新修改的《刑事诉讼法》第一百零八条就不会特意区分调查与侦查，也不会在第一百七十条第一款特意说明退回监察机关补充调查和自行补充侦查，故调查和侦查两者间存在根本性差异。

对于退回补充调查程序的本质，学者有不一样的看法。有的学者认为，"刑事强制措施应当属于审查起诉阶段，不需要转化为监察留置措施。在这个阶段，辩护人与犯罪嫌疑人会见通信并为其服务理所当然，也应当称当事人为'犯罪嫌疑人'"①。有的学者认为，"在监察调查阶段中，留置措施不是刑事强制措施"②。律师不得在此期间介入案件，也不能称当事人为"犯罪嫌疑人"，而应称其为"被调查人"。第一种观点更有道理。

第一，从案件阶段看来，即便检察机关将案件退补充调查，被调查人也已经转变成"犯罪嫌疑人"，案件诉讼进程仍处在审查起诉阶段。依照法律规定，监察机关完成调查后将案件移送到检察机关审查起诉后，对被调查人适用留置措施，检察机关对被调查人先行拘留，且检察机关需在 10 日内决定是否逮捕，自动解除留置措施。从适用强制措施的角度看，案件诉讼活动已进入刑事诉讼阶段。此外，《监察法》明确规定，只能退回补充调查两次，每次补充调查不得超过一个月。补充调查结束后，案件卷宗仍须移送检察机关进行审查，由检察机关决定是否提起公诉。根据工作性质与目的，补充调查是对部分事实情况进一步调查和证据补充，且案件也已进入审查起诉的阶段。将补充调查归于审查起诉阶段可以保证流程的完备性，防止了相同案件处理流程反复的弊端，降低诉讼效率，且程序之间来回流转也不符合诉讼经济的原则。因此，一旦案件进入刑事诉讼程序范围，《监察法》所规定的调查措施就不再适用。第二，从保护犯罪嫌疑人合法的权利利益角度出发。《监察法》规定，律师不得参与在监察调查阶段，当案件移送检察机关审查起诉时，被调查人变成犯罪嫌疑人。此时，被调查人享有委托辩护人的权利，辩护人可以会见、阅卷、有权要求变更强制措施等。如果把退回补充调查归属监察

---

① 刘擎、张啸远：《监察法与刑事诉讼法衔接管见》，《中国检察官》2019 年第 9 期。
② 李玉长：《留置措施不是刑事强制措施》，《中国纪检监察报》2018 年 3 月 15 日。

程序,在此阶段禁止辩护人介入,那么当事人无法求助于辩护人,当事人会再次陷入孤立无助的境地。留置与其他刑事强制措施的变化不仅仅是强制措施之间的转换,而且关系到对其合法权益的保护。在审查起诉阶段,对犯罪嫌疑人合法权益的保护更加细致和全面。而如果由于补充调查程序的启动,对犯罪嫌疑人强制措施又发生变化,本质上是在侵害犯罪嫌疑人的合法权利,无疑会增加犯罪嫌疑人的心理压力。第三,从相关司法解释入手。2019年最高检通过的《人民检察院刑事诉讼规则》第三百四十三条规定,用"人卷分离"的方式处理退回监察机关补充调查的案件,仅仅将有关案件卷宗退回,对犯罪嫌疑人采取的刑事强制措施并不需要转化为留置措施。在实践中,很多地方也采取了不换押、不重新留置的做法①。很显然,该规定表明,规则制定者认为补充调查属于刑事诉讼的范畴。但是"人卷分离"的办案手段也有一些瑕疵之处,有人认为"人和案卷相分离、只退还案卷不退人"的制度缺乏法理正当性②。但实际上,在制度改革的初期阶段,为了使程序衔接更加顺畅可以将这种方式作为权宜之策。

如此看来,补充侦查分为审查起诉阶段的补充侦查和法庭审理阶段的补充侦查,并不包括退回补充调查。而补充调查更适宜划分至刑事诉讼中的审查起诉阶段。

## 小 结

检察机关反贪污贿赂、反渎职侵权、预防职务犯罪等相关职能、机构、人员转隶之前,维护法律权威避免出现错案的模式主要有两种,一是退回补充侦查,二是自行补充侦查。《监察法》和《刑事诉讼后法》的颁布修订后,补充侦查的内涵外延以及有关结构都有了很大调整和改变,对补充侦查的基本理论进行反思和厘清迫在眉睫,建构新变革下补充侦查相关制度和机制。深入理解职务犯罪案件中退回监察补充调查和自行

---

① 袁曙光、李戈:《监察调查与刑事诉讼的衔接与协调》,《济南大学学报》(社会科学版) 2019年第6期。

② 程雷:《刑事诉讼法与监察法的衔接难题与破解之道》,《中国法学》2019年第2期。

补充侦查本质联系与区别的理论基点就是要充分认识和精确定性两者。

## 第二节 障碍与挑战：当前退回补充调查和补充侦查制度的实践困境

监察机关将职务犯罪案件移交审查起诉，《监察法》明确规定了两种方法来补充事实和证据，但没有细化适用条件。退回补充调查与自行补充侦查在适用上有前后之分，因此检察机关通常选择把案件卷宗返回给监察机关补充调查。所以在什么样的情况下自行侦查，这成了一个亟待解决的难题。如今在这方面，实践做法中能自行补充侦查的情形有：犯罪嫌疑人的供述、证人证言和辩解中主要案件事实和部分细节有差别的被害人陈述、书证物证等需要鉴别判断补充的。然而在其他情况下，没有具体规定能否自行补充侦查，制度实施过程中也没有发现合适的方法。因为新设体系机制才实践没多久仍存在很多不足之处，需要在目前的基础上更深入地调整和完善相关法律规定。

### 一 退回补充调查存在的问题

1. 退回补充调查的适用条件不明确

法条明确，"认为需要补充核实"时案件才退回监察机关补充调查，而有关法律对"需要补充核实"的构成情形界定模糊。规定的模糊性会使得检察机关享有自由裁量权的同时，也会使得检察机关滥用退回补充调查权，变成监察机关和检察机关为延长办案期限的方式，从而使得犯罪嫌疑人的合法权益受到侵害。

就监察机关移送的证据不符合起诉标准的案件而言，检察机关应补查的时间与应判决证据不足而作出不起诉的决定的时间界限不明确。但是不起诉与补充侦查的法律效力却存在着巨大差异：作出不起诉的判决后应解除对犯罪嫌疑人的强制措施。而补充侦查需二次调查犯罪嫌疑人的行为，强制措施不取消。不起诉代表案件终结，诉讼程序到此为止；则补充调查代表案件将需要进行多次证据的收集审查核实，提高了犯罪嫌疑人担责的可能性。从《监察法》出台后的实施状况的角度来说，实践中，检察机关会很谨慎地适用不起诉。补充调查很大可能性会成为不起诉的替代方案，毫无疑问这会使部分犯罪嫌疑人一直肩负诉累。

　　补查可以分为两种差异很大的情形，一是退回监察机关补充调查，二是检察院自行补充侦查。退回补充调查涉及检察机本书关和监察机关的衔接，监察机关再次管辖已经送达检察机关的案件。相比较退回监察机关补充侦查，检察机关更方便去自行补充侦查，给犯罪嫌疑人带来的消极影响更少。通过《刑事诉讼法》第一百七十八条规定①可以看出，职务犯罪补查主要是退回监察机关补充调查，由检察机关自行补充侦查予以补充。而《高检规则》第三百四十四条明确规定3种检察机关自行补充调查情形。② 对于监察机关采用非法手段获取证据等情形，条文没有规定，这些情况下检察院自行补充侦查显而易见更适宜。监察体制改革的背景下，检察机关在实践中不再有职务犯罪的侦查权，一大批原先侦查职能的检察机关工作人员调入监察机关，办理案件人员急剧减少，增加了检察机关自行补侦的难度，所以检察机关很少在实践中去适用自行侦查的规定。

　　2. 犯罪嫌疑人权利救济缺位

　　在退回监察机关补充调查阶段里，犯罪嫌疑人和案件卷宗是相分离的，监察机关和检察机关同时办理案件，会使得犯罪嫌疑人陷入监察委员会和检察机关双重审查的危机。一般的刑事案件里补充侦查就不会陷入这种难题。首先，因为侦查和审查起诉所处阶段都属于刑事诉讼阶段，程序衔接流畅方便；其次，检察机关将案件卷宗退回公安机关时犯罪嫌疑人被逮捕的，办理换押手续即可。犯罪嫌疑人被关押在看守所的，不需要检察机关的协作或者征得检察机关的同意，公安机关可以直接去看守所讯问，犯罪嫌疑人仅仅需要配合公安侦查部门的补充侦查。在特殊职务违法犯罪案件中，监察机关不会办理换押手续，只接收退回的案件

---

① 《刑事诉讼法》第一百七十八条：人民检察院经审查，认为需要补充核实的，应当退回监察机关补充调查，必要时可以自行补充侦查。

② 《高检规则》第三百四十四条：1. 证人证言、犯罪嫌疑人供述和辩解以及被害人陈述的内容主要情节一致，个别情节不一致的；2. 物证及书证等证据材料需要补充鉴定的；3. 其他由人民检察院查证更为便利、更有效率、更有利于查清案件事实的情形。

卷宗，仍需检察机关协作才能会见犯罪嫌疑人。检察机关实际控制犯罪嫌疑人，法无禁止即可为，检察机关在现阶段仍然可以对犯罪嫌疑人进行询问以便于后续审查活动。

《高检规则》第二百五十六条规定，对于监察委员会调查的职务违法犯罪案件中，经商请检察机关可以介入，但对补充调查阶段检察机关是否介入规定模糊。一般而言，案件已经退回检察机关补充调查，监察机关有权会见询问。但在实际工作中由于《监察法》《刑事诉讼法》无相关具体的规定，检察机关会出具提押票，由监察人员提出犯罪嫌疑人并单独讯问，此举是为了保障补充调查程序的顺利开展。该规则设计有两个问题：第一，《高检规则》第二百五十六条第一款规定，普通刑事案件调查中，检察机关可以介入侦查，而第二款却没有说明是否能介入监察机关调查阶段，容易导致监察机关与检察机关合力对案件进行调查。第二，与开始调查阶段不同的是，由于检察机关审查整个案件时发现证据不足将案件卷宗退回补充调查。如果在这个阶段，检察机关仍然能介入监察机关的补充调查，前后两个机关必定形成合力，不得不让犯罪嫌疑人直面监委和检察院并存的审查危机里。

3. 对犯罪嫌疑人补充调查活动中的权利规定模糊

第一，犯罪嫌疑人应当享有程序知情权，在补充调查阶段缺乏保障。在刑事诉讼中，为了实现刑事诉讼结构中的控方和辩方平等对抗，需要充分保护犯罪嫌疑人的知情权。在补充调查阶段，关于律师会见的问题，由于案件已经从检察机关退回监察机关，中止辩护律师会见，退查重新提交后，检察机关另行通知辩护律师会见。首先，犯罪嫌疑人及其辩护人无权提出补充侦查的申请；其次，检察机关决定补充侦查后没有义务告知犯罪嫌疑人向其阐明应有的救济权利，所以无法保证犯罪嫌疑人知情权，更不用说提出异议与申请复议。在职务犯罪的调查活动中，监察机关讯问被调查人，移送被调查人至检察机关审查起诉后变成犯罪嫌疑人并由检察人员讯问。补充调查活动结束后，由监察人员再次讯问，如果被调查人不清楚自己的程序流程，会为他们的羁押时间而困惑和害怕，这实质上是侵害犯罪嫌疑人的对程序知悉的权利。第二，此阶段辩护律师能否行使辩护权还不清楚。参照《刑事诉讼法》，在初次被讯问时或被采取强制措施后，犯罪嫌疑人享有委托辩护人的权利。很多犯罪嫌疑人在之前的诉讼程序中已经委托辩护律师，退回补充调查阶段辩护律师的各项权利也应而得到继续保障。然而，目前的法律规范并没有对此作出详细的规定，辩护律师在履行各项辩护权利方面还存在很多问题。在退回补充调查阶段中，目前法律规定是初次调查辩护律师禁止介入，但是没有规定在程序回流时辩护律师是否享有辩护权和向哪个机关主张权利。此外，《刑事诉讼法》规定，需经人民检察院同意非律师辩护人才能行使会见权与通信权，但是对于补充调查阶段是否需经监察机关同意并无详细规定。

### 4. 退回监察机关补充调查程序复杂

监察体制改革对职务犯罪案件退回监察机关补充调查的影响十分巨大，先前的审查起诉活动是发生在检察机关的内部，由公诉部门和侦查部门负责案件的前后环节，监察体制改革后补充调查是发生在两个机关之间，是检察机关与监察机关两个机关之间的流转，改革后就要求退回补充调查程序两机关间进行合作协商。主要体现在：首先，在决定退回补充调查前，检察机关应和监察机关进行沟通；其次，检察机关自行补充侦查时，应向监察人员抄送补侦活动终结书面报告与有关证据；接着，退回补充调查阶段，检察机关仍然对被调查人适用强制措施，若监察机关需对被调查人进行讯问的，检察机关必须配合；最后，监察人员在检察机关在自行补充侦查时必须配合。不难看出，从补充调查衔接规定的角度来说，与原来检察机关内部衔接相比，两个机关的协商和配合更加正式。与检察机关原先侦查部门比较而言，监察机关作为反腐败工作机构有更大的话语权，而在这样的流程里，检察机关公诉部门未必可以保证对案件的独立自主权，但是监察权作为传统国家权力立法权、行政权和司法权之外的新兴权力，不确定的是检察机关将在这种新兴权力的监督下如何把握退回补充调查的条件和证据参考标准。

2021年7月出台的《监察法实施条例》对退回监察机关补充调查的程序进行了一定的完善，明确了对于检察机关退回补充调查的案件，经审批分别作出下列处理：(1) 认定犯罪事实的证据不够充分的，应当在补充证据后，制作补充调查报告书，连同相关材料一并移送人民检察院审查,对无法补充完善的证据,应当作出书面情况说明,并加盖监察机关或者承办部门公章;(2)在补充调查中发现新的同案犯或者增加、变更犯罪事实,需要追究刑事责任的,应当重新提出处理意见,移送人民检察院审查;(3)犯罪事实的认定出现重大变化,认为不应当追究被调查人刑事责任的,应当重新提出处理意见,将处理结果书面通知人民检察院并说明理由;(4)认为移送起诉的犯罪事实清楚,证据确实、充分的,应当说明理由,移送人民检察院依法审查。但是《监察法实施条例》仅仅完善了退回补充调查的处理结果,对于退回补充调查的适用条件、补充调查等程序仍然未作出明确规定。

5. 退回补充调查约束自由裁量权的作用被减弱

从狭义上讲,检察机关作为国家公诉机关,其公诉部门可以指控犯罪嫌疑人,享有起诉裁量权,但从广义的角度来看,检察机关拥有侦查职能的侦查部门实际上与公诉部门同时享有起诉裁量权,表现为决定是否撤案或者是否不起诉。在监察体制改革之前,权力共享只发生检察机关内部,而且侦查部门的指控也要受到检察机关公诉或其他部门的监督和制约。检察机关公诉部门约束侦查部门指控裁量权的方式两者,其一是补正侦查部门移送审查起诉时因疏忽没有处理犯罪嫌疑人罪行或因疏忽没有处理同案犯的情形,其二是退回补充侦查。

《监察法》出台后,在指控职务犯罪案件方面,监察机关与检察机关共同享有自由裁量权,表现在审查调查阶段,检察机关监督监察机关作出的撤案决定以及不移送审查起诉。对于移送案件退回补充侦查的情形是如何的,《监察法》规定为认为需要补充核实的,这与监察体制改革前《刑事诉讼规则》的情形截然不同,之前退回有关侦查部门补充侦查的情形规定为认为犯罪事实不清楚、证据尚不充分或者因疏忽没有处理罪行、因疏忽没有处理同案犯罪嫌疑人等。

《监察法》和《监察法释义》中没有规定与释明认为需要补充核实的情形是否包含因疏忽没有处理罪行或因疏忽没有处理同案犯罪嫌疑人。释义仅仅是规定检察机关审查监察机关移送的案件后认为犯罪事实尚且不清楚、证据尚不充分,需要补充核实的,退回监察机关补充调查,必要时检察机关自行补充侦查。这样来看,《监察法》中应当退回补充调查的范围并不包括因疏忽没有处理罪行或因疏忽没有处理同案犯罪嫌疑人的情况,那么监察机关的指控裁量权很难受到检察机关的制约。

6. 退回补充调查背后的权力结构失衡

权力的配置与运行是监察体制改革重点。必须要保障检察机关公诉部门决定退回补充调查的独立性,这种独立性与检察机关司法审查能力的中立性、独立性、权威性分不开,然而在监察体制改革后,这种独立性却受制于监察机关。[①]

尽管2018年宪法修正案规定在办理案件过程中,检察机关、审判机关、监察机关和执法部门是互相配合和相互制约的关系,却并没有让检察机关监督监察委员会办理案件,其中一个重要理由是监察机关处理的案件种类繁多,不仅仅只有职务犯罪案件,还有纪律检查案件、行政监察案件以及职务违法案件,根据不同案件作不同处理,检察机关很难有效高质量监督监察机关处理的各类案件。《刑事诉讼法》修改后依然保留了检察机关对刑事诉讼活动的法律监督权,检察机关在诉讼过程中对公安机关、自侦部门、审判机关、执行机关等进行合法性的监督。

但是与监察体制改革前比较,监察机关在实际上在某种程度上影响了检察机关的独立性和检察权,其原因在于其对检察人员享有监督管辖权,而且其具有来自新兴的政治机关的权力优势,以至于打破了过去的权力平衡,削弱了一部分检察机关公诉部门的司法审查权,检察机关必须部分或是全部听取并采纳来自监察机关的意见。

监察机关移送职务犯罪案件至检察机关公诉部门就代表着案件开始进入刑事诉讼程序。检察机关审查案件的事实与证据后,决定退回补充调查的,案件再次回到监察机关,监察机关对案件补充调查后再移送至检察机关,经过检察机关审查决定是否依法提起公诉,检察机关在这其中应当履行监督职能。现行的法律没有明确规定监察机关在退回调查过程中应当补充调查哪些事实,如果补充调查事项的范围不受限制,犯罪嫌疑人的权利和利益将受到极大的侵害。因此,应当明确在退回补充调

---

[①] 秦前红、石泽华:《目的、原则与规则:监察委员会调查活动法律规制体系初构》,《求是学刊》2017年第9期。

查阶段，检察机关实行法律监督权。

## 二　自行补充侦查存在的问题

检察机关在审查起诉阶段行使的自行补充侦查权是一项重要权力，体现了检察机关法律监督职能，对于检察机关公平公正地办理案件、推动法律监督的科学发展无疑具有至关重要的意义。检察机关地位的双重性表明，它不仅代表国家承担刑事追诉者的诉讼地位，而且具有维护司法公正、保障公民人权的使命。然而，目前自行补充侦查仍存在以下不足：

1. 检察人员精力有限，对于审查起诉的期限方面，《刑事诉讼法》规定的时间较短，况且自行补充侦查的时间又包含在审查起诉时限内，致使审查起诉时间更短。况且自行补充侦查还需要大量的时间和人力，公诉部门正常情况案多人少，长期在超负荷的情况下承受办案的压力，审查案件本身仍然需要大量的时间，在这样高强度的工作状态下，为了"省事"规避风险基本上案件的承办人普遍不轻易自行补充侦查，而是退回监察机关补充调查来省时省力。由于自行补充侦查时间期限包含在审查起诉期限内，时间紧迫，任务繁重。若法律能够明确规定自行补充侦查时间期限不包括在审查起诉期限内，毫无疑问能强化检察人员自行补充侦查的意愿。

2. 侦查能力不足。原有检察机关内部的反贪、反渎部门等人员转隶至监察机关，削弱了检察机关内部侦查力量。现在大多是侦监、公诉等部门的检察人员办理职务犯罪案件，他们一直集中在审查、复核案件证据，对收集证据、固定证据等侦查工作比较陌生，缺乏系统训练，侦查能力和经验不足。而且，当检察机关自行补充侦查与监察机关调查获得的证据差异较大，可能因此案件事实变化，检察办案人员害怕被追责，这是他们放弃自行补充侦查的一个重要原因。

3. 法律规定抽象。从目前法律规定来看，自行补充侦查制度之所以适用率低并且效果不佳，很大程度上是鉴于自行补充侦查的规定不清与监督缺位，检察机关内部缺乏完善的运行机制，调整和引导自行补充侦查，办案人员在标准的把握上存在困难，可能会出现异常，因此，为了防止在办案过程中出现政治和事实危机，基层检察机关通常不自行补充侦查。

### 小　结

在监察体制改革的背景下，《刑事诉讼法》作出了新修改和大调适，特别是在程序分离与衔接方面，其中最能表现的是自行补充侦查和退回补充调查的衔接。但在实践初期，该项制度还是出现很多规范方面与制度层面的问题和缺陷，必须要重新审视立法现状与配套机制以适应监察程序和司法程序的有效衔接。

## 第三节　程序与方式：退回补充调查和自行补充侦查制度的完善路径

退回补充调查是监检衔接中至关重要的环节，监察机关的调查和检察机关的审查起诉有时也是双向的，检察机关有权退回案件至监察机关补充调查。故根据监察机关的定位，探讨关于检察与监察机关衔接的具体程序。目前，《监察法》《刑事诉讼法》以及其他法律法规对于退回补充调查规定尚不清晰详尽，但是具有一定理论上的法律依据。通过法律手段来建立健全这一制度，能为监察机关和检察机关提供更明确和规范的指导。此外，《监察法》规定职务犯罪调查立案后的部分处理办法要根据《刑事诉讼法》的有关规定，虽然退回监察机关补充调查与退回公安机关补充侦查有所区别，但也是有可供参考之处。《监察法》实行初期不少程序值得考究，重中之重就是健全立法，完善机制，消除积弊，规范补充调查活动。

### 一　退回补充调查的完善建议

《监察法》出台后，退回补充调查是监察与司法程序对接中的不可或缺的环节，健全补充调查制度对于监检对接、案件办理、公权力运行和犯罪嫌疑人权利保护而言具有很大的帮助。制度运行早期阶段，有必要去评估制度的实施效果，提出改进建议，避免审查起诉环节退补出现的问题。

1. 规范监察机关和检察机关补充调查中权力行使

（1）相关主体在进行补充调查时，禁止检察人员接触嫌疑人。尽管在补充调查程序中，刑事强制措施仍然适用于嫌疑人，但是监察机关是卷宗的实际掌握者，因此在这一程序中，检察机关应当维持中立。在这个阶段，无论是对案件事实的认定，还是对证据的搜集，都是监察机关应当负责的部分，检察人员不能因为方便开展后续诉讼活动而会见和询问犯罪嫌疑人。就对嫌疑人的讯问，检察机关应当为监察机关提供便利，讯问场所为看守所，且在讯问过程中应当禁止两个机关的工作人员同时进行。

（2）在监察机关进行补充调查的过程中，应当避免检察机关对其的影响。为此，需要就《人民检察院刑事诉讼规则》的第二百五十六条进行修正，在监察机关进行案件调查时，就检察机关进行协助的内容进行规范，且协助应当限制为建议的性质，如在法律的适用上，或者对证据的认定上等方面。在退回补充侦查时，检察机关应制作补查提纲，就证据存在补充的情形、补充侦查的对象等，为推动补充侦查的进行，监察机关需要对补充侦查的提纲进行审查。在补充调查中，监察机关碰到疑题时可以咨询检察机关，但是补充调查工作不应当将检察机关纳入其中。在这一过程中，检察机关应保持中立。

2. 细化退回补充调查的适用条件

刑事程序倒流是一种带有挽救性质的权衡，其主要作用是弥补公诉权行使错误，但也存在侵犯被追诉人的合法权益的可能性。监察机关将职务犯罪案件移送后，检察机关对职务犯罪案件进行审查起诉，检察机关核查后认为需要退回检察调查部门补充调查的情形可以由法律和司法解释去规定和约束，有必要对起诉、补查和不起诉的适用条件加以明确。根据《刑事诉讼法》，如果检察机关经过审查认为案件事实已经查证清楚，证据确实充分，依照法律应当追究刑事责任的，决定起诉。而不起诉包括法定不起诉、酌定不起诉、特殊不起诉、证据不足不起诉和附条件不起诉。应该具体退回补充侦查的情形，补充侦查的标准应该是犯罪嫌疑人的基本犯罪事实清楚且有证据证明应当追究刑事责任，但存在部分情节证据不充分、部分事实矛盾的情形。在实践中，有些案件没有办结但是调查期限快要结束，监察机关便将案件移送至检察机关要求检察机关退回补充调查，来延长办案期限，检察机关应依法决定是否起诉，切实维护犯罪嫌疑人的合法权利，防止退回补充调查功能异化。

补查可以采用两种方式，分别是自行补充侦查以及退回补充调查，其中退回补充调查是补充调查的主要方式，次要方式为自行补充侦查，因此在适用的条件上，需要对自行补充侦查的程序进行更为细致的规范。就案件中存在监察机关工作人员非法取证的情况下，可以由检察机关作为补充调查的主体，防止监察机关二次侵犯犯罪嫌疑人的合法权益。在实践中，检察人员应该敢于担责，不应害怕职务犯罪的特殊性。

3. 健全犯罪嫌疑人的权利保障

（1）保证犯罪嫌疑人对程序流转的知情权。在案件由检察机关退回到监察机关之后，嫌疑人及其辩护人应当被告知退回补充调查的原因。之所以保障其对案件流程的知晓，不仅是法律规范的要求，也有利于使犯罪嫌疑人可以更好地了解诉讼程序的运行状况。（2）应当对嫌疑人的辩护权进行保障。从程序上来看，审查起诉阶段涵盖了补充调查程序，而在审查起诉阶段，嫌疑人有权获得辩护，因此补充调查程序亦如此。案件在被退回补充调查之前，嫌疑人的辩护人有权就卷宗进行查阅，所以就卷宗而言，在此阶段无须进行保密，辩护人可以通过申请、复制等方式就卷宗进行查阅。针对监察机关调查阶段的保密性，在补充调查阶段，对于卷宗进行增加的部分，辩护人是无权查阅的。辩护人有权查阅案卷的时间点为案件在补充调查终结之后。但是在辩护人为非律师的情况下，其欲对嫌疑人进行通信或者会见的时候，为避免串通和作伪证等情形的出现，不仅需要监察机关的同意，也需要征得检察机关的同意。

4. 增强对补充调查活动的监督

此阶段应明确检察机关的监督职能。检察机关在将案件退回补充调查的时候，其提供的调查提纲应当被严格执行，禁止超过所列的范围。与此同时在此阶段，检察人员可以就补充调查的实际情况进行询问并提出建议。开始调查中，如果在证据的收集过程中存在违法的情况时，补充调查可由检察机关自行进行，其也可以通过建议变更工作的方式处理类似情况。对于补充调查阶段的违法违规行为，检察机关可提出意见促使监察机关进行改正。同时应当就被调查对象申诉的权利予以保障。在案件进入补充调查之后，嫌疑人在被监察机关讯问的过程中，如果调查人员存在违法行为的情况时，被调查人可以通过申诉的方式维护自身的权利。监察机关或者检察机关在收到申诉的时候，应当调查被申诉的问题，在调查结束之后，应当将调查结果反馈到被调查人或者其辩护人，在就取证行为进行认定时，同样需要以调查情况进行分析。在补充调查终结之后，针对监察机关再次移送的案件材料，检察机关应当依法严格审查，注意比对原始调查材料，结合整个情况，严格把握法律法规，对是否进行重新补充调查或者起诉作出决定，进而确保整个审查起诉程序是合法公平公正的，维护犯罪嫌疑人的合法权益。

5. 完善退回补充调查的范围

因为职务犯罪类案件存在较高敏感性的特征，所以检察机关在对案件进行审查的时候，其认定案件的证据不够充分，补充调查应当以退回到监察机关为主要方式，具体从以下几个方面阐明其适用的情形：

（1）案件的主要事实不清楚，犯罪情节未查证，遗漏犯罪嫌疑人的。监察机关的调查活动对犯罪嫌疑人及周围的相关人员具有很强的震慑和警示作用。在案件的事实不能够查清的时候，就会损害监察机关的权威，政治监察目的就无法实现。

（2）证据存在互相冲突的情形，或者能够直接影响案件罪行认定的证据没有被搜集到。由于监察机关是案件的调查负责人，对于把握案件证据链和构建证据体系方面最有发言权。因此对于此类证据存在问题的案件，检察机关应将其退回进行补充调查。

（3）违反法律规定，在调查过程以非法手段取得证据的。尽管中国无明文规定不得采用"毒树之果"，但是案件在被调查的过程中，相关证据的获取也不能超越或无视法律。如果调查的过程中，被调查人的合法权利被侵犯，或者证据是通过非法的方式获取的时候，检察机关应当对证据的合法性进行分析并给予意见，必要时退回案件，要求其通过法律手段补正证据。

在监察体制改革的背景下，监察与刑事诉讼程序相衔接的一个重要方面就是退回补充调查的衔接。该制度在实施初期肯定面临诸多困难，更不用说目前相关的法律规范不够完善，在实践中缺乏处理相关问题的经验，可能会侵犯犯罪嫌疑人的权利。所以，从健全法律法规的角度，应当就退回补充调查中出现的不当情形以科学的态度分析，对退回补充调查制度进行进一步的完善。

## 二 自行补充侦查的完善建议

除了具体退回补充调查措施，还要严格执行"起诉"的关卡以准确地追诉犯罪。在监察体制改革的背景下，非常有必要充分运用和整合目前的司法资源，健全自行补充侦查制度。若自我监督具有内在缺陷，则检察机关可以通过自行补充侦查来核实证据的合法性，收集证明犯罪嫌疑人罪与非罪的证据。

1. 健全制度规范，细化自行补充侦查的适用范围，赋予检察机关根据案件具体情况自行补充侦查的裁量权。所以考量检察机关自行补充侦查的适用范围和条件的时候，必须从自身的工作能力以及案件的特殊性的角度把握，着重在对定罪量刑不造成影响的前提下，提高诉讼效率，从补充核实和增加法律监督两方面对其适用条件和范围加以明确和限制。此外，对于检察机关自行补充的范围除《监察法释义》规定的三个方面，还应该有更深层次的研究和拓展空间，如在案件被检察机关决定退回补充调查的时候，但监察机关对相关的补充调查建议有异议，在案件的待证事实、证据材料、适用法律等地方与检察机关存在较大分歧；或者在首次退回补充调查结束后，监察机关没有及时补充调查，检察机关依据具体情况决定自行补充侦查。最终，从法律监督的角度考虑，应增加检察机关认为监察机关在调查活动中有调查人员行为涉嫌刑讯逼供、暴力取证、滥用职权的；有其他违法违规可能影响公平公正处理案件的行为，并将其包括在检察机关自行补充侦查的范围里，使其充分发挥在审查起诉中法律监督职能。

2. 强化基础设施建设，保障自行侦查。一是全国检察机关统一业务运行系统应及时更新，自行补充侦查模块应该被添加到运行系统，包括侦查时间、侦查方式、侦查结果等。二是引入先进的检验、检测设备，充分保障自行补充侦查的基础设施。三是建立大数据保障平台，保证提供及时有效的信息给公诉部门自行补充侦查。

3. 善于调用措施，推动检察机关侦查资源有效整合。为了提高检察机关的办案质量，促进职业化建设，《最高人民检察院职能配置、内设机构和人员编制规定》在2018年年底由中央颁布，此次改革对检察机关机构设置的影响较大，取消了侦监厅和公诉厅。且规定原则上可以由检察机关自行侦查的14类犯罪由市一级检察机关立案侦查。根据内设机构改革的需要，在未来的办理案件模式中，相同的检察机关办案组或检察官负责审查、起诉和监督的全过程，对一个相同刑事案件的审查逮捕、审查起诉、侦查监督和补充侦查等负责。因此，整合现有的侦查资源势在必行。虽然改革明确规定，检察机关具有侦查职权的部门划转至监察机关，但文件中并没有要求划转这些部门的设备和侦查资源。保留下来的侦查设备和技术系统可以向整合自行补充侦查的资源提供物质支撑。此外，在自侦案件中检察机关培养了大量的侦查人才，这些人后来被分配到各个部门。因此，仍有一些具有职务犯罪办案经验的人员没有随着监察体制改革而转隶。今后，在调整内设机构的同时，应充分整合这部分侦查资源，从而保障自行补充侦查权的行使更有效率。此外，还可以对检察机关人员进行业务和技能方面的培训，使其在原有的基础上提高侦查技能，能够胜任未来自行补充侦查和监督补充调查的工作。所以，今后完善审查监察机关移诉案件工作质量的重要保障是增强检察机关系统内部检察人员的侦查技能以适应司法实践的需要。

4. 根据不同情况，明确检察机关自行补充侦查的情形。

《人民检察院刑事诉讼规则》第三百四十四条规定：对于监察机关移送起诉的案件，具有下列情形之一的，人民检察院可以自行补充侦查：（一）证人证言、犯罪嫌疑人供述和辩解、被害人陈述的内容主要情节一致，个别情节不一致的；（二）物证、书证等证据材料需要补充鉴定的；（三）其他由人民检察院查证更为便利、更有效率、更有利于查清案件事实的情形。自行补充侦查完毕后，应当将相关证据材料入卷，同时抄送监察机关。人民检察院自行补充侦查的，可以商请监察机关提供协助。

虽然该条规定以列举的方式检察机关自行补充侦查的情形，但规定仍不具体、明确，需要加以完善。

（1）犯罪事实清楚，情节简单明了，细节更便于检察机关自行补侦的。案件调查结束后，原来调查组人员就分散到其他监察案件的调查工作中去。若由于部分具体细节而退回补充调查，将会对刑事诉讼程序的进程产生影响。例如，就言词证据的侦查，可由检察机关自行负责。因为言词证据的性质与其他证据存在差异，其主观性较强，不需要监察机关特意调查。并且在实践中，言词证据在出现问题的时候，案件可进入到补充调查的阶段，手续衔接复杂，监察机关内话手续审批繁杂。因此，根据言词证据的性质和工作经验，对言词证据的调查可以不由监察机关进行，而由检察机关负责。除此之外，当书证或者物证对案件属于处于简单或者次要的状态时，其可由检察机关自行补充侦查。判断证据是否简单、次要主要有两条标准，第一是简单，也就是对证据的搜集，检察机关工作人员能够处理。第二是次要性，即对案件事实的认定，证据所处的地位不是主要的。也就是说，当检察机关对案件进行补充调查时，与案件有关的证据并非是主要的，且对于证据的处理，检察机关的工作能力与之是相适应的。

（2）在案件情节相对复杂，但犯罪事实已被调查清晰时，自行补充侦查有便于公诉人厘清案情的。尽管有些案件涉及巨大的人际网络和复杂的情节链，在证据符合自行补充侦查的情形时，检察机关可决定自行补充侦查，就案件涉及的基本情况以及对嫌疑人的指控问题进行分析，进而推动诉讼进程。

（3）在案件属于情节复杂的情形，但事实较为清晰，且经检察机关的审查，嫌疑人认罪认罚，那么就查明案件而言，自行补充侦查更为高效。在检察机关接收移送的案件之后，部分嫌疑人更倾向通过辩护人对案件接受讯问，此时检察机关可通过发挥监督的作用推动讯问进程。

（4）就案件事实以及证据的认定时，如检察机关和监察机关对此存在认识不一致，应当由检察机关进行补充调查。侦诉双方在案件的证据收集、定性分析、情节认定等方面意见不一，存在不可调解的矛盾，难以达成一致意见,监察机关强烈反补充侦查,而检察机关公诉部门办案人认为补充侦查可以解决的。此时,就算强行退回补充侦查,侦查机关的态度也不会有变化,退补也只是走过场没有什么实质性的进展。因此,在处理类似问题的时候,补充调查的主体为检察机关更为适当。从实践的角度出发,监察机关办理涉嫌职务犯罪案件的时候,会出现检察机关介入调查的情况。提前介入即提前把关事实和证据,在协商一致的基础上,检察机关引导监察机关依证据标准调取有关证据,以保证办案效率和质量,减少不必要的程序损失。如果监察机关和检察机关对证据的认定存在矛盾,监察机关认为已经结束取证工作,证据符合刑事司法证据标准,但是检察机关不认同证据的充分性以及事实的清晰性。监管案件被退回补充调查,并不能保障案件标准符合法定要求,那么案件就会进入不起诉的状态。如果这样会非常浪费国家公权力资源。检察机关作出自行侦查的决定补证不失为解决问题的好方法。

(5) 调查人员违反规定的,检察机关适宜自行补充侦查。当监察机关将案件移送至检察机关之后,检察机关需对案件进行进一步的审查,如果补充调查是有必要的但在初始调查工作中调查人员主观倾向较强,或存在违反法定程序、徇私舞弊等情况的,则无法通过退回监察机关机关来实现诉讼的客观与公正。

(6) 在对证据进行搜集的过程中,如果出现非法取证的状况,且这种问题持续到退回补充调查的程序之后,由检察机关自行补充侦查更为适宜。依照《监察法》在第三十三以及第四十条的规范,在搜集以及审查证据的过程中,监察机关的标准应当与刑事诉讼程序的标准相一致。除此之外,证据的获取应当满足合法性,并适用非法证据排除规则,将其排除到起诉以及定罪的依据之外。审查起诉依赖检察机关的法律监督功能的体现就是保障证据的搜集满足刑事诉讼程序的标准,在形式以及质量保障符合其法定要求。检察机关在审查监察机关移送的职务类犯罪案件时,审查出其存在的非法证据问题,案件应当被退回补充调查。如果在补充调查结束之后,非法证据仍然没有排除,那么案件无须再次退回补充调查,而由检察机关负责侦查。

## 本章小结

在《监察法》颁布的基础上,《刑事诉讼法》又进行了修订,故我们有必要重新辨析补充侦查的本质属性和适用范围。在构建新的国家监察体系的语境下,补充侦查含义可以分为广义和狭义两种,其中广义的补充侦查涵盖了退回补充调查。在适用的条件以及适用范围上,需要对自行补充侦查以及退回补充调查进行区分,制度设计上将证明标准和执行证据裁判规则统一起来,程序上要依法应用补充侦查提纲、介入和指导自行补充侦查。在《监察法》实施初期,《监察法》与《刑事诉讼法》《刑法》等衔接必定会遇到诸多困境,这就要求检察机关、监察机关和法律界共同努力,进一步发现和解决实践中存在的问题。伴随监察体制改革的推进和现代司法理念的深化,审查起诉阶段的退回补充调查和自行补充侦查制度必然能发展成为既符合中国司法体制特点又符合现代司法理念的程序,充分发挥其应有的诉讼价值。

# 第九章

# 监察机关与审判机关的衔接

监察机关办理的职务犯罪案件需要通过法院的审判才能最终定罪与处罚。党的十八届四中全会指出："推进以审判为中心的诉讼制度改革，确保侦查、审查起诉的案件的事实证据经得起法律的检验。"[①]《监察法》第三十三条第二款明确规定了监察机关在收集、固定、审查、运用证据的标准，即在证据方面，监察机关应当与审判机关相衔接。由此可以看出，在查办职务犯罪的程序中，监察机关是程序的起点，审判机关是程序的终点。完善构建监察机关与审判机关的办案程序衔接机制，才能最终对腐败案件的被告人依法惩处。

## 第一节 监察机关与审判机关的逻辑关系

《监察法》明确了监察机关在调查过程中，应当与执法及司法机关之间保持配合与制约的关系。这表明，从法律关系上看，监察机关与审判机关之间既相互独立又相互制约。

### 一 监察机关与审判机关相互独立

监察机关与审判机关之间的相互独立性反映在以下几个方面：

1. 同由人大产生，宪法地位平等。我国宪法明确规定：国家行政机

---

① 《中共中央关于全面推进依法治国若干重大问题的决定》，人民出版社2017年版，第23页。

关、监察机关、审判机关、检察机关都由人民代表大会产生,对它负责,受它监督。这表明,国家各级监察委员会和各级人民法院均由人大产生,并对人大及其常委会负责,因此,二者之间的宪法地位平等。

2. 独立行使监察权与审判权。我国宪法第一百二十七条规定:监察委员会依照法律规定独立行使监察权,不受任何机关的干涉。同时《宪法》第一百三十一条规定了法院司法权的独立性。由此看出,监察权、审判权相互独立,拥有各自的权力边界,不仅不受行政机关等的干预,二者彼此间也不能侵入对方的权力范围。

### 二 监察机关与审判机关相互制约

审判机关对监察机关的制约。

在监察、检察与审判的整个诉讼程序流程中,审判是整个诉讼流程的中心,以审判为中心的实质是指在刑事诉讼中以司法的标准为中心。坚持以审判为中心,这就要求监察机关的调查活动必须做到:一是监察机关调查的内容、收集的证据应符合法院审判的标准;二是审判机关通过质证认证机制来判明监察活动获得的证据能否作为定案的依据,可以通过对非法证据的排除机制来否认监察机关的调查中所获得的证据;三是在审判过程中,对在监察调查活动中所获的证据,被告人、代理人等提出异议的,需要监察机关办案人员出庭作出解释或说明的,监察机关的办案人员应当出庭。

监察机关对审判机关的制约。

按照《监察法》有关监察对象的而规定,法院的公职人员当然是被监督对象。按照《监察法》与《政务处分法》的相关规定,纪检监察机关可以从以下几个方面对审判机关的工作人员进行监督,形成对法院的制约关系。第一,对法院的公职人员进行履行司法职责情况进行监督检查;第二,对法院公职人员可能存在的涉嫌贪污贿赂等犯罪行为进行调查;第三,对公职人员的违法行为作出处分。监察机关通过对法院公职人员行使检查、调查、处分等权力而对审判机关的审判权进行权力制约,有效防止滥用权力等腐败行为的发生。

## 第二节　监察机关的调查活动与审判机关的提前介入

### 一　审判机关提前介入监察机关调查活动的法理分析

刑事诉讼中的提前介入主要是指在侦查阶段，检察机关应侦查机关邀请，派人员参加相关侦查工作，引导侦查的活动，目的是确保侦查工作的顺利进行。新修订的《人民检察院刑事诉讼规则》对人民检察院提前介入监察机关办理的职务犯罪案件的调查活动进行了原则性的规定。监察机关可以邀请检察机关参加调查活动。对于检察机关对监察机关的调查案件活动提前介入有着明晰的法理依据。因为检察机关承担着公诉的职能，与监察机关具有先后承接的关系。但审判机关对监察机关的调查活动的提前介入问题，从诉讼构造和诉讼职能上看，可能存在很多弊端。第一，审判机关的提前介入违背了诉讼程序的不告不理原则；第二，审判机关的提前介入违背了以审判为中心的诉讼原则；第三，审判机关的提前介入也打破了控辩双方的诉讼结构的平衡。因此，审判机关的提前介入必然造成法官先于庭审而对证据产生预判，违背了证据裁判的审判原理，使法官丧失了应有的中立性立场。《监察法》对司法机关提前介入调查程序作出了规定，如监察机关可以要求相关机关配合其调查活动，相关机关应当配合。该条的规定为审判机关提前介入监察机关的调查活动提供了法律依据。其积极意义表现为：审判机关与监察机关形成打击腐败的合力，共同推进国家法治化建设；从保障被调查人的人权角度看，可以避免过度调查与过宽起诉等。

### 二　审判机关的提前介入监察机关调查活动的路径构建

经过三年的改革实践，审判机关提前介入监察机关的调查活动已经探索出一定的路径，尚存在一些违法司法规律的问题，但要从以下几个方面进行完善：

1. 从程序上看，审判机关应严格遵守《监察法》的规定，即非经监察机关的主动商请，审判机关不能主动提前介入监察机关的调查活动。首先，要制定审判机关介入监察调查活动的具体办法。对监察机关商请审判机关提前介入监察调查活动的具体程序予以明确规定。如监察机关不能随意地要求审判机关提前介入其调查活动，如果必须要求审判机关提前介入，要经过监察委员会集体讨论决定，并以书面形式向相关的审判机关提出商请。对于审判机关而言，应当以审判机关的名义接受监察机关的商请，而不能以审判机关的审判人员或某个部门的名义接受商请。其次，监察机关不宜单独商请审判机关提前介入其调查活动，而应该同时商请检察机关，三家以联席会议的方式对相关问题进行讨论。

2. 从提前介入的领域看，审判机关不宜深度介入。即使审判机关提前介入了监察机关的调查活动，也应秉持其应有的中立立场。有关提前介入的案件，对审判机关的介入活动要有明确的边界：一是审判机关的提前介入仅限于就法律适用问题给予监察委员会提供协助，这也是审判机关的职能所在；二是审判机关不能对调查活动中所获得的证据作出评价，否则违背了审判的原理；三是严格限定提前介入案件范围。审判机关只能依据监察机关的商请针对重大、复杂、有较大影响的案件提前介入。否则会造成以审代查的后果，违背了现代刑事诉讼的基本原理，破坏了控辩裁三方的诉讼构造，最终导致对法治的破坏。

## 第三节　监察机关的调查取证与审判机关的证据裁判

党的十八大以来，我国对司法体制进行了深入的改革，其改革的中心任务是实现庭审的实质化。庭审实质化改革，目标是强化法庭的实质化审理，拒绝庭审虚化现象。庭审实质化对证据规则等提出了更高的要求，对裁判者的证据认定能力要求更高。在职务案件的办理中，监察机关负责收集、固定、审查证据，这些证据通过检察机关的公诉流程提交给法院，调查活动中所获得的证据能否被法院采信体现了监察机关的证据调查能力。因此，监察机关的证据能否被法院采纳成为监察机关与审判机关办案程序衔接的关键。

### 一　监察机关的取证标准与审判机关裁判标准的衔接

《监察法》明确规定了监察机关收集证据的标准。2020年12月7日由最高人民法院审判委员会第1820次会议通过《最高人民法院关于适用〈中华人民共和国刑事诉讼法〉的解释》明确规定了监察机关依法收集的证据具有的证据能力，按照审判的标准对前述证据进行审查认定。前述规定的内容表明，尽管《监察法》没有规定监察机关在进行监察调查的活动中适用《刑事诉讼法》，但实际上要求监察机关比照适用《刑事诉讼法》中关于证据的有关规定。但在监察机关调查活动对于证据的收集、固定等活动与其他侦查机关或检察机关自行侦查相比，明显存在以下问题：第一《监察法》关于证据的规定与《刑事诉讼法》相比明显简略，尽管监察机关通过制定监察法规的形式完善了有关证据的规定，但尚没有涵盖《刑事诉讼法》关于证据的内容；第二，关于留置权的行使，目前没有通过法律的形式予以详细规定。因此，在案件进入庭审后，很容易与《刑事诉讼法》产生衔接上的空白。为了实现证据上有机衔接，应通过修改《监察法》等方式明确规定监察机关在调查活动中，有关证据收集等活动应遵守《刑事诉讼法》的规定；在法律尚没有修改的情况下，国家监察委员会、最高人民法院、最高人民检察院应联合出台关于证据的收集、适用的办法，以防止各机关之间有对证据的标准规定不同而产生歧义；法院在审判过程中，应严格证据的认定标准，不能因是监察机关调查活动所获得的证据而对证据标准从宽掌握。

## 二 审判阶段与非法证据的排除

对于调查人员采用暴力、威胁以及非法限制人身自由等非法方法收集的证据，应当依法予以排除。目前，《监察法》有关排除非法证据的规定非常简略，在该情况下，为了保障被告人的人权，在审判阶段有关非法证据的排除问题应严格做到以下几点以实现对非法证据的排除：首先严格遵守有关非法证据排除的法律规定。即严格遵守《刑事诉讼法》、最高法的司法解释、"两部三高"有关排非规定等；其次，人民法院对依申请或依职权进行排除非法证据的审查，应该进行实质性的庭审，充分进行法庭的质证与认证、辩论；再次，需要法庭通知有关调查人员出庭接受法庭询问的，不能以简单的书面说明代替，有关人员应该出庭。《监察法实施条例》第二百二十九条第二款规定：人民法院在审判过程中就证据收集合法性问题要求有关调查人员出庭说明情况时，监察机关应当依法予以配合。该条虽然规定了监察机关对法庭证据调查的配合义务，但如何配合是含糊不清的，应该以明确的方式规定：一旦法院要求，监察机关的相关调查人员必须到庭接受法庭的询问；最后，严格适用排除非法证据的标准，既不能任意扩大标准，也不能降低标准，充分注意监察调查权与司法审判权相互配合与制约的关系，努力实现监察机关与审判机关之间的证据衔接。

### 三 监察机关的补充调查与人民检察院的补充侦查

《监察法》第四十七条对监察机关移送检察机关审查起诉案件的有关退回、自行侦查等作出了明确规定。这是针对监察机关审查起诉阶段有关退回监察机关补充侦查的规定。而对于在审判阶段有关退回补充侦查的规定，最高法的刑诉解释中，有两个条款对此问题作出规定。第二百七十四条对公诉人的延期审理的申请作出了规定；第二百九十七条规定了有新的事实出现，可能影响定罪量刑的，或者需要补查补证的，应当通知人民检察院，由其决定是否补充、变更、追加起诉或者补充侦查。这一条是针对审判期间审判机关认为需要补充侦查的规定。第二百九十五条的规定相比较第二百七十四条检察机关自己发现需要补充侦查程序规定显得省略。但其明确了以下程序：其一，审判期间，检察机关没有主动提出要求补充侦查，但人民法院认为需要补充侦查的，应当通知人民检察院，由其决定是否补充侦查；其二，人民检察院不同意或者在指定时间内未回复书面意见的，人民法院依法作出判决、裁定；其三，人民法院即使发现有需要补充侦查的情形，不能向监察机关提出，只能向检察机关提出；其四，人民法院不能依职权主动调查，否则有违不告不理的刑事诉讼原则。人民法院可以就审判问题直接与监察机关进行协商。可以高效地解决审判中出现审判机关与监察机关意见不一致的问题，实现通过审判完成反腐败的价值目标。但其消极的方面可能会破坏以审判为中心的诉讼原则，而把审判程序演变为监察机关提请的简单的有罪确认程序，不利于对人权的保障。因此在目前的情况下，为实现监察机关与审判机关的程序的衔接，最为关键的是要遵守《刑事诉讼法》及最高人民法院关于适用〈中华人民共和国刑事诉讼法〉的解释》的规定。这样，既可以实质性地实现监察机关与审判机关办案程序的衔接，也在坚持以审判为中心的框架下解决了审判阶段的监察机关的补充侦查问题与人民检察院的补充侦查问题。

### 四 审判机关、辩护人等对监察机关录音录像的调取

《监察法》第四十一条对监察机关调查活动中录音录像问题作出了原则性的规定。该条把调查活动的过程进行录音录像规定为监察机关必须遵守的法定程序。国家监委与最高检制定的衔接办法也对此问题作出了程序性的规定，最高人民检察院对于调取讯问录音录像问题应当同国家监察委员会沟通协商。该条规定了依当事人申请调取监察机关讯问录音录像的程序，明确了检察机关的调取权限与方法。在司法实践中，监察机关调查活动的录音录像不一定随案移送，从目前法律规定看，也没有法律规定监察机关必须随案移送，这就给在审判阶段被告人及其辩护人申请法院调取或查询监察机关调查阶段的相关同步录音录像问题上，法庭如何处理带来了司法实践的难题。在当前司法诉讼制度改革的大的历史背景下，审判机关为了全面贯彻证据裁判的原则，实现法庭对案件的实质化的审理，在审判阶段关涉审判机关、辩护人、被告人对监察机关录音录像的调取问题上，采取以下的路径进行解决：第一，通过法律、司法解释、监察规章等明确规定，监察机关将案件移送监察机关审查起诉时，该案的录音录像应该随案移送，如果在审查起诉阶段，监察机关没有随案移送，在审判阶段，审判机关认为有必要的，可以要求检察机关向监察机关调取作为补充材料提交给人民法院；第二，监察机关没有随案移送有关录音录像，辩护人、被告人向法庭提出申请调取录音录像的，人民法院经审查，认为其申请与证据的合法性有一定联系的，将其申请转交给检察机关，检察机关应当向监察机关调取并移送给人民法院；第三，监察机关因关涉国家安全、商业机密等原因不便将录音录像移送给检察机关或人民法院的，检察机关或人民法院应该与监察机关进行协商沟通，在做好保密工作的前提下，监察机关应该提供相关的录音录像。

## 第四节 刑事缺席审判制度

现行的《刑事诉讼法》设立了"缺席审判程序"。《刑事诉讼法》规定的缺席审判制度主要有贪污贿赂案件、危害国家安全犯罪、恐怖活动犯罪案件三种情形。后两种情形虽然也规定在缺席审判程序中,但实际上是对审判障碍的清理,即在审判过程中,由于两种情形原因的发生,法庭审理出现障碍,无法进行。为排除障碍,只能在被告人不在庭的情况下进行开庭,属于普通程序而非特别程序。缺席审判制度实际上专指第一种情形。《监察法实施条例》第二百三十三条规定:监察机关立案调查拟适用缺席审判程序的贪污贿赂犯罪案件,应当逐级报送国家监察委员会同意。监察机关承办部门认为在境外的被调查人犯罪事实已经查清,证据确实、充分,依法应当追究刑事责任的,应当依法移送审理。监察机关应当经集体审议,出具《起诉意见书》,连同案卷材料、证据等,一并移送人民检察院审查起诉。在审查起诉或者缺席审判过程中,犯罪嫌疑人、被告人向监察机关自动投案或者被抓获的,监察机关应当立即通知人民检察院、人民法院。

通过创设缺席审判制度,为反腐败提供了制度的保障,也弥补了违法所得没收程序短板进而构建了与缺席审判程序的并轨协同诉讼格局。

### 一 刑事缺席审判的制度价值

对席审判要求被告人作为核心诉讼当事人参与法庭的审理,其价值目标无疑是追求司法的公正价值。但如果严格按照该原则没有任何例外即禁止缺席审判的话,法律程序将会被滥用,最终影响了司法的公正性与权威性。该制度是对对席审判原则的补充,目标是实现司法的公正。

1. 缺席审判制度的程序性价值——司法公正

缺席审判制度首先体现为自身的程序性价值。缺席审判制度由于被告人不在审判的现场,无法参与庭审,这使其公正性受到质疑。刑事被告人对法庭审理的整个程序的参与是现代刑事诉讼的重要原则之一。被告人对程序的参与有两种,形式上的在场与实质上的介入。针对第一种参与庭审的方式,强调被告人的始终在场,但如果被告人仅仅在场,而法律没有通过具体程序的设计保障被告人的权利,如被告人不能充分行使自己的辩护权,不能针对证据进行有效的质证,法官及公诉人通过一定方式限制被告人的权利等等,在此情形下,即使被告人始终在场,但对法庭的判决不能产生实质性的影响,"故这种在场实际上只是一种空间状态,并不具有参与的真正意义"[①]。而另一种实质的介入参与方式对审判的结果会产生实际的影响。在此情形下,被告人可以依据法律进行防御性的辩护,也可以委托律师为自己辩护。在缺席审判的制度下,尽管被告人不在法庭,但可以委托他人为自己辩护,这对于被告人而言也是积极的参与,实质上是坚持了程序的参与性原则。相反,如果被告人即使在场,若不能积极行使自己的辩护权与控方对抗,此种在场无任何积极的程序价值。我们要反对的和拒绝的是被告人无实质性参与的缺席判决,这种缺席判决与参与原则完全相悖,绝不能成为现代法治下的审判程序而存在。若缺席判决制度满足了以下几个条件,完全可以作为一种正当审判程序而存在。一是该制度已经赋予了被告人广泛的参与机会。如我国《刑事诉讼法》规定:在审理的过程中,被告人可以在场的,已经进行的程序不再有效,审理程序必须重新进行;二是诉讼模式能确保认证过程。在缺席判决的制度下,由于缺乏被告人对控方的证据进行质证,一切均由法官进行认证。在此情形下,应赋予法官一定的证据调查权,即法官如认为有必要,可以依职权对相关证据进行庭外的调查取证;三是创设被告人的异议制度。即只要被告人提出异议,法庭就要对案件进行重新审理。我国《刑事诉讼法》对此作出了具体规定;四是为被告人指定律师为其辩护。就目前而言,我国已经实现了刑事辩护的全覆盖,诉讼法对辩护制度作出了全面具体的规定,充分保障了被告人的辩护权。因此,只要符合前述的四项要求,即使在缺席判决的制度下,也能很好地实现其程序性价值,与对席判决一样,成为刑事诉讼方式的选择,实现成正义的目标——公正价值。

---

[①] 高永明:《刑事缺席判决价值论》,《理论界》2009年第10期。

## 2. 缺席审判制度的实体性价值——有效惩治腐败

据有关统计报告显示，逃亡海外的中国腐败官员人数高达万人，而且外逃官员携带的款项数额惊人。《联合国反腐败公约》在我国已经生效。该《联合国反腐败公约》规定，可同基于生效判决书向被请求国请求返还腐败犯罪所得财产。只要是有效的判决书，被请求国会将没收的财产返还给请求国。修改前的《刑事诉讼法》没有关于该审判制度的规定，只是规定在被告人潜逃等不在案的情况下，应中止审理，当然不能产生有效的法院判决。《联合国反腐败公约》的相关规定催生了我国对《刑事诉讼法》的修改，2018年我国通过修改《刑事诉讼法》，构建了中国的缺席判决制度。该制度的创设有着积极的法治价值，其一，实现我国《刑事诉讼法》在该制度上与联合国的相关公约接轨。一方面完善了我国的刑事诉讼制度，另一方面也为履行《联合国反腐败公约》国际义务奠定了制度基础；其二，实现了有效惩治腐败的法治实体价值目标。刑事缺席判决制度的设立，能够迅速审理被告人外逃案件，及时通过产生有效的司法判决向海外追回被外逃人员携带出境的国家财产；其三，通过创设刑事缺席判决制度，可以最大限度保护相关被告人的合法权益。刑事缺席审判一方面能有效地惩罚腐败犯罪，另一方面也是保护被告人合法权益的制度设计，通过缺席判决制度，被告人的合法权益能够得到有效保护。

### 二 程序衔接与人权保障

1. 在刑事缺席判决的制度中，需要完善诉讼程序的衔接

在整个的诉讼流程中，包括监察机关的调查活动，移送检察机关审查起诉活动，检察机关公诉程序的启动，管辖法院的确定，文书的送达与开庭审理，前述的所有程序之间应无缝衔接。通过诉讼程序的有机衔接，实现对被告人的权利保护。

2. 监察机关的立案调查与移送检察机关审查起诉

《监察法》没有对有关缺席判决问题作出规定。在国家监察委员会同意立案后，相关的监察机关进行监察调查，对涉嫌职务犯罪的，监察机关经调查后认为达到了《监察法》规定的应该移送起诉的标准，应当按

照法律的规定移送人民检察院审查。人民检察院依法审查后，认为符合起诉条件的，依法提起公诉，启动缺席审判程序，按照管辖的规定由有管辖权的法院依法开庭审理。

3. 文书的送达与开庭审理

《刑事诉讼法》二百九十二条规定了人民法院应当通过国际条约或外交途径将相关的法律文书送达被告人。鉴于海外送达的困难，在监察调查阶段开始，相关机关应将相关调查、移送审查起诉等节点信息以法律规定的方式送达被调查人，以确保其知情权及后续缺席判决的公正。

《刑事诉讼法》二百九十二条同时规定相关法律文书送达后，即使被告人未到案，也要开庭审理，并对涉案财产依法处理。对于可以查明被告人死亡的案件，根据《刑事诉讼法》的原理，不应再追究刑事责任，应当依法裁定终止正在进行的缺席审判诉讼程序，但如果被告人无罪的，人民法院应当作出无罪的判决，还被告人以清白。

4. 在刑事缺席判决的制度中，充分保障人权

在缺席审判过程中，尽管案件严格按照司法程序进行公平公正地审理，但毕竟被告人不在场，其诉讼权利必然受到一定的影响，在追求诉讼效率价值的同时可能会牺牲掉实体公正的价值，因此有必要通过设置严格的程序，防止缺席审判制度可能产生的诉讼风险。

5. 充分保障被告人的知悉权

在缺席审判的制度模式下，对被告人而言，首先要保证的是其知情权。被告人的知情权是其应有最基本的人权。《刑事诉讼法》第二百九十二条规定了通过国际条约等三种通知方式进行送达，这体现了我国该制度对被告人权的保障。但是，《刑事诉讼法》没有对法院的通知义务作出具体的规定，只是要求相关机关履行法定的通知义务，至于是否要求被通知人要实际知悉，法律没有作出规定。鉴于目前法律只是对有关通知问题作出了原则性的规定，在今后的改革中，应通过司法解释的方式对送达问题作出具体的规定。同时，法律应明确规定禁止用公告的方式送达。

6. 充分保障被告人的辩护权

《刑事诉讼法》二百九十三条对缺席判决被告人的辩护权作出了明确

规定。从形式看，法律保障了被告人的辩护权。但也存在以下问题，一是在被告人及其近亲属没有委托律师为其代理的时候，法院应当为其指定辩护人。从实践上看，法律援助指派的律师由于薪酬等原因，存在着不愿辩护、不尽力辩护的情况，使指定辩护沦为一种形式，起不到辩护的效果。因此，应该提高指定律师的薪酬，援助机构更要选择业务水平高、责任感强的律师为缺席审判中的被告人提供有效的辩护；其次，在该程序中辩护人与被告人之间辩护的意见有分歧，应该尊重被告人的意见，特别是事关有罪与无罪意见。在对席审判中，由于被告人能够直接对辩护律师的意见表示同意或反对，但在缺席判决的情形下，被告人无法表达自己的意见。这就要求辩护人在庭前加强与被告人的沟通，尊重被告人的意见；辩护律师应该认真研究案情，收集对被告人有利的证据，切实维护被告人的合法权益，坚决杜绝把辩护演变为帮助检察机关指控被告人的情况发生。

7. 完善缺席审判程序的救济制度

我国《刑事诉讼法》为该制度设定了提起上诉权、异议权和再审权的救济制度。但目前的缺席审判救济制度存在一定的问题，需要加以完善。

一是有关上诉权的规定有待细化。《刑事诉讼法》规定：被告人或者其近亲属不服判决的，有权向上一级人民法院上诉。被告人或其近亲属均有上诉权，但在被告人不愿意上诉的情形下，近亲属坚持上诉就会与被告人的真实意思相悖，法律一方面给予近亲属上诉权是出于更好地保护被告人的合法利益，但在双方意思不一致的情形下，反而会损害被告人的利益。因此，在法律中应该明确规定，在被告人放弃上诉权的情况下，不允许其近亲属提出上诉。

二是异议权期限规定不明确。《刑事诉讼法》也规定了对判决、裁定提出异议的期限，但该期限存在一定的问题。因为判决、裁定生效后，交付执行刑罚前是一个很不确定的期间，而罪犯一旦提出异议，法院必须重新审理，导致法院的判决不具有确定性。所以必须在程序上限制异议期的期限，维护法院判决的既判力。因此，应该在法律中明确规定异议期的行使期间，一方面要保证被告人有提出异议的充分时间，另一方面也要避免司法资源的浪费。

### 三　刑事缺席审判制度与违法所得没收程序之衔接

2018年，我国《刑事诉讼法》在"特别程序"中设立了刑事缺席审判程序。《监察法实施条例》第二百三十二条规定：对于贪污贿赂、失职渎职等职务犯罪案件，被调查人逃匿，在通缉一年后不能到案，或者被调查人死亡，依法应当追缴其违法所得及其他涉案财产的，承办部门在调查终结后应当依法移送审理。监察机关应当经集体审议，出具《没收违法所得意见书》，连同案卷材料、证据等，一并移送人民检察院依法提出没收违法所得的申请。监察机关将《没收违法所得意见书》移送人民检察院后，在逃的被调查人自动投案或者被抓获的，监察机关应当及时通知人民检察院。

可以看出，我国通过《监察法》及刑事诉讼法律体系的构建来实现追逃追赃、反腐败工作的目标。两个特别程序之间有何区别与联系？如何实现两个程序之间的有机衔接？是监察机关与审判机关之间办案程序衔接的一个重要问题。

（一）两个特别程序之间的区别与联系

两个特别程序之间的相同点：一是立法目的相同。两个特别程序主要目的都是为了更好地和顺利地展开追逃追赃工作；二是程序性质相同。两个程序都规定在特别程序中，是普通程序之外的特别程序；三是立法效果相同。有利于充分实现刑罚对于贪污贿赂犯罪的威慑功能，境外也不是法外之地，通过特别程序的设置，可以充分彰显我国法律的威慑力，维护国家的司法主权和国家利益。

两个特别程序之间的区别：一是二者的适用对象性质不同。违法所得没收程序针对的目标是违法所得及其他涉案财产，是"物"；刑事缺席审判针对的对象是犯罪嫌疑人、被告人，是"人"。"违法所得没收程序是刑事附带民事诉讼的一部分"[①]，本质上属于民事诉讼程序。刑事缺席审判程序则是典型的刑事诉讼程序，是对被告人刑罚的适用；二是二者

---

[①] 何帆：《刑事没收研究——国际法与比较法的视角》，法律出版社2007年版。

适用案件不同。违法所得没收程序适用的是贪污贿赂犯等重大犯罪案件，而刑事缺席审判程序适用的除了贪腐犯罪案件外，还包括其他特别性的案件。从适用案件的范围看，违法所得没收程序与刑事缺席审判程序相比，前者的范围要广一些；三是限制条件不同。刑事缺席审判的立案需要报经国家监察委员会的同意及经最高人民检察院核准，而违法所得没收程序则没有限制性规定；四是送达程序的不同。刑事缺席审判程序中，人民法院应当按照国际条约等方式将法律文书送达被告人。违法所得没收程序中，人民法院受理没收违法所得的申请后，以公告的方式进行送达。

（二）刑事缺席审判制度与违法所得没收程序之衔接

如前所述，两个特别程序，一个对"物"，一个对"人"，共同构成了我国反腐败的追逃法律制度。这就决定了两个特别程序之间必然存在衔接问题。在刑事缺席判决制度中，如《刑事诉讼法》二百九十二条规定了人民法院不仅要作出判决，还要处理涉案的财物，两个程序之间存在重合。在处理两个特别程序之间衔接司法实践问题上，需要注意以下几点：

1. 两个特别程序均为独立的程序。

违法所得没收程序并非刑事缺席审判程序的前置程序。"违法所得没收程序只是一种特别程序，是对案件涉及违法财产部分进行审理"[1]。而刑事缺席判决程序是个完整的程序，既涉及人，也可能关涉违法财物的处置。

2. 坚持程序的参与性司法原则，限制刑事缺席审判制度的适用。从两个特别程序的法律规定看，刑事缺席审判制度的适用远远比违法所得没收程序严格。因为刑事缺席审判制度关涉对人的刑罚问题，即人身自由问题；违法所得没收程序只涉及财产，不关涉犯罪嫌疑人的人身自由，即使适用程序错误，也容易恢复原状。因此，在司法实践中，应限制刑事缺席判决制度的适用，在罚没程序无法适用的情形下，才能使用刑事缺席判决制度。

---

[1] 周明：《违法所得没收程序与刑事缺席审判程序的关系及衔接》，《社科纵横》2019年第11期。

3. 可能判处死刑的案件不适用缺席审判。我国《刑事诉讼法》第二百九十一条规定对于严重危害国家安全等犯罪，若被告人不在国内，经过法定程序，监察机关等可以移送起诉，检察机关应该审查起诉，法院应当开庭审理，依法作出判决。以此可以看出，法律只是对刑事缺席判决制度适用的案件类型作出了规定，而对可能判处的刑罚没有规定。从保护人权的刑诉立法目的出发，对于死刑案件严格禁止该程序的适用。因为死刑是刑法中最严厉的刑罚，一旦执行，不能恢复，必须十分谨慎。而违法所得没收程序不受此程序的限制，只要符合条件即可提起。因此，在司法实践中，应尽可能多地适用违法所得没收程序。

## 小　结

2018年《刑事诉讼法》的修改，增加了刑事缺席判决的特别程序规定，与违法所得没收程序共同构成了追逃追赃的反腐败法律体系，对我国的反腐败工作有着积极的法治意义。在当前的司法实践中，应更多地发挥刑事缺席审判的震慑作用，严格限制其适用的范围，要更多地运用违法所得没收程序，通过有效切断其境外财产来源，敦促其早日回国接受刑事审判。

## 本章小结

当前我国正在深化司法体制及纪检监察体制的改革，通过推进纪检监察机关监督执纪活动的规范化、法治化的发展，必将大力推进审判机关在刑事诉讼中功能作用的发挥，并能积极引导并努力确保监察机关的调查并移送起诉的案件事实证据经得起法律的检验。在当前深化纪检监察高质量发展的背景下，努力实现监察机关与审判机关办案程序的有机衔接，一方面实现监察调查活动的规范化、法治化，另一方面人民法院在职务犯罪审判中在查明事实、认定证据、公正裁判方面充分发挥庭审的作用，确保从监察调查到审查起诉再到法院审判整个程序流程在诉讼法治的轨道上运行，确保全部的程序严格遵守司法的规律，确保程序的正当。只有这样，才能实现监察机关与审判机关之间的相互配合、相互衔接、相互制衡，才能有效防止监察权、司法权的滥用，实现防腐效率价值与人权保障价值的有机统一。

# 第十章

# 建立纪委监察与刑事司法办案标准程序衔接配套保障机制

## 第一节 配套法律制度体系

党的十九届四中全会的《中共中央关于坚持和完善中国特色社会主义制度 推进国家治理体系和治理能力现代化若干重大问题的决定》提出要深化司法体制综合配套改革，明确了目前司法体制改革的具体方向与路径，最终目标是建立系统集成、协同高效的具有中国特色的司法体制。建立纪委监委与刑事司法办案标准与程序衔接的配套保障机制是深化司法体制综合配套改革的重要内容之一，通过建立纪委监委与刑事司法办案标准与程序衔接配套保障机制，可以更好地实现纪委监委与刑事司法机关之间办案程序的有机衔接，进而巩固纪检监察体制改革的成果，对于推进国家治理现代化具有积极的理论价值和实践价值。

### 一 配套制度的价值分析

早在党的十八届六中全会公报中，要实施国家监察体制改革的意图已初现，在这份报告中，细心的人会发现，监察机关的地位和作用已然悄然发生了变化：过去监察机关系政府的一个职能部门，在地位上处于从属地位，在上述公报中它从"配角"一下子变成了"主角"，与人民政府、人民法院、人民检察院并列表述，国家政治体制中"一府一委两院"的格局已经初步形成。

2016年11月7日，北京、山西、浙江三省市率先进行试点，开展监察体制改革。在改革探索中，三地敢于创新，勇于实践，不断完善工作机制，积极探索监察体制新理念、新机制，为推进国家监察体制改革积累了丰富的实践经验。2017年11月4日下午，全国人大常委会通过了在全国各地推开国家监察体制改革试点工作的决定，监察体制改革在全国各地轰轰烈烈地开展起来。2018年3月20日，《中华人民共和国监察法》正式通过，一方面国家监察体制改革探索的成果以立法的形成正式得到确立，另一方面也为今后监察机关开展工作提供了法律依据和法制保障。

《监察法》明确规定，各级监察机关是专门行使国家监察权的国家机关。从监察的对象来看，对所有行使公权力的公职人员实现国家监察的全覆盖；从监察的力度上来看，既包括了所有公职人员的职务违法，也包括了相应的犯罪行为。不仅如此，监察机关还集监督、调查和处置于一体，在对所有行使公权力的监督过程中，实行"一竿子插到底"，体现了前所未有的监察理念、监察方式和监察力度。但是从《监察法》颁布实施后，如何实现《监察法》与行政执法、《刑事诉讼法》等法律制度有效衔接，成为理论和实践关注的焦点，因此，笔者认为，建立健全与《监察法》相配套的法律制度体系，对于深化法治反腐体系，构建具有中国特色的国家监察制度有十分重要的作用和意义。

1. 建立健全与《监察法》相配套的法律制度体系体现了"系统与要素"的辩证关系。马克思主义哲学告诉我们，系统与要素是辩证统一的，系统是一个整体，要素是系统的组成部分，一方面系统内部各个要素相互独立，不可相互代替，各要素之间既独立又关联，构成辩证统一的有机整体；另一方面系统与要素之间又是相互影响的。要素的性能及其变化会影响整个系统的性能及运行状况。系统的整体性能及其变化也会影响到要素的性能及其变化。所以系统与其组成部分的要素之间，是相互关联、相互依存、相互影响的，二者之间的这种关系是动态的，不是静止或一成不变的。从哲学原理上来看，《监察法》与其配套法律制度体系之间也是辩证统一的关系。一方面，《监察法》与其配套法律制度之间是相互独立，相互不能代替的，因为它们有各自的立法目的、立法规范和调整的法律关系，也有各自的运行范围和运行边界；另一方面，《监察法》与其配套法律制度之间又是相互关联、相互依存和相互影响的。如刑法规定了公职人员不履行、不认真履行职责所要承担的刑事责任，没有罪刑法定原则，就不能对其实施刑事处罚。《刑事诉讼法》规定了刑事诉讼的程序，这些程序是否正义，也会影响到对公职人员的实体处理，否则其基本人权就得不到保障。各类行政执法规定了公职人员应当履行职能职责的具体内容和行为规范，不履行、不认真履行职责的具体表现，以及因此所应承担的行政责任。没有协调完备的配套法律制度和法律规范体系，对公职人员的监督、调查和处置便会失去法律依据，《监察法》便会沦为一纸空文，失去其应有的功能和作用，集中统一、权威高效的国家监察体制改革便会失去根基，成为空中楼阁。"徒法不足以自行"，要构建具有中国特色的国家监察体制，必须在深入贯彻落实《监察法》的基础上，建立健全与《监察法》相配套的法律制度体系，大力进行行政体制改革、司法体制改革，科学配置各类国家公权力，切实加强对公权力的制约监督，才能不断健全和完善中国特色社会主义法治体系。

2. 建立健全与《监察法》相配套的法律制度体系是全面依法治国的需要。全面依法治国是党中央提出的"四个全面"重要战略布局之一，其目标是建设中国特色社会主义法治体系，最终目标是建设社会主义法治国家。当然社会主义法治体系不是抽象的存在，而是以完备的法律规范体系为基础，以高效的法治实施体系为载体，以严密的法治监督体系为保障，以强有力的法治保障体系为支撑的有机统一体。《监察法》实施后，国家监察对所有行使公权力的公职人员实行全覆盖，为构建中国特色社会主义反腐败法治体系提供了最重要的法律依据，但《监察法》无论从立法技术还是立法内容上都还有诸多值得修改和完善的地方，在基础性法律制度方面，还需与《宪法》《立法法》等根本性法律加强衔接，在程序性法律制度层面，还需与《行政诉讼法》《刑事诉讼法》等加强法法对接，构建具有中国特色社会主义的反腐败法律体系还任重道远。

3. 建立健全与《监察法》相配套的法律制度体系有助于国家治理体系、治理能力现代化。国家治理体系和治理能力现代化不是运动式治理，更不零敲碎打式的修修补补，这种改革宏观上具有系统性、整体性、协同性和体系化特点，需要我们进一步解放思想，与时俱进，全面创新，多点发力,系统推进各项改革措施,既要冲破体制机制的顽瘴痼疾,又要克服利益固化的本位主义,既要突出自我创新,自我完善,又要善于吸收人类文明成果,善于从哲学高度学会"扬弃",着力构建配置科学、运行规范、监督有效的法律制度体系。而在以往的国家监督体系中,虽然也有人大监督、行政监察、司法监督和检察机关对职务犯罪侦查和预防等监督形式,但这些反腐资源过于分散,反腐力量相互交叉,很难有效精准发力。《监察法》实施后,国家监察委员会专司其职,实行全覆盖监督,并集监督、调查和处置权于一身,对职务违法和职务犯罪双管齐下,实施监督,大大整合反腐资源,反腐力度空前加大,形成了全覆盖、全方位的严密监察监督体系,为法治反腐治理体系和治理能力现代化奠定了制度基础。

4. 建立健全与《监察法》相配套的法律制度体系是全面深化改革的需要。党的十八大以来,党中央铁腕反腐,多轮巡视如秋风扫落叶一样席卷全国,创造了史无前例的反腐成效,反腐败斗争取得了历史性的成就。党始终是伟大光荣正确的,但是在一些党员领导干部中存在的"四种危险""四风"等突出问题日趋突出,面对国际国内各种矛盾和风险叠加带来的不确定性因素加剧,特别是在"百年未有之大变局"面前,我们要深刻认识党面临的"四大考验"的长期性和复杂性。因此,必须厘清我们面临的各种风险和矛盾,坚持问题导向、责任导向和结果导向,保持战略定力、改革定力和发展定力,切实加强全面从严管党治党,强化自我净化、自我完善、自我革新和自我提高的能力,坚决克服"四种危险",切实纠正"四风",强化领导干部"六大思维",守住"四条底线",坚持反腐败无禁区、全覆盖、零容忍,大力加强反腐制度机制建设。《监察法》颁布之后,我们党以刀刃向内的勇气,以铁腕治腐的力度,在强力反腐的行动中,不断建立健全与《监察法》相配套的法律制度体系,通过制度设计弥补监察短板,扎紧行使公权力的制度笼子,坚决做到有贪必反,有贪必肃,旗帜鲜明地加强反腐倡廉建设。我们要在全面深化改革中不断完善与国家监察体制改革相配套的法律制度建设,做好监督体系顶层设计,重树监督理念,有机融合各种监督形式,不断拓展监督方式,探索一条党在长期执政条件下实现自我净化、自我完善、自我发展的有效路径,将党的领导优势和社会主义制度优势转化为治理效能,以治理效能进一步促进制度优势,并使二者良性互动,进一步推动治理能力现代化水平。

## 二 配套法律制度体系概况

国家监察体制改革是全面深化改革的重大战略部署,也是事关全局的重大政治体制改革。《监察法》颁布实施后,我国的政治体制已由"一府两院"转变为"一府一委两院",为了建立与《监察法》相配套的法律制度系统,必须高屋建瓴,搞好了顶层设计,主动适应新形势和新要求,构建全面依法治国的法律制度体系。

宪法是国家的根本大法,在一个国家的法律体系中具有最高的法律效力,一切法律、行政法规和行政规章都必须以宪法为依据,不得与宪法精神相违背和抵触。十三届全国人大一次会议审议通过了宪法修正案,对监察委员会的内容进行调整和充实,明确了监察委员会在国家机构中的法律地位和作用,为推进监察体制改革提供了法治保障和宪法依据。在宪法修正案第三章《国家机构》第六节后增加第七节"监察委员会",全面规定监察委员会的性质、地位、名称、人员组成、任期任届、领导体制、工作机制等。宪法修改案体现了健全党和国家监督体系,深化监察体制改革的总体战略部署,既准确界定了监察委员会与人民代表大会及其常务委员会的关系,也清晰地反映了它"一府两院"的关系。

为适应宪法修改和国家监察体制改革的新要求,与国家监察体制改革做到无缝衔接,《人民检察院组织法》和《刑事诉讼法》等法律,对检察机关行使立案管辖、审查逮捕、审查起诉、提起公诉等内容作出相应修改或完善,对监察机关移送案件的强制措施专门作出规定,进一步完善人民检察院的职权职责。如明确规定在调查阶段监察机关依法收集的证据材料的诉讼效力,以前的行政诉讼中,行政机关收集的证据,如运用在刑事诉讼中还面临证据转化问题,而对于监察机关收集的证据在刑事诉讼中可以直接作为证据使用,并不存在证据转换的问题。人民检察院在审查起诉中可以对监察机关收集证据的合法性进行审查。最高检与国家监委联合出台规定,明确了检察机关提前介入监委办理职务犯罪案件的具体程序，确保监委与检察机关办案程序无缝衔接，进一步提高法治反腐的工作合力。修改后的《人民检察院组织法》第二十条明确规定人民检察院行使的职权包括八项，其中人民检察院行使侦查权的具体情形，应当"依照法律规定"，这里的法律主要指《刑事诉讼法》和《监察法》。2018年11月24日，《最高人民检察院立案侦查司法工作人员相关职务犯罪案件若干问题的规定》列举了检察机关直接立案侦查的14种罪名。

最高人民法院认真做好《监察法》与《刑事诉讼法》的衔接工作，出台了《新刑事诉讼法解释》，将以审判为中心诉讼理念贯穿于《解释》始终，明确了在办理职务犯罪案件中要秉持的证据裁判原则，人民法院对监察机关收集的证据进行审查判断时，要坚持刑事审判关于证据的审查要求和证明标准，对监察调查中收集的非法证据要予以排除，进一步健全和完善审判程序与监察调查的衔接机制，完善了职务犯罪案件违法所得没收程序和缺席审判程序，为新时代反腐败斗争和国际追逃追赃工作提供有力司法保障。

《监察法》第六十七条规定：监察机关及其工作人员行使职权、侵犯公民、法人和其他组织的合法权益造成损害的，依法给予国家赔偿。《监察法实施条例》第二百八十条规定：监察机关及其工作人员在行使职权时，有下列情形之一的，受害人可以申请国家赔偿：（一）采取留置措施后，决定撤销案件的；（二）违法没收、追缴或者违法查封、扣押、冻结财物造成损害的；（三）违法行使职权，造成被调查人、涉案人员或者证人身体伤害或者死亡的；（四）非法剥夺他人人身自由的；（五）其他侵犯公民、法人和其他组织合法权益造成损害的。受害人死亡的，其继承人和其他有扶养关系的亲属有权要求赔偿；受害的法人或者其他组织终止的，其权利承受人有权要求赔偿。第二百八十一条规定：监察机关及其工作人员违法行使职权侵犯公民、法人和其他组织的合法权益造成损害的，该机关为赔偿义务机关。申请赔偿应当向赔偿义务机关提出，由该机关负责复审复核工作的部门受理。赔偿以支付赔偿金为主要方式。能够返还财产或者恢复原状的，予以返还财产或者恢复原状。建议进一步修订国家赔偿法，完善相关的国家赔偿程序。

要积极参与国际反腐司法交流与协作,注重吸收《联合国反腐败公约》的成果和有益经验,根据我国反腐败斗争形势需要,及时健全国家公职人员职务违法和职务犯罪的惩治和预防体系。在进一步贯彻落实《中国共产党纪律处分条例》《中国共产党巡视工作条例》《关于新形势下党内政治生活的若干准则》《中国共产党问责条例》等党内法规的同时,及时清理一些过时、落后的法律法规,有效解决党内法规和国家法律滞后于反腐实践的突出问题,建立完备的公职人员行为规范体系和科学严谨的惩处体系。

## 第二节 配套监督制度体系

### 一 系统监督

2018年3月,十三届全国人大一次会议通过《宪法修正案》和《监察法》,明确监委是履行国家监察权的专责机关,独立行使监察权,不受行政机关、社会团体和个人的干涉,依法对所有行使公权力的公职人员进行监察,其监督范围更大、力度更大、责任更重,不但有效地解决了旧监督格局中党内监督和国家监察不协调、不同步的问题,也弥补了部分行使公权力人员游离于监督之外的盲区,实现对公权力全覆盖、无死角监督。历史经验告诉我们,"权力导致腐败,绝对的权力导致绝对腐败",我们要清醒地认识到缺乏监督和制约的权力可能会出现的严重危害。正如孟德斯鸠说:"一切有权力的人都容易滥用权力,这是万古不易的一条经验。"权力具有天然向外扩张性和自我膨胀性,如果没有足够的约束和监督机制,任何权力都会产生腐败,要防止权力滥用,就必须以权力约束权力。《监察法》颁布实施后,作为融党纪调查、行政监察、职务违法和犯罪调查于一身的监察委员会,对职务违法犯罪来说,其拥有生杀予夺的大权,如果没有强有力的监督制约机制,监察权也容易产生被滥用的危险。因此,习近平总书记基于历史经验,高瞻远瞩地提出了加强对纪检监察机关的权力制约,防范其滥用权力的法治思想,为我们深化国家监察体制改革,保证监察机关正确行使人民赋予的权力,指明了方向。

1. 系统监督的依据

我国是人民民主专政的国家，一切权力属于人民，人民行使国家权力的机关是全国人民代表大会和地方各级人民代表大会。这表明，人民代表大会制度是我国的根本政治制度，是国家的政权组织形式。我国宪法第三条规定，国家行政机关、监察机关、审判机关、检察机关都由人民代表大会产生，对它负责，受它监督。这种监督体现了国家一切权力属于人民的宪法原则，是人大对"一府一委两院"开展系统监督的宪法依据，也是"一府一委两院"开展工作合宪性的依据。人大监督是党和国家监督体系的重要组成部分，它同党的监督、行政监督、司法监督、审计监督、社会监督等融会贯通，相得益彰，相互促进，共同构成党统一领导、全面覆盖、权威高效的监督体系。人大监督是在党的领导下，代表国家和人民进行的具有法律效力的监督。监督的目的，是推动党中央决策部署得到贯彻落实，确保宪法法律全面有效实施，确保各项国家权力得到正确行使，确保法制统一和人民权益得到维护和实现。《监察法》第八条第一款规定："国家监察委员会由全国人民代表大会产生，负责全国监察工作。"第四款规定："国家监察委员会对全国人民代表大会及其常务委员会负责，并接受其监督。"我国《宪法》《监察法》的上述规定，正是监察机关接受人大系统监督的宪法依据。

2. 系统监督的方式

《宪法》第一百二十六条规定："国家监察委员会对全国人民代表大会和全国人民代表大会常务委员会负责。地方各级监察委员会对产生它的国家权力机关和上一级监察委员会负责。"该处的"负责"内涵是什么？也就是说，监委接受人大的系统监督的方式是什么？《监察法》第五十三条对监察机关接受系统监督的方式作出了明确规定："各级监委应当接受本级人大及其常委会监督，各级人大及其常委会听取和审议本级监察委员会的专项工作报告。县级以上各级人民代表大会及其常务委员会举行会议时，人民代表大会代表或者常务委员会组成人员可以依照法律规定的程序，就监察工作中的有关问题提出询问或者质询。"《监察法实施条例》对此进行了细化：第二百五十二条规定：各级监察委员会应当按照《监察法》第五十三条第二款规定，由主任在本级人民代表大会常务委员会全体会议上报告专项工作。在报告专项工作前，应当与本级人民代表大会有关专门委员会沟通协商，并配合开展调查研究等工作。各级人民代表大会常务委员会审议专项工作报告时，本级监察委员会应当根据要求派出领导成员列席相关会议，听取意见。各级监察委员会应当认真研究办理本级人民代表大会常务委员会反馈的审议意见，并按照要求书面报告办理情况；第二百五十三条规定：各级监察委员会应当积极接受、配合本级人民代表大会常务委员会组织的执法检查。对本级人民代表大会常务委员会的执法检查报告，应当认真研究处理，并向其报告处理情况。

可见，《监察法》及其《实施条例》的"听取和审议专项工作报告、配合执法检查"等就是监察机关接受人大及其常委会系统监督的方式。在日常监督中，听取和审议专项工作报告、组织执法检查、提出询问或者质询是人大及其常委会实施监督的有效途径，这种制度化、规范化、经常性的监督方式已经成为人大及其常委会的日常工作内容。听取和审议监察委员会的专项工作报告作为人大及其常委会进行系统监督的方式，既可以增强人大监督的实效，又可以为开展执法检查等其他监督工作打好基础。在实践中，可以根据当地党委反腐倡廉工作的重点和人民群众广泛关注的焦点，结合监委专项工作内容，适时听取和审议专项工作报告，对于监察机关来说，可以把自觉接受人大及其常委会的系统监督贯穿于监察工作始终，赢得广大人民群众的理解和支持，进一步提升反腐的透明度和认可度。

2020年5月至7月，全国人大常委会听取和审议国家监察委员会专项工作报告，分赴全国8个省市召开专家学者座谈会，广泛听取意见和建议，在深入调查研究的基础上，提出了诸多有建设性的意见和建议，被国家监察委员会全部吸收，创新了人大及其常委会对监察委员会专项报告审议新模式，为地方各级人大及其常委会对监委专项报告审议提供了可供复制的指导意见和经验借鉴。

3. 系统监督的完善

加强与监察委员会的协调沟通，听取和审议国家监委专项工作报告，是积极发挥人大监督作用的有效途径，也是加强对监委系统监督的有力举措。全国人大常委会指出，要认真总结首次听取和审议国家监察委员会专项工作报告的经验做法，积极探索，统筹推进，不断拓展人大监督监察工作的方式，为人大代表依法履行监督职责创造良好条件，不断增强监督实效。

著者认为，听取和审议监委的专项工作报告，还不能完全充分体现人大及常务委员会对监察工作的系统监督，还需进一步牢固树立监督者更要接受监督的理念。纪委监察委员会机关作为专司国家监察职能的机关，为了防止马列主义手电筒光照别人不照自己，甚至出现"灯下黑"的现象，必须要带头强化自我监督，带头加强党的政治建设，增强"四个意识"，坚定"四个自信"，始终要在政治上、思想上、行动上同党中央保持高度一致，及时强化自我监督，及时清理门户，自觉接受党内监督和社会监督，努力建设让党中央放心、让人民群众满意的政治机关。要贯彻落实习近平总书记关于监察机关更要加强自我监督的指示精神，必须强化人大及其常委会对监委的系统监督，著者认为，除听取和审议监委专项工作以外，还须建立健全监委向人大及其常委会报告工作制度，理由是：

（1）"一府两院"向人大及其常委会负责并报告工作已经写入宪法和组织法，并已形成惯例。人民代表大会制度是我国政权的组织形式，也就是我国的政体。"一府两院"由人大产生，向人大及其常委会负责并报告工作已经写入宪法和相关组织法。在宪法中，虽然没有明文规定人民法院和人民检察要向人大及其常委会报告工作，但《人民法院组织法》《人民检察院组织法》均在第九条规定了向人大及其常委会负责并报告工作的制度。《人民法院组织法》第九条规定："最高人民法院对全国人民代表大会及其常务委员会负责并报告工作。地方各级人民法院对本级人民代表大会及其常务委员会负责并报告工作。"《人民检察院组织法》第九条规定："最高人民检察院对全国人民代表大会及其常务委员会负责并报告工作。地方各级人民检察院对本级人民代表大会及其常务委员会负责并报告工作"。也就是说在我国宪法和相关组织法中，除中央军事委员会因涉及军事秘密，只对全国人民代表大会和全国人民代表大会常务委员会负责但不报告工作外，"一府两院"均要向人大及其常委会负责并报告工作,并已形成惯例。虽然《监察法》第八条规定:"国家监察委员会对全国人民代表大会及其常务委员会负责,并接受其监督。"第九条规定:"地方各级监察委员会对本级人民代表大会及其常务委员会和上一级监察委员会负责,并接受其监督",但《监察法》并没有规定监察机关要向人大及其常务委员会负责并报告工作。《监察法》第五十三条只规定:"各级监委应当接受本级人大及其常委会监督,各级人大及其常委会听取和审议本级监察委员会的专项工作报告。"国家监委成立后,我国的政治体制已由原来的"一府两院"变为"一府一委两院"。既然监察委员会与"一府两院"地位平等,且都是由人大产生,并向人大及其常委会负责,那为何只向人大及其常委会报告专项工作,而不能像"一府两院"那样,向人大及其常委会报告工作,接受其系统监督呢?换句话说,人大及其常委会只听取和审议本级监察委员会的专项工作报告,而不能听取和审议本级监察委员会的整体工作报告,那人大及其常委会对本级监察委员会的系统监督又体现在哪里?监委对前者负责,又负什么责呢?

(2)实行监委向人大及其常委会报告工作制度,是其接受外部监督的应有之义。习近平总书记之所以多次强调要加强对纪委监委的监督,是因为个别纪检监察人员思想上存在认识误区,认为自己是专司国家监察之职,专管调查别人,纪检监察机关就是自己的保险箱。监察体制改革后,监察权成为与行政权、司法权"并驾齐驱"的一项国家权力,监委不但对职务违法享有监督、调查和处置权,对职务犯罪还承袭了以前检察机关职务犯罪的侦查权,[①]其权力范围广、手段强、处理严,如果对其不严格监督,势必会导致权力滥用的危险。因此必须常态化地对监察人员开展主题教育,要教育监委人员牢记手中的权力是党和人民赋予的,监察权力的行使不是随心所欲的,其权力行使和运行是有边界的,要坚持秉公用权,清正廉洁,不为一己之私而滥用权力,要坚持依法用权,始终坚持国家公权力法定原则,认真践行"法无授权不可为"理念,要坚持以人民为中心的理念,做到情为民系、权为民用、利为民谋。因此,各级监委要向人大及其常委会报告工作,强化本级人大及其常委会的系

---

① 陈瑞华:《论监察委员会的调查权》,《中国人民大学学报》2018年第4期。

统监督，加强监委接受监督的自觉性，提高监察权运行的透明度，对监察权运行的重要环节加强监督制约，及时发现执法执纪中可能出现的苗头性、倾向性问题，管好执法执纪的关键人、关键事、关键处、关键时，扎实有序推进法治反腐体系建设。

（3）实行监委向人大及其常委会报告工作的制度，有利于打造"阳光监察"，确保监察权在阳光下行使。各级监委除了向人大及其常委会报告专项工作外，实行监委向人大及其常委会系统地报告工作，可以把"以人民为中心的理念"贯穿到监察工作中去，除个别涉及调查秘密的个案不宜公开以外，监委系统地向人大及其常委会报告工作，可以让人大代表了解监察机关每年执法执纪的工作重点、创新举措和工作成效，明确当前公职人员违法犯罪的特点、趋势和治理对策，社会各界也可以在听取和审议监察工作报告中接受法治教育，从监委办理的案件中吸取教育，避免因理想信念丧失而走上违法犯罪的道路，从而实现自我教育、自我预防和自我警醒，切实做到警钟长鸣，达到惩前毖后的法治效果。此外，为进一步加大对监察权的监督制约力度，必须加强监察机关自我监督，可以借鉴检察机关为加强自侦案件监督而实行人民监督员制度的有益经验，探索建立特邀监察员介入重大复杂案件和有重大社会影响的案件进行监督，防止出现监察权不当行使或不规范性运行等现象，确保监察权沿着法制轨道正确运行，努力在每一起监察案件的办理中都能做到政治效果、法律效果和社会效果有机统一。

## 二 司法监督

在我国，对监察机关的司法监督制度主要是指检察机关的法律监督和人民法院的审判监督。《监察法》实施后，学界对监察权的性质进行了广泛而深入的讨论，虽然监察权本质上是一种政治机关，但其权力并非单纯的行政权，也非单纯的侦查权，而是一项独立的国家权力。有学者认为，《监察法》规定的职务犯罪调查权与以前检察机关自侦部门所享有职务犯罪侦查权有千丝万缕的联系。尽管监察立法并没有对监察调查权的性质作出明文规定，但从监察调查的形式和后果来看，它已经具备了侦查权的基本法律属性，实质上就是一种特殊的侦查权，且监察调查权行使的各种措施与刑事诉讼强制措施有异曲同工之妙，有的调查措施的行权方式和程序均可在《刑事诉讼法》中能找到法律依据，其法律属性与侦查措施并无二样，应当属于特殊的侦查措施。《监察法》规定的查封、扣押、冻结等"12+3"项调查措施，既包括对公民财物的强制，也包括对公民人身的强制，其强制程度与刑事强制措施的强度几乎一样，因此有必要加强司法权对调查权的监督和制约，限制其无限膨胀、恣意妄为的冲动和危险。强化司法监督，对监察机关来说，最主要的就是怎么处理与审判机关、检察机关的关系。从检监关系来说，监委所办案件移送到检察机关以后，检察机关的审查起诉既有诉讼程序的承接关系，又有诉讼意义上的司法监督制约关系。从监法关系来看，审判监督对监察办案既是一道"质量检验"关，又是一道正当程序保障关，可以说以审判为中心的诉讼制度可以倒逼职务犯罪案件提升办案质量。下面，著者就司法对监察监督的主要节点做简要论述。

1. 司法监督对法法衔接的入口把关作用

（1）刑事诉讼立案与监察立案程序对比分析。立案是我国刑事诉讼活动的开始和必经阶段。有了立案意味着刑事侦查程序正式开启，并可以对犯罪嫌疑人采取必要的强制措施。立案最为突出的意义，是为强制侦查措施提供合法依据。世界法治国家对犯罪调查并无特别的立案程序，而一般对强制侦查行为却要严格实行司法审查和令状主义。也就是说在国外刑事诉讼立法中，大都没有将立案作为独立的诉讼阶段，有的国家虽然要办理一定的手续，但不把立案作为一个独立的程序，如法国、意大利、日本、德国。[1] 如德国刑事诉讼没有立案阶段，其侦查开始于三种情况：检察官和警察获得有关犯罪的任何信息；公民的检举和告发；有关方面或者个人提出的刑事追究请求。[2] 根据日本的刑事诉讼法，日本也没有立案阶段，司法警察认为有犯罪行为时应当立即侦查犯罪人和证据，即有犯罪就开始侦查。[3] 而苏联等社会主义国家刑事诉讼中，对开始刑事

---

[1] 樊崇义：《刑事诉讼法学》，中国政法大学出版社1998年版，第254页。
[2] 程荣斌：《外国刑事诉讼法》，中国人民大学出版社2002年版，第313页。
[3] 程荣斌：《外国刑事诉讼法》，中国人民大学出版社2002年版，第499页。

诉讼规定了专门的程序，受此影响，我国《刑事诉讼法》也规定了刑事诉讼开始的专门立案程序。我国《刑事诉讼法》第一百一十二条规定：人民法院、人民检察院或者公安机关对于报案、控告、举报和自首的材料，应当按照管辖范围进行审查，认为有犯罪事实需要追究刑事责任的时候，应当立案；认为没有犯罪事实，或者犯罪事实显著轻微，不需要追究刑事责任的时候，不予立案。《监察法》第三十九条规定了监察案件立案的条件："经过初步核实，对监察对象涉嫌职务违法犯罪，需要追究法律责任的，监察机关应当按照规定的权限和程序办理立案手续。"可见，刑事诉讼立案条件要比监察立案条件严格，前者必须是有犯罪事实且需要追究刑事责任的，才能立案，而后者只需要经过初步核实，实体条件既包括监察对象有涉嫌职务违法行为，也包括职务犯罪行为，且追究的只需是法律责任而不是刑事责任。可见，此次《监察法》规定的监察立案，并非《刑事诉讼法》意义上的刑事立案，前者的内涵与外延要比刑事立案的丰富得多。同为专门性调查，监委以违法嫌疑便可以立案，并启动对人、对物的强制手段，而《刑事诉讼法》规定的立案程序须以涉嫌犯罪、需要追究刑事责任为条件，其后才能启动专门的调查程序，才可采取强制性取证手段。

（2）监察调查中刑事立案监督的必要性

第一，监察调查的立案条件较低，立案程序对职务犯罪的过滤作用较弱。通过刑事诉讼的立案与监察立案程序对比分析，我们可以看到，监察立案条件要比刑事诉讼立案的标准要低，它既包括涉嫌职务违法行为，也包括职务犯罪行为，加之监察调查处于相对封闭的独立运行状态，法律监督介入的深度和程度均有限，势必导致很多职务犯罪在立案上不分职务违法和职务犯罪，相对于刑事立案程序来说，《监察法》规定的职务犯罪立案程序对刑事案件的过滤作用减弱，不排除有的职务违法行为被当作职务犯罪进行立案，当职务犯罪案件移送至检察机关审查起诉时，不起诉的风险增加。

第二，防止出现调查程序与侦查程序混同和任意转换的风险。监察体制改革后，监察机关集各种调查大权于一身，成为一种"超职权"的国家机关，在外部监督有失刚性，内部监督不健全的现状下，加之职务犯罪在立案上不分职务违法和职务犯罪，不可能排除在利益驱动下，有的办案人员出现徇私舞弊、徇情枉法等滥用监察权的风险，出现不当立案而立案，应当立案而不立案，或在职务违法和职务犯罪中随意转换调查程序。

第三，强化职务犯罪立案监督是法律监督的重要职责。检察机关作为法律监督机关，其职能和职责是宪法和法律赋予的，在刑事诉讼中可以对侦查机关的立案和侦查活动进行法律监督。如检察机关对侦查机关应当立案而没有立案，或者不应当立案而违法立案的情况，可以责令其说明理由，发现理由不成立的，可以发出立案或者不立案的通知，责令其纠正违法的决定。在职务犯罪案件中，检察权对监察权的监督制约尤为重要。监察体制改革后，"法法衔接"还处于"磨合期"，在实务中还存在法法不相衔接的地方，监察机关对职务犯罪案件的办理还处于不断探索完善的阶段，监察机关的整体办案理念、办案素养和办案水平还有待提升，还不能完全适应监察体制改革的高要求。在新《刑事诉讼法》《国家监察委会与最高人民检察院办理职务犯罪案件工作衔接办法》《国家监察委与最高人民检察院办理职务犯罪会商办法》《人民检察院提前介入监察委员会办理职务犯罪案件工作规定》等规范性文件颁布实施后，加强检察权对监察权的监督制约越来越受到重视。

（3）对职务犯罪案件强化立案监督的探索路径

一是强化立案协作，资源共享。监察体制改革的根本目的是整合反腐资源，集中反腐力量，强化反腐力度，不断加强党对反腐工作的统一领导，构建集中统一、配置科学、力量融合、运行有力、权威高效的监督体系。要进一步强化监检衔接、法法衔接工作程序和工作机制，做到信息互通、资源共享、协同发力。在审查起诉中发现的职务犯罪案件线索，最高检要求各级检察机关要向监察委员会全部通报，对案件进行实体处理时，要充分尊重和听取监察委员会的意见，既把反腐败总体工作置于党的绝对领导之下，又要实现法治反腐和法律监督"双赢"。

二是积极探索职务犯罪立案监督的新途径。《监察法》及配套制度改革完善后，要针对实务中出现的新情况、新问题，更新监督理念，改进监督方式，细化监督措施，强化对监察权职权配置和职权运行的主要环节和容易出现权力滥用危险的重要节点，要加大探索改革力度，最大程度压缩监察权权力滥用空间。如在调查终结移送检察机关审查起诉前，监察机关专司监察权，其他机关无权干涉，监察权处于相对封闭的运行状态，检察机关的法律监督基本没有介入，单凭内部审批很多监察调查权就开始启动。在内部监督制约机制不完善的情况下，这为少数监察人员滥用监察权埋下隐患，如报复被调查人，将职务违法案件当作职务犯罪案件办理，或徇私枉法将职务犯罪案件当作职务违法案件办理。因此，笔者认为，有必要在深化监察体制改革的过程中，要大胆探索依靠检察机关提前介入制度，对监察调查权开展监督制约，以防止监察违法立案、随意降格处理、程序随意转换等制度缺陷，确保监察权更规范、科学地运行。此外，还可以探索建立检察机关对监察立案备案审查制度，若发现监委程序转换不当，可以要求监察委员会说明理由。如果检察机关认为程序转换理由不成立，可以商请或监督监察委员会依法变更决定。

三是重点加强对调查行为和强制措施的监督。《监察法》赋予监察机关拥有广泛的权力，而这些权力的行使直接影响到公民的人身和财产权利，稍有不慎，强大的监察权力可能就会侵犯公民宪法性权利，而这种调查权力的启动和运行大多靠监察机关的内部自行授权、自行决定并自行执行，监察程序构造的行政化色彩较浓，大多由监察机关领导人员集体研究决定，由相关调查人员执行，没有经过中立、专业的司法审查，加上被调查人在调查阶段无法委托或者指定律师提供法律帮助，在强势的监察调查权面前，被调查人只能处于被动无奈的境地。因此，加强对监察调查行为和强制措施的监督，确保监察权科学运行是我们面临的重要课题。

2. 司法监督对监察调查结果的质量过滤作用

司法监督对监察调查结果的质量过滤作用，是通过司法机关对监察调查收集的证据进行审查把关、质证认证、采信确认和对非法证据予以排除等路径来实现。按照《监察法》第三十三条规定，监察机关依照《监察法》规定收集的物证、书证、证人证言、被调查人供述和辩解、视听资料、电子数据等证据材料，在刑事诉讼中可以作为证据使用。当然这里讲的证据只是一种证据材料，到底这些证据有无证据资格、有无证明力、有多大证明力，还需检察机关在审查起诉程序中予以确认，看这些证据是否符合证据三性的要求，是否达到了事实清楚、证据确实充分，审查证据与证据之间，证据与所证明的事实之间是否达到排除合理怀疑的程度。在法庭审理阶段，控辩双方在庭审中经过示证、质证、认证等程序，职务犯罪嫌疑人相关事实和证据才能得到采信和确认，最终成为对职务犯罪嫌疑人定罪量刑的证据。也就是说，监委收集的证据在刑事诉讼中可以作为证据使用，并不是必然和当然作为定罪量刑的证据。因此，监察机关在调查中收集、固定证据的要求和标准，应当与刑事审判关于证据的要求和标准相一致，这是审判中心主义理念下刑事诉讼证据规则和证据标准倒逼监察机关提升调查取证质量的具体表现。

非法证据排除规则是司法监督的重要内容，也是职务犯罪嫌疑人人权保障的"安全阀"。2012年，《刑事诉讼法》正式以立法形式确立了非法证据排除规则，最高人民法院、最高人民检察院、公安部、国家安全部、司法部相继出台《关于推进以审判为中心的刑事诉讼制度改革的意见》和《关于办理刑事案件严格排除非法证据若干问题的规定》。人民法院也专门制定了《人民法院办理刑事案件排除非法证据规程（试行）》，检察机关也在《人民检察刑事诉讼规则》中专门就非法证据排除作了详细规定，为规范非法证据排除程序，准确惩罚犯罪，切实保障人权，有效防范冤假错案，作出了较好的制度安排，特别是在非法证据的内涵、范围、种类、非法证据与瑕疵证据的区别等方面，作出了操作性较强的规定，也可以说，《刑事诉讼法》和相关司法解释对于非法证据排除作了更为翔实和更为严格的程序限制。然而《监察法》中关于非法证据排除的规定较为原则，内容也较单薄。该法第三十三条规定，以非法方法收集的证据应当依法予以排除，不得作为案件处置的依据。虽然监察机关自身也有排除非法证据的义务，但"同体监督"从制度设计上很难解决监督形式化所产生的问题，因此按照法律和相关司法解释的规定，非法证据排除的"重任"就落在司法机关头上。但司法实务中，特别是在《监察法》刚颁布实施之后，不少地方的法院、检察院对监察机关办理的职务犯罪案件如何适用非法证据排除规则，存在不少困惑甚至是顾虑，一些司法人员担心适用非法证据排除后，怕被扣上"不讲政治、不顾大局"的帽子，对非法证据不用排、不愿排、不敢排的观念较浓重，要么根本不去审查是否存在非法证据，要么小心谨慎，先报告后排除，或直接以"报告"为借口，将非法证据排除责任"丢锅"给领导，这些做法在一定程度上影响了法律监督的质效。① 因此，为保障监察机关调查的质量，必须加大非法证据排除的力度，决不能让"带病"的非法证据成为提起公诉或者判决的依据。

3. 司法监督对职务犯罪案件诉讼程序的分流作用

司法监督不仅对职务犯罪案件起到质量把关的作用，还可以起到程序过滤作用，这种作用表现在，根据《监察法》《刑事诉讼法》和《人民检察院刑事诉讼规则》的规定，检察机关在审查起诉的过程中对职务犯罪案件处理结果有起诉、退回补充调查、不起诉。对监察机关移送的案件，人民检察院经过审查，认为犯罪事实已经查清，证据确实、充分，依法应当追究刑事责任的，应当作出起诉决定。《人民检察刑事诉讼规则》第三百三十条，规定人民检察院审查移送起诉的案件，应当查明的十一项法定事项，这些法定事项逐一审查完后，达到犯罪事实清楚，证据确实、充分，依法应当追究刑事责任的，才能作出起诉决定。

如果人民检察院经审查，认为需要补充核实的，应当退回监察机关补充调查，必要时可以自行补充侦查。《刑事诉讼法》和《人民检察刑事诉讼规则》都规定了退回补充调查和自行补充侦查制度，从《刑事诉讼法》第一百七十条的规定来看，对于监委移送起诉的案件，人民检察院经审查，认为需要补充核实的，应当退回监察机关补充调查，必要时可以自行补充侦查。可见，对于事实不清，证据不足，还未达到起诉标准的职务犯罪案件，退回补充调查是常态，自行补充侦查只是一种"例外"。需要注意的是，《刑事诉讼法》第一百七十条规定的职务犯罪案件的退回补查的案件，在同一语境下前后的表述显然不一样，退回监察机关的表述是"补充调查"，而对于检察机关为何只能"自行补充侦查"，而不能表述为"自行补充调查"呢？笔者认为应当把握三点：第一，前提性。检察机关自行补充侦查的前提是"定罪量刑的基本犯罪事实已经查清"，也就是说定罪量刑的犯罪事实，其"大局"已定，不存在基本事

---

① 程雷：《刑事诉讼法与监察法的衔接难题与破解之道》，《中国法学》2019 年第 2 期。

实不清、基本证据不足的情况。第二，必要性。《人民检察刑事诉讼规则》第三百四十四条规定了三种情形为"必要"：（一）证人证言、犯罪嫌疑人供述和辩解、被害人陈述的内容中主要情节一致，个别情节不一致且不影响定罪量刑的；（二）书证、物证等证据材料需要补充鉴定的；（三）其他由被指定的人民检察院查证更为便利、更有效率、更有利于查清案件事实的情形。第三，选择性。依照《监察法》的规定，行使职务犯罪调查权的机关，只能是监委。人民检察院在审查起诉的过程中，对于可以自行补充侦查的职务犯罪案件，即使在"必要"时也不是应当或必须由自己完成，而是可以选择的，即可以由检察机关自行完成补充侦查，也可以交由监察机关补充调查。

司法监督对诉讼程序的分流作用，还表现在检察机关的不起诉和认罪认罚程序上。对于监察机关移送的职务犯罪案件，人民检察院认为符合《中华人民共和国刑事诉讼法》不起诉情形的，经上一级人民检察院批准，依法作出不起诉决定。人民检察院作出不起诉决定后，虽然赋予监察机关可以向上一级人民检察院提请复议的权利，但毕竟从诉讼程序上来看，检察机关的不起诉一旦成为定局，那职务犯罪案件就不能进入审判程序，自然对职务犯罪的处理起到了分流作用。此外《中华人民共和国刑事诉讼法》第一百七十二条规定：对于监察机关移送起诉的案件，犯罪嫌疑人认罪认罚，符合速裁程序适用条件的，应当在十日以内作出决定，对可能判处有期徒刑超过一年的，可以延长到十五日。检察机关起诉到法院以后，如案件适用速裁程序，也会对嫌疑的诉讼权益产生较大的影响，所以认罪认罚案件在一定程度上也起到了程序分流的作用。

4. 公正审判对职务犯罪嫌疑人人权的保障作用

获得公正审判是嫌疑人所享有的一项重要人权保障原则，公正审判的原则在联合国许多文件中都有体现。《世界人权宣言》第10条规定："人人完全平等地有权由一个独立而无偏倚的法庭进行公正的和公开的审判，以确定他的权利和义务并判定对他提出的任何刑事指控"。获得公正审判的权利，不仅表明嫌疑人拥有查明案件真相的权利，而且还享有宪法和诉讼法规定的人权保障原则和程序保障规定。如未经人民法院依法判决，对任何人不得确定有罪的原则，《宣言》第 11 条规定："凡受刑事控告者，在未经获得辩诉上所需的一切公开审判而依法证实有罪前，有权被视为无罪。任何人的任何行为或不行为，在其发生时依国家法或国际法均不构成刑事罪者，不得被判为犯有刑事罪。"此外，《公民权利和政治权利国际公约》第 14 条规定了公正审判要求适用的正当程序和法制原则，都是对人权最基本的保护。[①] 在以审判为中心的诉讼制度改革背景下，庭审实质化改革日趋深入，控辩双方在法庭上对犯罪证据、案件事实、定罪量刑上的对抗越来越激烈，嫌疑人获得公正审判的权利越来越受得尊重和保护，这既是法律制度日益健全的表现，也是司法文明和进步的表现。对于监察委员会移送起诉并经检察机关提起公诉的案件，要不断强化以审判为中心的诉讼理念，改变证人、鉴定人、调查人员出庭率较低的现状，要切实改变案件处理大多靠汇报推动诉讼进度的潜规则，真正实现认定证据在法庭，查明犯罪事实在法庭，法律适用在法庭，审判心证形成在法庭。通过庭前会议制度、证人鉴定人调查人员出庭作证制度、非法证据排除等诉讼制度，实现惩罚犯罪更有力，人权保障更有效，司法行为更规范，公平正义更"可见"，全面落实被告人获得公正审判的各项权利。

## 三　内部监督

监察机关依法独立行使监察权，且集党纪调查、政务监察和职务犯罪调查于一体，在内外监督体制不健全或不完善的背景下，人们对这种"超级强大"的权力带有严重的焦虑情绪。"打铁先须自身硬""谁来监督监督者""防止灯下黑"等，怎样加强内部监督制约，这些深层次的体制和机制问题在监察体制改革和深化的过程，如何进一步确保监察权更科学、规范、高效运行，已成为纪检监察机关面临的新课题。加强纪检监察机关内部监督制约，建立和完善反腐倡廉制度体系，不断增强监察

---

[①] 卞建林、杨宇冠：《联合国刑事司法准则撮要》，中国政法大学出版社 2003 年版，第 169 页。

机关廉政风险防控能力，着力构建不想腐、不能腐、不敢腐的长效机制，建设一支政治坚定、公正清廉、纪律严明、业务精通、作风优良的高素质监察队伍，才能高质量地完成党和人民交给的反腐倡廉历史使命。

1. 监察机关内部监督的主要问题

监察体制改革后，各级纪检监察机关不断增强接受监督的自觉性，内部监督机制逐步健全，规章制度日趋完善，案件审理、质量管控、执法检查、信访举报、案件评查等工作程序更加规范，反腐倡廉工作向纵深推进，反腐倡廉成效喜人。但是，监察机关在加强自我监督方面仍然存在短板和不足，离党和人民对反腐倡廉的高要求还有较大的差距，与新时代人民群众对法治反腐的诉求还有不小的距离：

（1）强化内部监督的理念还未完全树立。在深化监察体制改革的过程中，国家监察全覆盖、无禁区、零容忍的态势进一步增强，但是一部分监察人员的理念还未能与时俱进，思想和行动仍未完全适应监察改革的新要求，重外部监督、轻内部监督，总喜欢拿电筒去照别人，不习惯甚至不喜欢自我观照，总习惯于监察别人，而不愿意自己监察自己，对监察机关既是监督的主体又是被监督的对象的认识不够深入，没能充分认识到首先必须强化内部监督的重要意义。

（2）相关法律规定过于原则，操作性不强。《监察法》第七章专门规定对监察机关和监察人员的监督，其第五十五条规定："监察机关通过设立内部专门的监督机构等方式，加强对监察人员执行职务和遵守法律情况的监督，建设忠诚、干净、担当的监察队伍。"《监察法实施条例》第二百五十七至二百七十三条也对检察机关内部的权力监督与制约问题进行了细化性的规定。第二百五十八条规定：监察机关应当建立监督检查、调查、案件监督管理、案件审理等部门相互协调制约的工作机制。监督检查和调查部门实行分工协作、相互制约。监督检查部门主要负责联系地区、部门、单位的日常监督检查和对涉嫌一般违法问题线索处置。调查部门主要负责对涉嫌严重职务违法和职务犯罪问题线索进行初步核实和立案调查。案件监督管理部门负责对监督检查、调查工作全过程进行监督管理，做好线索管理、组织协调、监督检查、督促办理、统计分析等工作。案件监督管理部门发现监察人员在监督检查、调查中有违规办案行为的，及时督促和整改；涉嫌违纪违法的，根据管理权限移交相关部门处理。第二百五十九条规定：监察机关应当对监察权运行关键环节进行经常性监督检查，适时开展专项督查。案件监督管理、案件审理等部门应当按照各自职责，对问题线索处置、调查措施使用、涉案财物管理等进行监督检查，建立常态化、全覆盖的案件质量评查机制。

对于监察机关的内部监督，客观地讲，有关内部监督与制约的制度机制逐步健全，但从最近几年监察系统内部曝光的问题看，内部监督制度尚需强化完善。"全国共谈话函询纪检监察干部9562人，采取组织措施9685人，处分2985人，移送检察机关111人。"① 监察系统内部之所以存在这些违纪违法的问题，根源在于内部监督的制度规定仍过于原则，在实践中操作性不强，自我监督的刚性明显不足。结合第七章的其他规定可以看出，这种内部监督大多注重监察系统内部职业道德和职业纪律建设，甚至出现用内部职业道德和职业纪律代替内部监督的现象，从总体上来看，监察机关的内部监督缺乏刮骨疗毒、壮士断腕、自我革新的决心和意志，因此很难达到内部监督的理想效果。

（3）内部监督机制不健全。监察机关兼具职务违法调查和职务犯罪调查于一体，实务操作中各地监察执法标准不统一，监察尺度不协调，调查权弹性较大，自由裁量的空间也较大，加之纪检监察干部的职业水平和职业素养参差不齐，对线索取舍、证据审查、定性把握各不相同，对同一案件可能导致的调查或处理结果大相径庭。监察工作涉及面广，工作内容杂，管辖事务多，加之监察机关内设机构设置不统一，致使内部监督职能交叉，合力不足，严重削弱了监察执行效率和效果。

（4）内部监督专业化程度不高。《监察法》第六十五条虽然规定监察机关及其工作人员违法违纪的九种典型情形，但对违法违纪的处置只规定"对负有责任的领导人员和直接责任人员依法给予处理"，至于由其内部哪个部门负责处理，《监察法》和相关的法律法规并没有明确指向。这种只有危害行为、危害后果却无惩戒主体的规定，势必导致内部监督的执行力大打折扣。

---

① 赵乐际：《在十九届中纪委六次会议上的报告》，新华社：2022年2月24日。

2. 监察机关加强内部监督的对策

(1) 强化自我监督理念。一是强化自我监督意识。监察机关集各种监察大权于一身，要想很好地监督别人，必先搞好自我监督。对监察机关来说，"己不正焉能正人"这句话更具有特殊的意义。首先必须克服和杜绝特权思想，自觉把监督者更要接受监督的理念内化于心，外化于形，防止出现"灯下黑"现象。要充分吸取历史的经验教训，深刻领悟"绝对的权力产生绝对的腐败"这一法治论断的法律逻辑，对拥有生杀大权的纪检监察机关可能导致滥用权力的危险一定要有清醒的认识，这样才能防患于未然。要教育监察人员时刻牢记监察权的"尚方宝剑"又是一把双刃剑，运用不好也会伤到自己。因此对待权力要常有敬畏之心，常怀克己之德，常思擅权之害，自觉接受党和人民的监督，严格依纪依法行使好神圣的国家监察权。二是强化主题教育。要经常开展各种主题教育活动，筑牢政治忠诚本色，优化政治生态，强化纪律作风，增强执法素能，提升执法公信力，时刻保持自重、自省、自警的政治自觉和法治自觉，用良好的职业道德规范培养良好的监察执业行为。三是贯彻好民主集中制原则。民主集中制度是党的组织原则，在履行监察职责行使监督、调查、处置权时，要认真执行民主集中制原则，既广泛听取意见，又善于在关键时候"拍板"，把天理、国法、法理和情理有机结合起来，认真做到严格依法，又注重人权保障，既重拳出击，又注重教育挽救，把执法的政治效果、法律效果和社会效果有机统一，不断增强监督实效。

(2) 对监察权运行的关键环节强化自我监督。在宏观制度上，要建立健全内部监督制约机制，做到从组织层面合理分解权力，科学配置监察权力，严格界定内部执法执纪的职责权限，不断完善重要监察权的权责清单，加快推进机构、职能、权限、程序、责任法定化，探索创新自我监督机制。在微观上，要盯紧监察权力运行关键岗位、关键环节和关键节点，及时总结发现执法中出现的问题，及时精准纠正监察权运行过程中出现的苗头性和倾向性问题，建立健全自我矫正、自我纠偏的机制，特别要把"少数关键"管住管好，确保监察权沿正确的轨道运行。

(3) 建立完善自我预防机制。要强化监督执纪，把正确行权的意识树起来，把权力运行的规矩挺起来，把监督体系的构架搭起来，及时发现和查处内部党风党纪、违法违纪方面的问题。要创新监督和预防机制，把日常监督和专门执法监督结合起来，把信访举报和巡视巡察结合起来，加强对问题整改落实情况的督促检查，对任性擅权、顶风作案、我行我素、整而不改、形式整改的，要坚决严肃问责。坚持惩前毖后、治病救人的方针，运用好监督执纪"四种形态"，对内部监督也要抓早抓小，防微杜渐。要建立流程监控、案件评查、内部检查等制度建设，加强监务公开，增强监督工作的透明度，不断拓展监察机关自我监督的渠道。

（4）强化机制创新，倒逼自我监督提质增效。香港廉政公署为我国监察机关加强自我监督进行机制创新提供了较好的借鉴。为了限制廉政公署的绝对权力，香港不断建立和完善监督体系和监督网络，并针对廉政公署、主要业务机构和主要调查人员建立行之有效的监督措施，解决了内部监督缺乏针对性、刚性不足等先天性缺陷。一是为了加强内部监督，廉政公署针对主要业务部门的具体实际，专门设立了贪污问题咨询委员会、审查贪污举报咨询委员会、防止贪污咨询委员会、社区关系市民咨询委员会4个监督机构。这4个委员会具有相对独立性，不在廉署的机构编制序列，也不占用廉署的人员编制，人员大多由政府人员和民间人士组成。这些监督机构的设置体现了一个共同的理念和原则：注重监督实效，体现监督的针对性，把精准监督做到极致。如贪污问题咨询委员会负责对整个廉署进行监察，另外三个委员会按监督对口原则，分别对行动处、防止贪污处以及社区关系处进行监察，使廉政公署的每个内设机构都能受到全覆盖、无死角的监管。最为重要的是，为强化内部监督力度。香港强化正人先正己的反腐理念，提出贪污一元钱也是贪污，对腐败行为真正持零容忍态度。对内部人员的贪腐举报，24小时开通举报热线，如有举报必须48小时内作出回应。此外，廉署内部监督也达到前所未有的力度，自成立之日起，其内部就设立了一个名叫"L组"的调查机构，专门负责调查监督廉署工作人员涉嫌违法违纪的问题，以确保自身清廉高效。廉政公署人员如被指控涉及贪污或相关的刑事犯罪，L组有警必出，闻风而动，迅速展开调查。L组以其快速高效、执行力极强而闻名。不仅如此，它还极其神秘，神龙见首不见尾，其总部并不在廉署总部大楼,办公地址在何地,具体有哪些人员,就连在职的廉署人员也不知道。我们可以借鉴廉政公署加强内部监督的做法,在监察机关设立一个专司内部监督调查的机构,与监察调查同步开展工作,既不干扰其依法开展外部调查工作,也可以对内部人员实现同步监督,坚持两手抓,两手硬,并始终把刀刃向内、织密自我监督的法治之网作为立署之本常抓不懈,确保调查人员忠诚、廉洁、高效履职。

**四 权利监督**

1. 职务犯罪中律师帮助的缺失。根据我国《刑事诉讼法》第三十四条规定:犯罪嫌疑人自被侦查机关在第一次讯问或者采取强制措施之日起,有权委托辩诉人。第三十条规定了律师在侦查期间为嫌疑提供法律帮助的内容。然而,《监察法》中并没有明确规定能否聘请律师。律师帮助在《监察法》中的缺失引起了学者的广泛讨论,很多学者认为,《监察法》规定十二项调查措施,较为封闭的状态下运行,且对被调查人的人身和财产有较高的强制性,如果在调查期间允许律师介入,不仅可以切实保障被调查人的各项合法权益,而且能有效提升办案质量,防止出现事实证据认定偏差,有效减少冤假错案的发生概率。

2. 职务犯罪中律师帮助的必要性。第一,公民在被限制人身自由以后,有权聘请律师提供法律帮助,这是人权保障的国际通例。《保护所有遭受任何形式拘留或监禁的人的原则》第11项原则提到:"被拘留人应有权为自己辩护或依法由律师协助辩护"。联合国《关于律师作用的基本原则》第7条规定:各国政府要确保被逮捕或拘留的所有人,不论是否受到刑事指控,均应迅速得到机会与一名律师联系,不管在何种情况下至迟不得超过自逮捕或者拘留之时起48小时。[①] 虽然香港廉政公署反腐力度全世界闻名,但同时它也规定了律师帮助制度,从制度层面双管齐下,保证涉嫌职务犯罪的被调查人享有获得律师帮助的权利。在被扣留后,他就有权聘请律师为其及时提供法律咨询和帮助。第二,律师帮助

---

① 卞建林、杨宇冠:《联合国刑事司法准则撮要》,中国政法大学出版社2003年版,第98页。

是保障被调查人权利的需要。当监委对被调查人采取留置措施以及其他调查措施后，公民个人的各项合法权益面临权力滥用而被非法侵害的危险，建立健全律师提供法律帮助制度，有利于较好地保护被调查人的基本权利免受非法侵害。第三，律师帮助是完善《监察法》与《刑事诉讼法》相衔接的需要。允许被调查人在被留置后聘请律师，可以从监察调查程序构造上增强被调查的程序防御能力，可以及时行使权利保障权，这也是法治反腐程序正义的基本要求，有利于弥补《监察法》在权利保障上的不足，实现《监察法》与《刑事诉讼法》有效衔接。第四，有利于监察体制改革沿法制轨道不断完善。监察程序虽然不是诉讼程序，不适用《刑事诉讼法》的有关规定，但从监察调查本身是否符合程序正义的价值选择来看，律师帮助有利于监察程序构造的完善与深化，因此监察体制改革作为一项重大的政治改革，应当正确处理好权力与权利的辩证关系，在检察自侦转录后监察调查既要转权力，更应转权利，[①] 这不是对监察调查的削弱，反而更能使调查结果以"看得见的"正义，让被调查人对调查结果更口服心服，有利于教育、挽救职务犯罪嫌疑人。

3. 职务犯罪中律师帮助的完善。第一，转变法治理念。虽然监察调查有自身的特点，特别是监察案件发案隐蔽、证人较少、证据闭合链形成难等客观困难，但我们不用担心引入律师帮助后会对职务犯罪的调查造成"人为"的障碍。更没有必要有此担心，而出现抵制律师帮助制度的实施。其实律师帮助是把"双刃剑，我们要切实转变调查理念，从法治反腐长远发展的本质要求来看待律师帮助制度，从法治反腐和人权保障的高度，进一步加强《监察法》与《刑事诉讼法》衔接，从而实现打击犯罪与保障人权、程序正义与实体正义有机统一。第二，稳步探索律师帮助介入的时间和方式。我国《宪法》明文规定被告人有权获得辩护的权利，我国《刑事诉讼法》第 34 条规定嫌疑人在刑事诉讼过程有获得律师辩护的权利。虽然调查程序并非完全等同于刑事诉讼程序，但鉴于现阶段反腐的复杂性和特殊性，在充分考虑现阶段监察调查现状的基础上，可以规定在行为人被采取留置措施之日起，有权委托律师提供法律

---

① 陈卫东：《职务犯罪监察调查程序若干问题研究》，《政治与法律》2018 年第 1 期。

咨询、申诉或控告。也可以借鉴在看守所实行值班律师为被调查人提供法律援助的做法，在留置室等监察委员会的办案场所实行派驻值班律师制度，逐步实现《监察法》与《刑事诉讼法》衔接，不断完善被调查人聘请律师获得权利保障的深度和广度。

综上所述，为了深入推进国家监察体制的改革，从宏观到微观，从外部到内部，对监察机关来说，构建多层次的监督体系都有十分重要的意义。要推进国家监察体制改革，必须强化党的领导，着力建立健全人大监督、行政监督、司法监督、社会舆论监督制度和监察机关自身监督，推动各类监督有机融合，相互贯通，相互协调，切实增强监察机关接受监督的政治自觉和法治自觉，以正人先正己的理念，以刮骨疗毒的自我革命精神，以壮士断腕的勇气，搞好监察权的监督制约，正确对待人民赋予的权力，不断增强监察权运行的透明度和公信力，以权威、公正、严格、高效的监察履职，认真践行和落实好习近平法治思想。

## 第三节 配套管理制度体系

### 一 监察队伍职业化

建立监察官制度是监察体制改革中实现人员管理职业化的有效路径。习近平总书记多次对国家监察体制改革作出重要指示，为构建监察官制度奠定了坚实的政治基础、制度基础、法治基础和组织基础。《监察法》第十四条规定："国家实行监察官制度，依法确定监察官的等级设置、任免、考评和晋升等制度。"该条文从制度层面原则性地规定国家要实行监察官制度，为探索监察官制度指明了立法方向，提供了法律依据。近年来，学术界对监察官制度的历史演进、准入资格、准入条件、权利与义务、权利保障等内容进行深入研讨，对构建具有中国特色监察官制度提供了有力的理论指导和实践参考。按照党中央部署和全国人大常委会工作安排，2020年2月以来，全国人大监察和司法委员会与国家监察委员会、全国人大常委会法制工作委员会组织工作专班，经过充分调研、论证，形成正式草案，于2020年12月提请全国人大常委会审议。经过2021年4月二审、8月三审，《中华人民共和国监察官法》于2021年8月

20日通过。

1. 监察官制度的原则

（1）坚持党的领导和党管监察的原则。《监察官法》第二条明确规定：监察官的管理和监督坚持中国共产党领导，坚持以马克思列宁主义、毛泽东思想、邓小平理论、"三个代表"重要思想、科学发展观、习近平新时代中国特色社会主义思想为指导，坚持党管干部原则，增强监察官的使命感、责任感、荣誉感，建设忠诚、干净、担当的监察官队伍。建立监察官制度首要的原则就是要坚持党的全面领导，把党要管党、从严治党的要求贯穿于构建中国特色监察官制度的始终。因为纪检监察机关是政治机关，要带头坚持党中央集中统一领导，必须严明政治纪律和政治规矩，不断增强"四个意识"，坚定"四个自信"，做到"两个维护"，一体化推进不想腐、不敢腐、不能腐机制。坚决落实党中央关于监察体制改革的重大决策和部署，把党的坚强领导的制度优势切实转化为反腐效能优势，特别要突出监察工作的"四性"，即政治性、人民性、专业性、规范性，为完成"十四五"规划的蓝图，营造良好政治生态和发展环境。

（2）借鉴与创新并重，注重特色的原则。国家监察体制改革是事关全局的重大政治体制改革，是从我国具体实际和具体国情出发强化对公权力监督的重大制度创新，要实现这一重大改革举措，没有一支政治坚定、业务精通、作风优良、忠诚担当的高素质监察官队伍，监察改革只能是缘木求鱼。因此，在国家监察官制度的构建中，必须立足中国国情，充分尊重中华优秀传统文化，吸收中华历史长河中监督官制度的文化精髓，广泛吸收借鉴国外监察官制度的有益经验，科学设置监察官的准入、权利、义务、任免、考评和晋升等制度，构建管理体系规范严密、职权配置科学合理、职权运行廉洁高效的监察官制度体系。

（3）管理扁平化、精简高效的原则。《监察官法》第二十五条规定：监察官等级分为十三级，依次为总监察官、一级副总监察官、二级副总监察官，一级高级监察官、二级高级监察官、三级高级监察官、四级高级监察官，一级监察官、二级监察官、三级监察官、四级监察官、五级监察官、六级监察官。尽管《监察官法》对监察官的等级等进行了原则性的规定，但在今后制定《监察官法实施细则》中，在监察官等级设置上，要突出监察的政治属性与法律属性，更要突出执法执纪的综合属性，要创制具有中国特色的监察官称谓和等级，既要借鉴法官、检察官、警官制度的有益经验，也不能对这些制度简单地照抄照搬。监察官等级既要层次合理，又要力求管理扁平化，体现团结、精简、高效、务实的队伍建设方针。

（4）坚持权责对等、权利与义务统一的原则。这一原则对于保障监察机关廉洁高效运行有重要作用，作为执行《监察法》主体的监察官，在制度设计时要注重把权责对等、权利与义务统一的理念，贯穿于监察官构建的始终。《监察法》赋予监察官依法行使监督、调查、处置所拥有的广泛权力，保证监察官能独立行使监察权，但同时又不能让监察权过于膨胀，恣意任性。既要加强监察官任免、考评、晋升、薪酬待遇等职业保障，又要科学建立能上能下、能进能退的机制。特别是要把从严治监的理念树起来，从严管监的措施细化下去，对违法违纪的监察官要严格"打表"，坚决逗硬惩戒措施，坚决清除害群之马，把从严治监、从严树形、从严正己落到实处。

2. 关于办案机制的问题

监察官办案应该实行个人负责制，还是集体负责制？《监察法》第四十二条规定，对调查过程中的重要事项，应当集体研究后按程序请示报告。第四十三条规定：监察机关采取留置措施，应当由监察机关领导人员集体研究决定。从信访举报受理、问题线索排查到实施调查措施，一般都要通过监察委员会领导集体研究，并按相关程序报批。因此，对于涉及监察权运行的重要环节，监察委员会实行的是集体负责制度，强调的是集体对执纪执法过程和结果的管控，而不是像法官、检察官那样在案件的处理上更强调司法官个体的法律素养和法律修为，实现的是个人负责制。如《人民法院组织法》第三十三条规定，合议庭审理案件，法官对案件的事实认定和法律适用负责；法官独任审理案件，独任法官对案件的事实认定和法律适用负责。

3. 任职禁止和任免程序

与司法官相比较，监察官任职限制更为严格，《监察官法》第十三条规定,有下列情形之一的,不得担任监察官:(一)因犯罪受过刑事处罚,以及因犯罪情节轻微被人民检察院依法作出不起诉决定或者被人民法院依法免予刑事处罚的;(二)被撤销中国共产党党内职务、留党察看、开除党籍的;(三)被撤职或者开除公职的;(四)被依法列为失信联合惩戒对象的;(五)配偶已移居国(境)外,或者没有配偶但是子女均已移居国(境)外的;(六)法律规定的其他情形。在任免程序上,审判员、检察员由法院院长、检察长提请本级人大常委会任免。监察官不需要经过人大常委会任免。因为法官履行审判职责,检察官履行法律监督职责,从权力来源的正当性要求来看,人大常委会任免正是程序正当的体现。而作为履行监察职责的一般监察官,其身份是公务员并纳入行政干部管理体系,坚持党管干部的原则,必须体现监察干部忠诚、干净、担当的政治标准和政治品质,因此只需经过组织部门任免,没有必要报告人大常委会。

**二 教育培训专业化**

1. 建立健全监察学高等教育体系。在法律理论研究、法律体系建设和法律人才培养方面,经过多年的实践与探索,我国已经建立较为完备的高等教育法律体系和法律人才培养体系,特别是全国统一司法考试的改革与完善,为建设中国特色社会主义培养了大批法律理论功底深厚、司法实务操作能力较强的法律专门人才。但是,我国监察学、廉政学方面的形势不容乐观,该领域研究基础较薄弱,起初较晚,学科门类不齐,学科体系不健全,专门人才缺乏。虽然近年来,我国已有一些高校先后开设置监察方面相关学科,如国家监察学、纪检监察学、监察法学、廉政与治理等学科,但从高等教育的整体现状来看,尚未设立专门的监察学、廉政学科体系和相应的人才培养体系,在实务中习惯用法律专门人才代替监察和反腐专门人才,忽视了监察学和廉政学作为一门专门的社会科学,有独特的研究对象和研究范式,该门学科的发展也有独自的规律。监察学有自己的学科体系,它既与法学有紧密的联系,也有重要区别,我们不能简单地用法学代替监察学,更不能简单地用法学人才代替监察人才。因此,在我国著名的"985""211""双一流"高等院校中开设监察学专业，紧紧把握监察学的政治属性、法律属性和侦查属性，深入研究中国特色社会主义监察制度的基础理论、历史演进、基本属性、职权范围、监察程序以及监察职权配置和运行规律，深入探讨监察学与法学、政治学、社会学、管理学的紧密联系，为反腐倡廉培养更多的优秀监察人才，为国家监察体制改革提供理论支撑，为推进国家治理体系和治理能力现代化提供智力支持。

2. 建立健全多层次教育培训和人才培养体系。要切实改变现行监察教育和培训中理念跟不上、培训内容假大空、培训形式单一、培训效果欠佳的现状，学习借鉴香港廉政公署教育培训模式，按"缺什么，补什么"的原则，分类分层，因地制宜，务实创新，注重实效，建立健全多层次、多角度、多渠道教育培训体系。对于新入职人员，在教育培训上要注重针对性，要根据其工作岗位和工作特点开展有针对性的实务培训，使其尽快掌握监察工作的性质、岗位职责要求、工作内容、履职程序、工作规程，全面提升素能，尽快胜任新的工作。对于在职人员，在教育培训上要注重可持续性，全面提升从事监察工作所需的组织协调能力、线索初查筛查能力、询问调查技巧、行政公共事务协调沟通能力、法律知识运用能力、会计税务审计等专业知识应用能力。对于中高级管理人员，要加强领导素能的培养，加强政治领悟力、政治判断力和政治执行力的培养。在培训中，要增强培训的专业性和实务性。例如对调查人员的培训要以实战案例为素材，进行有针对性的讲解和培训，通过单向培训、双向互动、实战演练、对抗提升等环节，深入学习调查程序所需的技能技巧，真正掌握线索筛查、询问技巧、速记技巧、查阅账目等基本技能，不断提升学员实战技能。

### 三 监务保障现代化

1. 加强监察官制度建设，构建廉洁高效的长效机制。《法官法》和《检察官法》为司法人员职业保障提供了很好的制度蓝本，在监察官制度的具体实践方面，加强监察官职业保障对于建立一支正规化、专业化、规范化的监察队伍有十分重要的意义。第一，科学设置监察官的等级序列和职务序列。监察官等级序列不能简单地套用行政职级，职级设置应当层级合理，梯度有序，体现"扁平化"的要求。监察官依据相应等级享受国家规定的津贴、补贴、奖金、保险和工资福利等待遇，并实行定期增资制度。目前，依照我国国情和财政负担能力，还不能完全实行"高薪养廉"，因此可以适当比照或略高于员额法官和检察官的薪酬保障水平，确定监察官的薪酬待遇，保障监察官专业队伍拥有相对优厚的待遇标准。第二，坚持监察官身份法定性。非因法定事由和非经法定程序，监察官不被免职、降职、辞退、调动或者处分。第三，建立监察官人身权保护制度。监察官的职业尊严和人身安全受法律保护，任何单位和个人不得对检察官及其近亲属打击报复。对监察官及其近亲属实施报复陷害、侮辱诽谤、暴力侵害、威胁恐吓、滋事骚扰等违法犯罪的，应当依法从严惩治。第四，建立监察官正当履职豁免制度。监察官在依法行使监督、调查、处置等监察权的表决过程中，其言论和表决意见享有豁免权，不会因为表决观点不当而轻易受到追究。[①] 第五，建立科学的监察官绩效考评制度。在建立薪酬正常晋升的基础上，根据监察权运行和履职特点，科学设定考评内容，建立健全科学的绩效管理制度和绩效考评制度，经年度考核确定为优秀、称职的，可以按照规定晋升工资档次。建立与监察官履职成效相适应的工资制度、激励机制，激发监察官积极作为，忠诚履职，敢于担当，敢于创新。第六，建立健全其他配套待遇。监察官因公致残的，享受国家规定的伤残待遇；因公牺牲、因公死亡的，其近亲属享受国家规定的抚恤和优待；退休后，享受国家规定的养老金和其他待遇。第七，畅通监察官进出渠道。一方面可以通过选调的方式，在行政执法部门、政法部门等公务员队伍中选调综合素养高的人员，补充到监察官队伍中去，也可以通过公开招考的形式，吸纳高校优秀毕业生进入监察系统，不断为监察官队伍增添新鲜血液；另一方面，畅通监察官退出渠道。监察官调离监察系统、违法违纪受惩戒退出监察官序列的，要按照相应程序免除其监察官资格，不再享有监察官福利待遇和权限。监察官是政治性很强的职业，必须坚持从严治监的原则，对监察官的政治立场、政治素质、政治态度进行严格把关，如果监察官在履职过

---

① 江国华：《国家监督立法研究》，中国政法大学出版社 2018 年版，第 232 页。

程中存在徇私舞弊、滥用职权、贪污受贿等严重违纪违法行为的，应当坚决清除害群之马，视其情节按照相应的程序降低监察官的职级或者取消其监察官资格。

2. 实行扁平化管理，创新权力运行机制。香港廉政公署的四大"独立性"是其廉洁高效、大获成功的制度性因素。这个"四独立性"即机构独立、人事独立、财政独立和办案独立，这些特点使廉署从人、财、物等管理体制上切断了与其他部门的联系，大大减少了人为掣肘因素，从而使反贪肃贪一查到底，力度空前。我国监察制度要走出中国特色，应当大胆学习借鉴香港廉政公署的管理精髓，在坚持和保持监察权政治属性的基础上，勇于创新，摒弃固化思维，走体制和机制创新之路，使监察改革走上科学运行、高效廉洁、求真务实的发展道路。第一，精简机构，坚持务实高效原则。内设机构越多，越容易导致机构臃肿，人浮于事，严重影响工作效率。现行各地监察机关内设机构不完全统一，有的地方监察内设机构数量较多，职能重复交叉，职责不清，机构亟待整合、精减。如有的宣传部、组织部就可以整合到政工部门，没必要单设；案件监督室和案件审理室可以合并，因为二者职能职责重合内容较多，分开设立反而削弱了监督效力。第二，精减人员，要体现干练快速、执行力强的监察职业特点。监察机关不必配备很多"国家公务员"，监察调查所需要的高素质人员可以借鉴廉政公署的做法，通过临聘人员的方式来解决，如果这些人员工作不得力，可以随时解雇，无须说明理由，打破用工制度的"铁饭碗"，实行能进能出，克服导致部分公务员"庸懒散浮拖"的机制性弊端，增强监察机关的执行力。第三，管理模式要高效务实。用人上要唯才是举，任人唯贤，不能只凭年龄和资历，要着重考察所用人员的真才实绩，尽量减少形式主义的"推荐"和"考察"，真正实行能者上、庸者让、劣者汰的用人机制。管理上，无须经常开会来进行思想政治教育，也无须劳心费神地去迎接各种执法检查，把忠诚、干净、担当等职业道德和职业要求体现在每一次监察执法活动中去，着重考察监察人员的执行力和执行效果。第四，综合保障上要不拘形式，要体现办事质效。综合保障要充分充足，但在具体操作上，可以学习廉署后勤管理的方式，不用穿着制服，不用供养宠大车队，除专员、副专员等少数人配备专车外,其他人员都可以驾私家车,其费用可以通过车补来解决,讲究的是办事效率与执行效果。尽量减少不必要的文字工作,不用写过多汇报材料,也不用过度"工作留痕",坚决克服形式主义的工作方式,因此廉政公署的后勤保障工作做到了"以不到一成的人力为超过九成的人员提供支援保障"①,保障把绝大多数人力物力投入到业务工作中去。

3. 与公检法司建立健全常态化衔接协作机制。《监察法》颁布实施后,各地监察机关大胆探索,勇于创新,在丰富的监察实践中与公检法司开展协作,探索出可复制、可推广的协作机制。如成都市纪委监委针对与公检法司在法法衔接中遇到的具体问题,全面梳理实际工作中存在的问题,研究出台多项案件查办工作协作配合机制,多方联合,双向互动,多管齐下,细化措施,不断完善线索移送、信息通报、数据共享、案件查办、涉案财物管理、定位布控等措施,着力打通纪法贯通、法法衔接通道,成功查办多起案件。如与大数据电子政务中心实现基础数据互联互通,对辖区内居民户籍、房产、医保、社保等上百项基础数据开展实时查询。与检察机关就案件管辖、案件移送、提前介入、涉案财物移送等事项无缝对接,不断提升监察与检察工作衔接契合度。会同司法局在司法鉴定、法律服务、追逃追赃等工作中进行制度共建,着力提升工作质效。

4. 建立健全常态化国际交流与合作机制。党的十八大以来,党中央坚持全面从严治党,大力加强党风廉政建设和反腐败工作,反腐败斗争取得了决定性、压倒性的胜利。国际追逃追赃成效卓著,2020年1月至11月,全国检察机关共受理适用违法所得没收程序案件15件15人,法院一审裁定没收违法所得2.94亿元,有力地震慑有外逃贪官。② 一是加强职务犯罪国际交流与协作。从反腐治贪的理念、法律原则、法律制度等方面,加强与国际社会对接,建立健全惩贪治腐法律体系建设。二是强化追逃追赃工作。坚持走出去,请进来,不断学习借鉴国外先进经验

---

① 王玄伟:《检察制度的中国视角与域外借鉴》,中国检察出版社2011年版,第290页。
② 高斌、张梦娇:《强化监检衔接提升办案质效》,《检察日报》2021年2月5日第2版。

做法,让腐败分子无处遁形,无路可逃,无港可避,及时回应社会关切,以优异反腐成效赢得党心民心,不断巩固党的执政基础。三是深度参与反腐败全球治理。广泛开展国际交流与合作,呼吁国际社会增强追逃追赃工作力度,站在构建人类命运共同体的高度,共同应对腐败现象,为反腐治贪全球治理不断贡献中国智慧和中国力量。

## 本章小结

作为依法治国战略任务的重要组成部分,党的十八大以来,坚持推进司法体制改革,重构纪检监察体制,建立起纪检监察机关与刑事司法机关的有效衔接机制,借此推动国家的法治建设,取得了丰硕的成果。在党的十九大报告中,习近平总书记提出要深化司法体制的综合配套改革,使我国的司法改革站在了新的历史起点上,建立监察机关和司法机关之间的办案标准与程序衔接配套机制是深化司法体制改革的重要内容,具有积极的法治价值与实践价值。只有建立健全纪检监察机关与刑事司法机关有关办案标准与程序衔接的配套机制,才能更好地明确二者之间的办案标准,实现二者之间科学化的程序衔接,实现纪检监察体制改革法治化的目标。

第十一章

# 完善纪检监察和刑事司法程序衔接的人权保障机制

在本课题导言中已经论述，构建纪检监察机关与刑事司法机关办案程序的衔接的双重价值目标是反腐效率与人权保障。纪检监察体制改革三年来的实践证明，反腐败的效率价值已经实现，党风廉政建设反腐败斗争取得了压倒性的、历史性的胜利。同时，我们应反思在反腐败的过程中，人权保护价值实现的状况。如何顺应世界的人权保护的法治潮流，在惩治腐败的同时，避免对人权的侵犯，否则，将使反腐败所取得的成就大打折扣。本章将围绕纪检监察机关的办案方式与可能对人权的侵犯、如何通过坚守正当程序实现对人权的保护、完善外部监督机制保护人权、形成纪检监察机关与刑事司法机关之间的双向的权力监督机制等方面展开论证，探讨在纪检监察与刑事司法机关在办案程序衔接的过程中如何实现对人权的保护。

## 第一节 纪检监察机关的办案方式与尊重保障人权

"位高权重是监察委员会的显著特征。这样的制度定位既为其监督职能的履行奠定了基础，也使其极有可能侵犯公职人员的合法权利。"[①] 宪法对监察机关的政治定位决定了其权力的优位性，也决定了其办案的方

---

① 江国华：《国家监察权力运行及其监督机制研究》，中国政法大学出版社2020年版，第283页。

式的特殊性，权力的优位性和办案程序的特殊性极有可能侵害公职人员的人权，基于此，在纪检监察机关的办案程序中，加强对人权的保护显得尤为重要。

## 一 监察权的优位性

现行《宪法》规定，行政机关等主要权力机关由人民代表大会产生，对它负责，受它监督。由此可以看出，监察委员会与一府两院具有同等的法律地位和政治地位，不仅如此，国家监察委员会在排序上在国务院之后而在两院之前。不论从宪法的规定还是现实的政治实践，监察委员会在我国宪法权力的架构中实际的权力要大于本级的法院与检察院；再从各级监委的权重看，根据《监察法》第的规定：各级监察委员会是行使国家监察职能的专责机关。履行依法监督等三项职责，不论是权位还是权重都显示了监察委员会权力的优位性。

国家改革纪检监察体制，设立监察委员会，实现纪委与监察委员会合署办公，目的是对所有公职人员公权力监督的全覆盖，而监察委员会权力之大，谁来监督监督者，必然产生监督上的误区。从媒体公布的数据看。"2012年以来，中纪委机关共处理38人，全国纪检监察系统共处分7200余人、谈话函询4500余人次、组织处理2100余人。"[①] 2018年纪检监察体制重构后，从中纪委到基层纪检监察机关，每年均有很多纪检监察人员被处分。纪检监察机关内部被处分人数之多，说明监察权被滥用的情况是客观存在的，而监察权被滥用最易导致对公职人员人权的侵犯，所以构建监察程序中的人权保障机制尤为必要。

## 二 与侦查程序相似的调查程序

根据《监察法》第十一条的规定，调查是监察委员会履行的三项基本职责之一，其内容是对涉嫌贪污贿赂等职务违法和职务犯罪进行调查。尽管《监察法》规定各级监察委员会是政治机关，与刑事司法机关职能具有明显区别，但其对职务违法和职务犯罪的调查实质上具有侦查性质。

---

① 陈磊：《纪检机关完善自我监督制度严防"灯下黑"》，《法制日报》2017年1月4日。

一是有立案程序。《监察法》规定监察对象如果涉嫌职务违法犯罪,监察机关必须进行立案调查,履行必要的立案程序,可以说立案程序是监察机关进行调查活动的法定程序,与刑事调查程序具有一定的相似性;二是监察调查措施与刑事侦查强制措施相似。纪检监察机关在调查过程中可采用谈话等十二项调查措施,对于技术调查、限制出境、发布通缉令三项手段,还可以要求有权机关予以协助执行,有关机关接到监察机关要求协助的通知后,必须协助。可以看出,纪检监察机关在针对职务违法和犯罪进行调查过程中可以采用的调查手段比刑事司法机关拥有的侦查强制措施并不弱,在调查能力和手段上甚至超过刑事司法机关;第三在调查过程中所获的证据可以直接作为移送检察机关起诉和法院审判的证据。《监察法》规定:监察机关在监察调查活动中依据法律和程序收集的证据资料,在刑事诉讼中可以作为证据使用。从以上三点可以看出,纪检监察机关在针对享有公权力的公职人员的职务违法犯罪行为的调查行为几乎与刑事侦查活动相同,其调查程序与刑事侦查程序具有功能的相似性。但是,在保障被调查人的人权方面,尽管《监察法》也规定了一系列相关措施,新出台的《监察法实施条例》第七条也明确规定:监察机关应当在适用法律上一律平等,充分保障监察对象以及相关人员的人身权、知情权、财产权、申辩权、申诉权以及申请复审复核权等合法权益。但是与《刑事诉讼法》相比,仍有较大的差距。因为,《刑事诉讼法》是国家最基本的刑事程序法律,对于宪法有关"人权法"的规范具有适用和实施的功能,确立了被告人的基本权利,对嫌疑人、被告人的人权保障从程序上作出了严格的规定。尽管我国《刑事诉讼法》对被告人的人权保护方面离联合国有关被告人人权保护的标准还有一定的距离,但通过多次对《刑事诉讼法》的修改,我国的刑事诉法已经能承担起人权保护的大宪章的功能。与《刑事诉讼法》相比,《监察法》关于被调查人的人权保护的规定显得很不完善,在监察机关进行调查活动的过程中,极易对被调查人的人权造成侵犯。

### 三 权利救济程序的完善

"有权利必有救济",这是英国普通法一项古老的原则,在现代任何一个法治化的国家,该原则均得到很好的贯彻执行。在监察委员会的调查程序中,存在有一定程度的权利救济的盲区,需要进一步的完善。

一是在监委的调查阶段,被调查人无法获取律师的帮助。由于我国的监察机关被定位为国家的政治机关,不是执法机关,更不是司法机关。因此,从法律规定上看,监察机关针对公职人员的违法犯罪行为的调查不具有侦查的性质,不适用《刑事诉讼法》的规定,排斥律师对调查程序的参与,整个的调查程序实际上是由监察委员会主导的一个封闭体系。尽管《监察法》《监察法实施条例》《纪检监察机关监督执纪规则》等针对监察机关的调查行为作出了一系列的"限权"性规定,均是属于内部的自我监督,主要依靠办案人员的"良知"与"自觉"。

二是职务违法监察行为是司法救济的盲区。纪检监察机关在进行监察调查的过程中,对职务违法行为与职务犯罪行为均进行调查。针对公职人员的犯罪行为,通过移送检察机关依法审查起诉、提起公诉。当监察对象因涉嫌职务犯罪被移送司法机关按照刑事诉讼程序进行处理后,其可能被侵犯的人权可以获得司法程序的救济,因此涉嫌犯罪的公职人员人权可以依据相关的刑事法律获得保护。但是,监察机关调查的大量案件属于职务违法行为,职务违法监察行为涉及的监察对象更广,对被调查人的人权侵害的可能性更大。"2020年,全国纪检监察机关帮助和处理共195.4万人次。其中,运用第一种形态批评教育帮助133万人次,占总人次的68.1%;运用第二种形态处理48.5万人次,占24.8%;运用第三种形态处理7.1万人次,占3.6%;运用第四种形态处理6.8万人次,占3.5%。"从此数据可以看出,移送司法机关处理只是被调查对象的很小一部分,职务违法监察行为的覆盖面明显很大。但是公职人员在被针对其职务违法行为调查过程中,其人权被侵犯的可能性极大,无法获得司法程序的救济。尽管《监察法实施条例》第二百一十条规定:监察对象对监察机关作出的涉及本人的处理决定不服的,可以在收到处理决定之日起一个月以内,向作出决定的监察机关申请复审。复审机关应当依法受理,并在受理后一个月以内作出复审决定。监察对象对复审决定仍不服的,可以在收到复审决定之日起一个月以内,向上一级监察机关申请复核。复核机关应当依法受理,并在受理后二个月以内作出复核决定。

上一级监察机关的复核决定和国家监察委员会的复审、复核决定为最终决定。前述规定仍属于事后的监察机关的内部救济，这种"复审""复核"完全是在监察机关内部展开，对于被调查人享有的申诉权利的贯彻与落实有着一定的积极意义，但其效果也不容乐观。因为，"监察机关在受理复审或复核申请时应当遵循怎样的标准？由于复审复核是监察对象的救济渠道，并且这也是内部的最终救济渠道，若在申请受理环节设置了过高的受理标准，即采用实质标准，那么就可能导致监察对象救济无门，复审复核制度形同虚设。同时，由于处理决定不服或对复审决定不服，都属于主观认识，这一认识是否有理有据，不应当成为影响监察对象的程序权利的理由"[①]。

### 四　实现外部监督与内部监督的平衡

我国是中国共产党领导的社会主义国家，坚决反对西方国家的三权分立制度。因此，党和国家的监督主要依靠自我监督。《监察法》将我党自我监督的做法上升为国家的法律规范。目前，针对纪检监察机关监察调查行为的监督主要采取的是内部监督的形式。这种内部监督制度具体体现为：一是上级纪委监察的监督。国家监察委员会与地方各级监察委员会之间、上级监察委员会与下级监察委员是领导与被领导的关系。规定本条的主要目的是强化纪检监察机关的内部监督制度；二是党内重要的监察法规《监督执纪工作规则》明确规定监督执纪工作以上级监委为主，并对线索处理、立案审查等报告范围和程序作出规定。各级纪检监察机关完善对下级纪委监委、对派驻机构为主与报告的工作机制，真正把纪检监察机关的工作机制落实落细。着力解决一些纪检监察机关在线索处置等监督执纪方面不作为、乱作为的问题；三是《监察法》以专章的形式规定了对监察机关及其监察人员的监督。通过制度设计实现内部监督的有效性，打造一支清正廉洁的纪检监察队伍。尽管《监察法实施条例》第二百五十一条规定：监察机关和监察人员必须自觉坚持党的领

---

[①] 秦前红等：《中华人民共和国监察法实施条例理解与使用》，法律出版社2021年版，第314页。

导,在党组织的管理、监督下开展工作,依法接受本级人民代表大会及其常务委员会的监督,接受民主监督、司法监督、社会监督、舆论监督,加强内部监督制约机制建设,确保权力受到严格的约束和监督。该条规定要求监察机关不仅要接受来自权力机关的监督,还要接受其他各方面的监督。但由于种种原因,对监察机关的外部监督机制仍没有发挥应有的作用。一定程度上,对监察机关的内部监督与外部监督处于失衡状态。

通过构建纪检监察机关内部的监督机制有利于各级监察机关更好地行使监察职权,履行自己的纪检监察职责。但同时也应看到,从纪检监察机关内部暴露出的问题看,完全依靠纪检监察机关的内部监督不能达到监督的完美状态,外部监督与内部监督处于失衡状态,在强化内部监督的同时,要完善外部的监督机制。

**小 结**

构建纪检监察机关与刑事司法机关办案程序衔接机制,目标是实现腐败治理的规范化与法治化。在大力提升反腐效率的同时,由于监察权的优位性、监察调查程序的刑事侦查程序的特征、被调查人权利救济程序的缺位及纪检监察机关外部监督与内部监督的失衡等因素的存在,加大了被调查人人权被侵害的风险。因此,在构建纪检监察机关与刑事司法机关办案程序衔接机制的过程中,理应更加关注对被调查人人权保障机制的构建,这样才符合世界法治发展的潮流,也保障了监察程序双重价值目标的实现。

## 第二节 通过正当程序尊重保障人权

1868 年,美国宪法第十四修正案规定:不得未经正当法律程序,剥夺任何人的生命、自由或财产。并在其辖境内,不得否认任何人享有法律上的同等保护。美国学者巴里·海格(Barry M. Hager)指出:"在美国法律中,正当程序概念已成为公民个人可以诉诸的一套程序方面的权利和救济的最为警觉的守护神。"① 坚守正当法律程序意味着公权力机关及其公职人员必须严格按照既有的法律程序行使权力，受程序影响的当事人可以获得权利救济的机会。具体到纪检监察程序，是指国家监察机关及其工作人员按照《监察法》及相关的监察法规，通过合法、正当的监察程序行使国家监察权，受监察程序影响的被调查对象在权利被侵害的情况下，有权通过相关的法律程序获得权利的救济。坚守监察领域的正当法律程序原则应做到：在法律程序的总体上，调查行为应遵守《刑事诉讼法》；通过制定配套性监察法规，完善既有的监察程序；坚守正当程序的关键在于非法证据更容易得到排除。

## 一 正当法律程序的逻辑起点——监察调查行为应遵守《刑事诉讼法》

经过多年的努力，我国的法治建设取得了巨大的进步。我国《刑事诉讼法》明确把对人权的保护作为这部法律的最重要的任务。如前所述，在监察机关进行监察调查的过程中，特别是对公职人员职务犯罪的监察调查行为，实质上是侦查行为，但该监察调查行为无须遵守《刑事诉讼法》的法定，这对纪检监察工作的高质量发展必然产生以下的影响：一是不利于我国刑事法制的统一。我国《刑事诉讼法》确立了司法权力的基本框架，实行侦查权、检察权、审判权相对分立，不同的权力由不同的机关独立行使，其他机关、团体和个人都无权行使这些权力。国家监察委员会并非不可以被授权行使侦查职能，但行使侦查职能就应当遵循《刑事诉讼法》和其他相关法律规定的制度和程序。监察机关若行使实质意义上的行使侦查权，理应遵守《刑事诉讼法》。可以通过制定法律或修改《监察法》，明确规定监察机关是我国的刑事诉讼主体之一；二是由于不适用《刑事诉讼法》，为一些监察机关的选择性执法留下空间。从目前的世界刑事法治的实践看，刑事诉讼制度日臻完善，通过程序的设置，限制了公权力机关滥用权力的可能性。尽管我国的《监察法》也规定了

---

① ［美］巴里·海格：《法治：决策者概念指南》，曼斯菲尔德太平洋事务中心译，中国政法大学出版社 2005 年版，第 12 页。

若干防止监察权力滥用的条款,但与《刑事诉讼法》相比较,远没有《刑事诉讼法》规定的严谨、全面。在职务违法犯罪的监察调查过程中,排斥《刑事诉讼法》的适用,为一些纪检监察机关滥用权力、选择性执法带来便利;第三,不适用《刑事诉讼法》,被调查对象的人权易于遭受侵害。仅以单独设立留置场所而论,虽然符合《监察法》的规定,较之原有"双规"规定已经实现了形式上的合法,但留置场所设立与公安机关的看守所性质无异,都是对人身自由的暂时性的剥夺。但与公安机关的看守所不同的是,在长达六个月的留置调查期间,在律师不能参与的情况下,调查过程的程序的正当性难以取得公信力。

目前,纪检监察机关进行监察调查的过程中不适用《刑事诉讼法》的规定,是党出于对国家政治的多元考量,有其合理性与正当性。但随着国家反腐败压倒性胜利的彻底巩固,在未来深化纪检监察体制改革的过程中,最为要紧的是对监察调查程序进行重构,明确纪检监察机关对职务违法犯罪的监察调查适用《刑事诉讼法》的相关规定,使中国的反腐败真正在法治的轨道上运行。

## 二 正当法律程序的逻辑体系——制定配套性的监察法规

目前,纪检监察机关在进行监察调查的过程中,主要依据是《监察法》及《监察法实施条例》,而《监察法》在制定之初,立法者的立法定位是"宜粗不宜细",仅有六十九个条文,虽然后来出台了《监察机关执法工作规定》等系列配套性的有关监察调查的规范性文件,但离监察调查的法治化的要求尚存有一定的差距。目前,在监察机关调查行为不适用《刑事诉讼法》的背景下,虽然相继出台《监察官法》以规范监察官的权力;出台《监察法实施条例》对《监察法》进行立法细化,但反腐败的法律体系总体尚需完善。应借鉴我国香港地区、新加坡等国家的反腐败立法经验,可以单独制定《反腐败特别程序法》等。通过配套性监察法规的制定,实现下述目标:

1. 通过制定配套性的监察法规,将基本正义标准和人权标准植入其中,弥补现有监察法规中对被调查人权保障的不足。

2. 在不适用《刑事诉讼法》的背景下,可以通过制定特别的《办法》等准许律师在纪检监察机关针对职务犯罪案件调查阶段为被调查对象提供法律服务。通过律师为被调查对象提供法律服务，一方面可以防止监察机关及其工作人员滥用权力，侵犯被调查对象的人权；另一方面也与近年来我国刑事辩护制度所取得的进步相称。

3. 通过制定配套性的监察法规，全面完善既有的监察调查程序。监察体制改革以来，我国一直努力完善监察调查程序。总体而言，取得了较大的进步。但与较为成熟的法治国家相比，仍有一定的距离。特别是在留置、技术调查措施使用等方面，在程序的设置上不能较好地保护调查对象的人权。

### 三　正当法律程序的逻辑重心——对非法证据的排除

纪检监察机关和刑事司法机关办案程序衔接的关键环节是监察机关调查所获得的证据能否成功地运用于司法程序。在目前的监察调查过程中，监察机关主要依据《监察法》、国家监察委员会与最高检办工作衔接办法、监督执纪工作规则等法律、监察规章及党内法规等从事调查活动。从形式看，监察机关依据法律法规进行调查活动，按照刑事审判关于证据的要求和标准，充分考虑证据的收集、固定、审查和运用，特别是证据的合法性和充分性。但如前述所述，由于纪检监察机关权力的优位性，加之律师不能为被调查对象提供法律服务，仅仅依靠纪检监察机关内部监督，不能有效防止监察机关及其工作人员通过非法手段获取证据。问题的关键是在目前的监察权与司法权二元关系中，调查阶段获得非法证据在司法程序中不容易得到有效排除。应从以下几点完善监察调查非法证据排除程序：

1. 严格遵从既有的有关非法证据排除的规定。目前我国已经构建起较为完善的有关非法证据排除的规范体系，如最高人民法院《关于适用〈中华人民共和国刑事诉讼法〉的解释》，关于建立健全防范刑事冤假错案工作机制的意见，及"两院一部"共同出台的关于办理刑事案件排除非法证据若干问题的规定等。司法机关应严格遵守前述的解释、意见、规定，不能因监察机关的权力优位而放弃自己的审查职责。

2. 监察机关应严格遵守《监察法》及《监察法实施条例》有关非法

证据排除的规定。《监察法》对非证据的排除也作出了明确的规定，突出强调监察机关调查过程所收集认定的证据必须与审判机关关于证据的标准一致。前述规定一是从法律的层面明确了非法的证据必须予以排除，不得作为证据使用，二是明确了非法证据排除的义务机关，即监察机关。因此，监察机关案件审理部门等在办理案件中，依职权启动排查程序，主动予以排除。同时，被调查人申请启动非法证据排除程序的，监察机关应当及时受理申请，符合法律规定的，应立即启动非法证据排除程序。只有这样，才能推动监察机关严格执法，切实保障当事人的权益。

### 小　结

当前，我国正在全面推进依法治国。严格遵从法律程序已经成为当下中国法治建设的焦点问题。通过法律正当程序实现对人权的保护已经成为学界和司法实务部门的基本共识。坚持正当程序原则对于尚待深化改革的监察调查程序具有特别法治价值。在未来深化监察体制改革的过程中，纪检监察机关必须坚持坚守正当法律程序的理念，强化法治思维，运用法治方式进行监察调查，实现监察调查的惩治腐败与人权保障价值相统一。

## 第三节　构建立体的外部监督机制实现对人权的保护

正如前文所言，我国目前对纪检监察机关的监督主要是内部监督，毋庸置疑，纪检监察机关内部监督制度在确保纪检监察工作在法治的轨道上运行起到了关键作用。当然我们也应看到，纪检监察机关的内部监督与外部监督较为失衡，换句话说，尽管已经建立起对纪检监察机关的外部监督机制，但监督的效果没有得到真正的发挥。因此，构建起立体的外部监督机制，对于人权的保护意义重大。

### 一　强化人大对监察委员会的监督

《监察法》第五十三条规定了各级监察委员会与本级人民代表大会及其常务委员会之间的法律关系。听取和审议本级监察委员会的专项工作报告，组织执法检查。各级人民代表大会代表或者常务委员会组成人员就监察工作中的有关问题提出询问或者质询。《监察法实施条例》除了明确人大的监督权力外，对监督的方式、方法都作了明确规定。这些规定说明，人大及其常委会对本级的监察委员会有法定的监督权力，但从现实情况看，人大监督没有达到应有的效果，存在以下问题：一是监督的权力受限。按照我国宪法性的惯例，每年各级人大举行会议之时，一府两院均要向各级人大报告工作，接受人大代表的审议，并通过投票的方式对其工作作出评价。通过这种方式，人大代表通过履职行为对一府两院的工作进行监督，也充分彰显了各级人大对"一府两院"工作的监督。但从《监察法》规定看，在每年的各级人大会议期间，各级监察委员会不需要向人大作工作报告，只是要求各级人民代表大会常务委员会听取和审议其专项工作报告。这实际上使人大对监察委员会的监督权力受到限制，尽管各级政府、法院、检察院、监察委员会均由人大产生，但监察委员会不需要向人大报告工作，不需要接受人大代表对其工作进行审议，导致人大对监察委员会的监督效果大打折扣。二是对监察法规进行违宪性审查的路径不通畅。2019年10月26日通过了《全国人民代表大会常务委员会关于国家监察委员会制定监察法规的决定》（以下简称《决定》）。按照该决定，国家监察委员会有权制定监察法规。这对于保障国家监察委员会依法履行最高监察机关职责无疑具有积极的意义。尽管前述《决定》同时规定：监察法规不得与宪法、法律相抵触，全国人民代表大会常务委员会有权撤销同宪法和法律相抵触的监察法规。但国家监察委员会作为一个具有优位权力的政治机关，如果全国人大常委会撤销了国家监察委员会的某个可能同宪法、法律相抵触的监察法规，实践中或许影响到监察机关监督活动的独立性。党的十九大以来，全国人大及其常委会大力推进合宪性审查制度的建设，合宪性审查工作取得了较大的进步。但就目前而言，我国的合宪性审查机制尚在探索构建阶段，这样意味着全国人大常委会对可能与宪法、法律相抵触的监察法规进行合宪性审查权力不能很好地行使。第三，监察委员会对所有行使公权力的全方位的监督，监督的范围甚广，势必影响到人大及其常委会对其监督的积极性。按照《监察法》的规定，监察委员会的监察全覆盖，当然包括人民代表大会及其常委会的公务员,也包括各级人大代表。各级人大与监察委员会同为监督者,在监察委员会监督"全覆盖"的背景下,各级人大对监察委员会监督的效果无疑受到影响。

针对上述人大对监察委员会有效监督问题,从理论上看,可以通过以下路径进行完善。一是全国人大或常委会以特别决议的方式,要求监察委员会向人大作工作报告,接受人大代表的审议;二是尽快完善我国的合宪性审查机制,把监察法规全部纳入备案审查范围;三是坚持人大作为最高权力机关之宪法地位,对于各级人大及其常委立法、监督、任免等职权行为,不受监察委员会的监督。

## 二 完善民主监督、社会监督、舆论监督,有效贯通各类监督

《监察法》及《监察法实施条例》皆规定了监察机关应该依法接受民主监督等外部监督。《监察法》的规定为监察机关接受民主监督等提供了法律依据。党的十九届四中全会《决定》提出要健全人大监督等八大外部监督制度,并从制度上完善审计统计监督,构建立体式的监督体系,实现各类监督的贯通衔接。前述的"八大监督"属于党和国家监督体系的重要组成部分,通过这些形式的监督,实现对公职人员公权力的全覆盖。但监察机关及其工作人员在行使监察监督权力的同时,其自身也是被监督的对象,接受民主监督、社会监督、舆论监督。从目前来看,监察机关及其工作人员在接受民主监督、社会监督、舆论监督方面尚存在以下问题,第一,监察机关应该公开的信息不够。首先是监察法规较多属于秘密,没有向社会公开。目前除了《监察法》等部分法律监察法规向社会公开外,较多的监察法规及其他的规范性文件没有向社会公开;二是监察工作的信息公开性不足。按照监督学的原理,公开原则理应成为监察活动的最基本原则,否则,在公众无法获知监察信息的情况下,对监察机关的民主监督、社会监督、舆论监督目标无法实现。应从以下途径完善对监察机关的民主监督、社会监督、舆论监督。

首先,监察机关及其工作人员应该主动接受民主监督、社会监督、舆论监督。监察机关绝不能因自己的权位优势而拒绝监督。国家的任何一项公权力都是为人民服务的,均应受到人民的监督,监察机关及其工

作人员不能游离于被监督的范围之外。

其次，监察法规及相关的规范性文件，以公开为常态，以不公开为例外。阳光是最好的防腐剂。只有让公众熟悉相关的监察法规，公众、社会、舆论才能展开监督。

最后，纪检监察机关的监察活动信息除国家秘密和商业秘密及个人隐私之外，依法应该向社会公开。《监察法实施条例》第二百五十五条规定：各级监察机关应当通过互联网政务媒体、报刊、广播、电视等途径，向社会及时准确公开下列监察工作信息：（一）监察法规；（二）依法应当向社会公开的案件调查信息；（三）检举控告地址、电话、网站等信息；（四）其他依法应当公开的信息。前述关于信息公开的规定离法治化的标准存在一定的差距，应该扩大公开的范围，如立案决定应该告知当事人及其所在单位相关组织；使被监察对象及其利害关系人能获得相关信息，从而能有效参与到调查程序中，进而实现人权保障的目标。

### 三　形成纪检监察机关与刑事司法机关之间的双向的权力监督机制

我国《刑事诉讼法》规定了司法机关之间及其与执法机关之间的配合与制衡的关系，以确保立法目的的实现。尽管《刑事诉讼法》没有规定监察机关与司法机关之间的相互配合与相互约束的关系，但《监察法》第四条对此作出了明确规定。《监察法实施条例》第八条也明确规定：察机关办理职务犯罪案件，应当与人民法院、人民检察院互相配合、互相制约，在案件管辖、证据审查、案件移送、涉案财物处置等方面加强沟通协调，对于人民法院、人民检察院提出的退回补充调查、排除非法证据、调取同步录音录像、要求调查人员出庭等意见依法办理。

作为基本的《监察法》规定了监察机关办理案件的过程中，应当在司法机关之间及其与执法机关之间形成配合与制衡的关系。这表明，监察机关与司法机关之间在办理职务犯罪案件的程序中，仍然是相互配合与相互制约的关系。但从目前的实践看，监察机关与司法机关之间相互配合与制约的关系存在以下不足：一是要求司法机关配合监察机关的多，未能有效体现制约关系。《监察法》规定了监察机关在工作中需要协助的，被要求协助的机关必须协助。该条的规定是为了保障监察机关工作的顺利进行，但现实中演变为司法机关只有配合监察机关的义务，而没有制约的权力；二是监察机关的单向制约。由于监察机关的权力优位，加之监察机关与刑事司法机关之间办案程序衔接机制的有待完善，目前监察机关与刑事司法机关之间在一定程度呈现为监察机关的单向制约关系，比如，对于涉嫌职务犯罪的案件是否移送审查起诉，权力在监察机关等；三是刑事司法机关对监察机关的制约权力有限。以检察机关为例，检察机关作为国家法定的法律监督机关，在诉讼的过程中，除了退回补充调查、依法作出不起诉等有限的对监察机关权力进行制约外，从法理上说，没有形成对监察机关的双向权力制约关系。监察机关与司法机关之间的相互配合与相互制约的关系应从以下几个方面进行完善。

1. 完善检察机关对监察机关权力的监督机制，形成实质性的双向监督机制。作为国家法定的法律监督机关，检察机关除了通过审查起诉等对监察机关进行权力监督外，"通过对检察工作中有关工作进行司法解释间接对监察委员会产生影响"[①]。比如通过司法解释对监察机关有关职务犯罪的监察立案进行监督；对监察调查过程中的违法行为进行监督等等。

2. 审判环节对监察机关的制约。党的十八届四中全会明确了坚持以审判为中心的诉讼制度改革的目标。以审判为中心必然要求在诉讼的过程中要实现庭审的实质化，以证据作为裁判的最终依据。这就要求监察委员会的调查活动中获得的证据要达到审判的标准，人民法院采取统一的证明标准，不能因为是监察委员会的职务犯罪案件而将标准放宽，这就在审判程序上构成对监察机关权力的制约。

## 本章小结

习近平总书记指出："人民幸福的生活是最大的人权。"[②] 构建监察机关和刑事司法机关办案程序衔接机制的价值目标就是为了实现对人权的

---

① 江国华：《国家监察权力运行及其监督机制研究》，中国政法大学出版社2020年版，第124页。

② 《习近平谈治国理政》（第三卷），外文出版社2020年版，第288页。

保障。目前,监察机关和刑事司法机关办案程序衔接机制有很多环节尚需进行改革,最为要紧的是坚持国际通行的正当法律程序的理念,通过构建完善的监察机关和刑事司法机关办案程序衔接机制实现监察调查程序的正义;其次,在坚持监察机关内部监督的前提下,完善对监察机关的外部监督,实现内外部对监察权监督的有机平衡;最后,形成纪检监察机关与刑事司法机关之间的双向权力监督机制,真正坚持监察机关与刑事司法机关之间互相配合、互相制约的诉讼原则,以确保通过构建完善的监察机关和刑事司法机关的办案程序衔接机制实现对人权保障的终极价值目标。

# 参考文献

## 一　中文著作

卞建林、杨宇冠：《联合国刑事司法准则撮要》，中国政法大学出版社2003年版。

卞建林、杨宇冠主编：《非法证据排除规则实证研究》，中国政法大学出版社2012年版。

陈光中：《〈公民权利和政治权利国际公约〉与我国刑事诉讼法》，商务印书馆2005年版。

陈光中：《刑事诉讼法》，北京大学出版社2016年版。

陈光中、徐静村：《刑事诉讼法学》，中国政法大学出版社2010年版。

陈国庆主编：《职务犯罪监察调查与审查起诉衔接工作指引》，中国检察出版社2019年版。

陈瑞华：《刑事诉讼法》，北京大学出版社2021年版。

陈瑞华：《刑事诉讼的前沿问题》，中国人民大学出版社2000年版。

陈瑞华：《刑事证据法学》，北京大学出版社2014年版。

程荣斌：《外国刑事诉讼法》，中国人民大学出版社2002年版。

樊崇义：《刑事诉讼法学》，中国政法大学出版社1998年版。

樊崇义：《证据法学》（第3版），法律出版社2003年版。

何帆：《刑事没收研究——国际法与比较法的视角》，法律出版社2007年版。

黄宗智：《中国的新型正义体系》，广西师范大学出版社2020年版。

季珏彦：《党纪与国法的对话——党纪行为与违法犯罪行为的比较分析》，

方正出版社 2019 版。

江国华：《国家监察权力运行及其监督机制研究》，中国政法大学出版社 2020 年版。

江国华：《国家监督立法研究》，中国政法大学出版社 2018 年版。

江国华：《中国监察法学》，中国政法大学出版社 2018 年版。

马怀德：《〈中华人民共和国监察法〉理解与适用》，法律出版社 2018 年版。

秦前红等：《中华人民共和国监察法实施条例理解与使用》，法律出版社 2021 年版。

王人博、程燎原：《法治论》，山东人民出版社 1989 年版。

王玄伟：《检察制度的中国视角与域外借鉴》，中国检察出版社 2011 年版。

习近平：《决胜全面建成小康社会　夺取新时代中国特色社会主义伟大胜利——在中国共产党第十九次全国代表大会上的讲话》，人民出版社 2017 年版。

许耀桐：《中国之治——国家治理现代化的发展路径》，东方出版社 2020 年版。

杨宇冠：《监察法与刑事诉讼法衔接问题研究》，中国政法大学出版社 2018 年版。

俞可平：《论国家治理现代化》，社会科学文献出版社 2015 年版。

赵赤：《反腐败刑事法治的全球考察》，法律出版社 2020 年版。

郑永年：《未来三十年——改革常态下的关键问题》，中信出版集团 2016 年版。

中共中央纪律检查委员会、中华人民共和国国家监察委员会法规室编：《〈中华人民共和国监察法〉释义》，中国方正出版社 2018 年版。

中央纪委、中央文献研究室编：《习近平关于党风廉政建设和反腐败斗争论述摘编》，中央文献出版社、中国方正出版社 2015 年版。

《习近平谈治国理政》（第三卷），外文出版社 2020 年版。

《坚定不移反对腐败的思想指南和行动纲领》，人民出版社 2018 年版。

《监察与司法有效衔接》，中国方正出版社 2020 年版。

## 二　外国译作

［德］G. 拉德布鲁赫：《法哲学》，王朴译，法律出版社 2005 年版。

［德］卡尔·施密特：《合法性与正当性》，冯克利等译，上海人民出版社 2015 年版。

［德］马克斯·韦伯：《经济与历史——支配的类型》，康乐等译，广西师范大学出版社 2016 年版。

［美］巴里·海格：《法治：决策者概念指南》，曼斯菲尔德太平洋事务中心译，中国政法大学出版社 2005 年版。

［美］保罗·卡恩：《法律的文化研究：法学重构》，康向宇译，中国政法大学出版社 2018 年版。

［美］莱斯利·里普森：《政治学的重大问题——政治学导论》，刘晓等译，华夏出版社 2001 年版。

［英］安德鲁·海伍德：《政治哲学的核心概念》，中国人民大学出版社 2014 年版。

## 三　期刊论文

卞建林：《监察机关办案程序初探》，《法律科学》2017 年第 6 期。

卞建林：《配合与制约：监察调查与刑事诉讼的衔接》，《法商研究》2019 年第 1 期。

蔡健等：《监检衔接语境下检察机关引导取证制度的完善》，《湖北第二师范学院学报》2019 年第 11 期。

蔡健等：《检察机关提前介入职务犯罪案件问题研究》，《汉江师范学院学报》2019 年第 4 期。

陈光中、邵俊：《我国监察体制改革若干问题思考》，《中国法学》2017 年第 4 期。

陈国庆：《刑事诉讼法修改与刑事检察工作的新发展》，《国家检察官学院学报》2019 年第 1 期。

陈金钊：《法理思维及其与逻辑的关联》，《法治与社会发展》2019 第 3 期。

陈瑞华:《论监察委员会的调查权》,《中国人民大学学报》2018 年第 4 期。

陈瑞华:《论侦查中心主义》,《政法论坛》,2017 年第 2 期。

陈瑞华:《认罪认罚从宽制度的若干争议问题》,《中国法学》2017 年第 1 期。

陈卫东:《〈刑事诉讼法〉最新修改的相关问题》,《上海政法学院学报》2019 年第 4 期。

陈卫东:《我国检察权的反思与重构——以公诉权为核心的分析》,《法学研究》2002 年第 2 期。

陈卫东:《职务犯罪监察调查程序若干问题研究》,《政治与法律》2018 年第 1 期。

程雷:《刑事诉讼法与监察法的衔接难题与破解之道》,《中国法学》2019 第 2 期。

崔凯等:《检察机关"介入侦查引导取证"的理论重塑——兼论制度的可行性》,《湘潭大学学报》2017 年第 2 期。

董斌、林小龙:《对监察机关移送案件适用不起诉的问题与对策分析》,《中国检察官》2020 年第 19 期。

杜磊:《监察自治理论及其适用界限研究》,《政法学刊》2019 年第 3 期。

方明:《职务犯罪监察调查与刑事诉讼的衔接》,《法学杂志》2019 第 4 期。

封利强:《检察机关提前介入监察调查之检讨——兼论完善监检衔接机制的另一种思路》,《浙江社会科学》2020 年第 9 期。

付威杰:《如何理解关于纪检监察机关对涉嫌职务犯罪案件移送审查起诉,移送后对审查调查部门的工作要求,以及审理工作完成后对其他问题线索处置的规定?》,《中国纪检监察》2019 年第 5 期。

高童非:《监检衔接中先行拘留措施的法教义学反思》,《地方立法研究》2020 年第 2 期。

高永明:《刑事缺席判决价值论》,《理论界》2009 年第 10 期。

龚举文:《论监察调查中的非法证据排除》,《法学评论》2020 年第 1 期。

龚珊珊、蒋铁初:《对〈监察法〉中律师介入缺失问题的思考》,《湖南警察学院学报》2018 年第 5 期。

何家弘：《构建和谐社会中的警检关系》，《人民检察》2007 年第 23 期。

何静：《检察介入监察调查：依据探寻与壁垒消解》，《安徽师范大学学报》（人文社会科学版）2020 年第 6 期。

江苏省淮安市人民检察院课题组：《职务犯罪案件监检互相制约关系初探》，《中国检察官》2019 年第 11 期。

姜明安：《国家监察法立法的若干问题探讨》，《法学杂志》2017 年第 3 期。

李奋飞：《"调查—公诉"模式研究》，《法学杂志》2018 年第 6 期。

李奋飞：《论检察机关的审前主导权》，《法学评论》2018 年第 6 期。

李奋飞：《职务犯罪调查中的检察引导问题研究》，《比较法研究》2019 年第 1 期。

李复达、文亚运：《〈国家监察法〉留置措施探讨——以检察机关提前介入为切入点》，《西南石油大学学报》（社会科学版）2018 年第 2 期。

李勇：《〈监察法〉与〈刑事诉讼法〉衔接问题研究——"程序二元、证据一体"理论模型之提出》，《证据科学》2018 年第 5 期。

林森、金琳：《检察机关办理监察委移送案件难点问题探究——以检察机关与监察委办案衔接为视角》，《时代法学》2020 年第 5 期。

林艺芳、张云霄：《监察法与刑事诉讼法衔接视角下认罪认罚从宽的制度整合》，《甘肃社会科学》2020 年第 2 期。

刘擎、张啸远：《监察法与刑事诉讼法衔接管见》，《中国检察官》2019 年第 9 期。

刘艳红：《职务犯罪案件非法证据的审查与排除——以〈监察法〉与〈刑事诉讼法〉之衔接为背景》，《法学评论》2019 年第 1 期。

刘煜潇：《我国刑事诉讼中"毒树之果"的适用问题研究》，《现代交际》2017 年第 18 期。

龙宗智：《监察体制改革中的职务犯罪调查制度完善》，《政治与法律》2018 年第 1 期。

龙宗智：《监察与司法协调衔接的法规范分析》，《政治与法律》2018 年第 1 期。

龙宗智、何家宏：《"兵不厌诈"与"司法诚信"》，《证据法论坛》2003年第6期。

吕泽华：《我国职务犯罪监察调查工作中的监检关系问题研究》，《安徽大学学报》（哲学社会科学版）2020年第4期。

马迪、李晓娟：《监察体制改革背景下检察机关开展职务犯罪检察工作的实证研究——以北京市朝阳区人民检察院职务犯罪检察工作为研究对象》，《中国检察官》2018年第9期。

马密：《留置与刑事强制措施的兼容》，《大连海事大学学报》（社会科学版）2018年第3期。

评论员：《持续深化改革　强化权力监督——写在迎来国家监委组建一周年之际》，《中国纪检监察》2019年第5期。

评论员文章：《这些案例怎么看》，《中国纪检监察》2020年第18期。

秦前红：《困境、改革与出路：从"三驾马车"到国家监察——我国监察体系的宪制思考》，《中国法律评论》2017年第1期。

秦前红：《我国监察机关的宪法定位以国家机关相互间的关系为中心》，《中外法学》2018年第3期。

秦前红、石泽华：《论监察权的独立行使及其外部衔接》，《法治现代化研究》2017年第6期。

秦前红、石泽华：《目的、原则与规则：监察委员会调查活动法律规制体系初构》，《求是学刊》2017年第9期。

桑先军：《司法工作人员职务犯罪侦查案件提前介入制度初探》，《人民检察》2020年第5期。

石艳红：《"全覆盖"不是"啥都管"》，《中国纪检监察》2018年第14期。

石艳红、侯逸宁：《铁案是这样炼成的——广东省纪检监察机关推进纪法贯通、法法衔接的探索实践》，《中国纪检监察》2019年第1期。

孙长国、张天麟：《程序衔接+实体配合：监察机关与检察机关办案中沟通机制研究——基于M市的实证分析》，《黑龙江省政法管理干部学院学报》2020年第3期。

唐保银、田春雷：《监察机关职务犯罪调查与检察机关诉讼衔接机制研究》,《经济与社会发展》2020 年第 1 期。

童之伟:《国家监察立法预案仍须着力完善》,《政治与法律》2017 年第 10 期。

万毅:《解读"非法证据"——兼评"两个〈证据规定〉"》,《清华法学》2011 年第 2 期。

王洪宇:《监察体制下监检关系研究》,《浙江工商大学学报》2019 年第 2 期。

王戬:《检察机关审查起诉与监察委调查案件的程序对接问题》,《国家检察官学院学报》2018 年第 6 期。

王玄玮:《监检衔接中检察职责的尺度——刑事诉讼中"制约"与"监督"辨析》,《云南师范大学学报》(哲学社会科学版)2021 年第 1 期。

武汉市汉阳区检察院课题组:《论监察委员会与检察院职能的衔接》,《湖北警官学院学报》2019 年第 5 期。

习近平:《在新的起点上深化国家监察体制改革》,《求是》2019 年第 5 期。

谢登科:《监察证据在刑事诉讼中的使用——兼论〈监察法〉第 33 条的理解与适用》,《中共中央党校学报》2018 年第 5 期。

谢登科:《论国家监察体制改革下的侦诉关系》,《学习与探索》2018 年第 1 期。

熊秋红:《刑事证据制度发展中的阶段性进步——刑事证据两个规定评析》,《证据科学》2010 年第 5 期。

熊瑛:《留置概念研究——从留置性质的角度切入》,《法治研究》2021 年第 1 期。

徐汉明、赵清:《检察机关对职务犯罪案件依法审查的三个运行向度》,《中南民族大学学报》2021 年第 1 期。

徐子航:《论监察体制改革下的"监—检"衔接机制的构建》,《牡丹江大学学报》2021 年第 1 期。

杨彩虹:《监察程序中的律师帮助权问题研究》,《湖南广播电视大学学报》2019 年第 4 期。

杨宇冠、高童非:《职务犯罪调查人员出庭问题探讨》,《社会科学论坛》

2018 年第 6 期。

游紫薇：《〈监察法〉与〈刑事诉讼法〉衔接若干问题研究》，《兰州教育学院学报》2018 年第 7 期。

袁曙光、李戈：《监察调查与刑事诉讼的衔接与协调》，《济南大学学报》（社会科学版）2019 年第 6 期。

詹建红：《认罪认罚从宽制度在职务犯罪案件中的适用困境及其化解》，《四川大学学报》2019 年第 2 期。

张斌：《证据概念的学科分析》，《四川大学学报》（哲学社会科学版）2013 年第 1 期。

张微、郑超峰：《浅析留置与刑事强制措施的衔接转化》，《山西省政法管理干部学院学报》2020 年第 4 期。

赵晏民、王译：《职务犯罪调查中的律师介入程序初探》，《西安电子科技大学学报》（社会科学版）2019 年第 1 期。

周明：《违法所得没收程序与刑事缺席审判程序的关系及衔接》，《社科纵横》2019 年第 11 期。

周佑勇：《监察委员会权力配置的模式选择与边界》，《政治与法律》2017 年第 11 期。

朱福惠：《检察机关对监察机关移送起诉案件的合法性审查——〈人民检察院刑事诉讼规则〉解读》，《武汉大学学报》2020 年第 5 期。

朱福惠：《论检察机关对监察机关职务犯罪调查的制约》，《法学评论》2018 年第 3 期。

朱孝清：《修改后刑诉法与监察法的衔接》，《法治研究》2019 年第 1 期。

纵博：《监察体制改革中的证据制度问题探讨》，《法学》2018 年第 2 期。

左卫民、唐清宇：《制约模式：监察机关与检察机关的关系模式思考》，《现代法学》2018 年第 4 期。

## 四 报纸文章

陈磊：《纪检机关完善自我监督制度严防"灯下黑"》，《法制日报》2017 年 1 月 4 日。

高斌、张梦娇：《强化监检衔接提升办案质效》，《检察日报》2021 年 2

月5日第2版。

郭竹梅：《完善程序机制 做好提前介入工作》，《检察日报》2020年2月16日第3版。

郭竹梅：《完善监察机关移送案件强制措施衔接机制》，《检察日报》2020年1月20日第3版。

李兵、赵艳群：《北京探索执纪执法"一程序两报告"》，《中国纪检监察报》2018年3月25日第2版。

苗庆旺：《乘胜而上推动纪检监察工作高质量发展》，《中国纪检监察报》2021年2月4日第3版。

闫鸣：《监察委员会是政治机关》，《中国纪检监察报》2018年3月8日第3版。